雪国の女語り

佐藤ミヨキの昔話世界

花部英雄 編著

三弥井書店

新潟県魚沼市（旧入広瀬村・守門村）地域図

雪に埋もれる鏡ヶ池（池ノ峠）

はしがき

本書は新潟県魚沼市大倉に住む、佐藤ミヨキ媼の語った昔話を収めたものである。ミヨキ媼は明治四十三年に魚沼郡入広瀬村大栃山（現、魚沼市）に生まれ、大正、昭和、平成の四つの時代をたくましく生きてきた。その媼が子どものころに聞いた母の浅井セツさんの昔話を、長く温め醸成させてきた。九十半ばを超えた媼を訪ね、その昔話に耳を傾けてから数十年近く経ち、ようやく一冊の本にまとめることができた。この本は明治半ば生まれの母から娘に届けられた昔話を、雪国の生活風土が育んできたもので、「雪国の女語り」と名づけるにふさわしいものである。

日本の昔話は親や祖父母から子や孫に継承されてきた。しかし、科学技術の進歩や都市化した現代日本では、昔話を保持してきた民俗社会は過去のものとなりつつあり、伝統的な昔話も消えゆく運命にさらされている。そうした時代であればこそ、ミヨキ媼の語るこの昔話集の意義は大きい。昔話集はこれまで数多く刊行されてきたが、個人における昔話集としては、これが最後になるかもしれない。

本書に載せた昔話は、直接にミヨキ媼から聞いたものを録音し、テープから翻字した。飾り気のない日常の言葉で語られる昔話には、この地に暮らす人々の生活の手ざわりが残されている。今では死語と化しつつある方言や民俗語彙などがあふれている。懐かしい魚沼地方の民俗性豊かな昔話世界である。高齢の語り手であるがゆえに保持してきた生活文化を、こうして読者に届ける光栄に恵まれたことを、媼の長寿と併せて心から祝福したい。

凡例

一　本書には、佐藤ミヨキ、佐藤フミイ（ミヨキ媼の四女）、佐藤敏治（ミヨキ媼の長男）さんから直接聞いた昔話を録音し、翻字したものを載せた。

一　浅井八郎（ミヨキ媼の弟）さんの昔話は、『「囲炉裏端で昔ばなしを聞く会」十周年記念誌　記録集　あったてんがの』（平成二十二年）から転載した。

一　昔話題名は、語り手が呼んでいたものに従い、それ以外は『日本昔話大成』の話型名を用いた。

一　昔話配列は、聞いた順番を原則とした。

一　難しいと思われる方言については、新潟県関係の方言辞典をもとに、編著者が適宜（　）に示した。民俗的な語彙については、話の後に注にして記した。

一　佐藤ミヨキさんの昔話について明らかにするために「解説」を設けた。併せて読んでくだされば幸甚である。

目次

Ⅱ 佐藤フミイの昔話

Ⅲ 佐藤敏治の昔話

解説編

Ⅰ　佐藤ミヨキ媼の語る昔話

佐藤ミヨキ媼

雪の中の佐藤家（大倉）

1　ウサギどんとフキどん

ざっとむかしあったと。

あるとき、裏の山のウサギどんが、〈今日は何か、でがなくて（手持ちぶさたで）さびしいんが、フ(1)キどんのところへ遊びにいってみようかな〉と思って、ヒョンコ〳〵〳〵と、山から飛び降りて、フキどんの家《うち》へいって、

「フキどん〳〵、居たかい」

「ああ、居た居た。誰《だい》じゃい」

「裏の山のウサギ」

「ああ、よく来てくれた。火が燃えてて暖《あった》こいから、家《うち》へ入ってあたってくやれ」なんて言うんだんが、ウサギ、戸を開けてみたら、どんどんと火が燃えて、暖《あった》かげだんが、ウサギどんも喜んで、

「あ〜あ、暖《あった》こくて、いい案配《やんべ》だ」なんて、二人がいろいろな話しているうちに、なんだかこう、でがねようになって、ウサギどんがフキどんに、

「フキどん〳〵、あの、何にも面白《おもし》ぇことがねえんが、二人で餅《もち》を出(2)し合いしようじゃないか」

「ああ、よかれ、よか」

「でも、俺糯《もち》の米なんか、持ってこねんだんが、ここの衆、貸してくれ」

「よしよし」って、フキどんが二人分、糯《もち》の米出して。ほとばして（水に漬けて）、蒸《ふ》かしたと。

「おめがた蒸《ふ》かしたべ」なんて、フキどんの嬶《かか》が言って、ああ、そいじゃウサギどんの力があるんだんが、臼の

仕度全部して、そして、蒸《ふ》けた糯の米を空けて、ウサギどんがズドンと搗く、フキどんがペチャンと、ウサギどんがズドンと搗く、フキどんがペチャン、ズドンペチャン、ズドンペチャンと餅搗いて、そのうちおこもち（餅）が搗けたんが、

「ほらほら、ねら（お前たち）、餅が搗けたから、おつけ鍋（汁鍋）出して」。そして、ウサギどんが、

「フキどん〳〵、ここでただ食《く》ったたって、面白《おもしぇ》くねんが、拾った者の勝ちにしよう」って。

「まあ」て言うて、

「この寒《さぶ》いに、家の中で煮て暖《あった》こ暖《あった》こと食わんし」。ほして、ウサギどんが、

「まあ、何がただ食ったたって面白《おもしぇ》くもねんが、拾ったのが勝ちにしよう」と、フキどんが承知もしないうちに、フキどんの家の玄関の辺りへ行って、荷縄《になわめ》見っけたり、背《せ》なっこり見《め》っけたりして、担《かつ》いで、〈ああ〜あ〉なんて、フキどんが言っているうちに、その臼背負《しょ》って、どんどん、どんどんと、山の方へ上がってしまって、

「まあまあ、待ってくやれ、ウサギどん」なんてフキどんが言うども、

「なにこく（言う）」って、どんどんと上がって、フキどんが歩くの遅いだんが、ペッタンペッタンとひたむきに上がっているうちに、ウサギどんは山の上まで上がってしまって、

「いいかいフキどん、あの、臼転《ころ》ばすじゃ」

「まあまあ、待ってくやれ。俺またここ、真ん中にいるから」

「まあ、いいこと、転ばすや」なんて言って、ウサギどんがそこから降ろして、ズドン〳〵〳〵、臼転ばしたってて、

「やへ、やへ」なんて思って、フキどんがいた。ウサギどんが〈ああ、臼にくっついて行けば〉、と思って、臼の後ピョンコ〳〵と、臼追っかけて、臼の止まるところまで行って、止まったのを見たら、中空《なかから》っぽ。〈ああ、こりゃまあ、空《から》っぽで大事《おおごと》だ（大変だ）が、フキどんに拾わんねうちに、早く行ってみよう〉なんて思っているうちに、フキどんがペッタンペッタンとまた、降りてくるうちに、見ていたら、ちょうどあの椿の木に餅がペタンと被《かぶ》さってた。

「ああ、これはまあ、よかった〳〵」。フキどんの頭がいいんだんが、ウサギどんが荷縄《になわ》やなんか探しているうちに、餅をこうして手でこなして、中にプヨプヨと臼にくっつかれんように、下に水浸《つ》けたって。それをウサギどんが知らんで、臼を追っかけていった途中で、臼の中滑《すべ》っこいんだんが転び出した。そいで、フキどんが（よかった〳〵）なんて思って、〈なにせ一口食ってやろかな〉なんと思って言いしまに（言いながら）、パッコンパッコンと餅食っていた。

　ほして、ウサギどんが、〈早くフキどんに見《め》っけられねうちに、飛んでいこう〉と思って飛んできたがに、そのうちに、はあ、フキどんが見《め》っけて、パックンパックンと食ってるんだんが、

「ああ、フキどん〳〵、よかったども、そんた（おまえ）拾って」

「あ〜あ、俺がここにきたら、ちょうど落ちていたが、拾ったいや」なんて言ってて、パックンパックンと、ウサギどんに食えとも言わね。

　そして、ウサギどんがピョンコピョンコと、家《うち》に戻って、

「ああ、面白《おもしぇ》くね」っていた。ウサギどんの嬶《かっか》が、

「まあ、お前《めえ》みたいな者ねんだ。子どもが腹減らしてんが、何の餌《えさ》も無《ね》んがに、どっかへ行ってしまって、どういうこったい」

「んな何《なに》こく（言う）。これから山へ行って、木の皮剝《は》いでくるさ。子どもに煮てくれれ」なんて言って、ウサギどんが肝焼《きもや》いて、山へ木の皮剝《は》ぎに行った。

　ほうすっとフキどんがこった、〈餅拾ったんだが、早く家《うち》へ持ってて食おう〉って、家へ持ってきて、

「ねらねら、餅拾ってきたぞ。早く煮て食え」なんてって喜んで来たんだんが、フキどんの嬶《かっか》喜んで、鍋掛けて、そん中に餅入れて煮て、みんなして、

「ああ、美味《うめ》え美味《うめ》え」なんてって、熱い餅喜んで食って。

　そして、ウサギどんが木の皮剝《は》ぎに行った留守に、フキどんの嬶《かっか》が糯米《もちごめ》の催促《さいそく》に行って、ウサギどんの嬶に言うと、

「糯の米なんて何にも無《ね》え、おっ壊《こわ》れた鍋があるばっかりだ」

「そいじゃ、そのおっ壊《こわ》れた鍋でもいいんが、もらって行こうか」って、その鍋もらってくる。

　ほして、ウサギどんが木の皮いっぱい剝いで、

「ああ、ねらねら、いっぱい剝いできたぞ。煮て食え」

「まあ、おまえ。煮て食えだんて言ったって、フキどんの嬶《かっか》来て、鍋持って行ってしまったよ。糯《もち》の米催促に来て、鍋でもいいって、持って行ってしまったよ。煮てくれらんねこと」

「なに、フキの嬶来て鍋持って行った。俺に餅一口も食わせもしないで、何言ってる」って怒って、フキどんの

家《うち》に行って、ガランと開けて、

「俺に餅一口も食わせもしないで、糯の米催促も無《ね》んだ。人を馬鹿にして」って怒って。フキどんの家《うち》みんなして餅食って、ウサギどんに一口も食えなんて言わんで、手前《てめえ》たちばっかり食って。

「フキ、そのぼろ[3]の背中出せ。ぼっぽしょって（背中を折って）くれっから」なんって。そして、フキどんが恐《おっか》なくてどうしようもねえんだんが。フキどんが嬶《かっか》、おぺたって名前で、

「おぺた〳〵。ウサギどんが怒ったから、なあの、裏の山のテンゾウ（貂）どん頼んで来い」って、

「はい」って。おぺた、ペッタン〳〵と出たんだんが、

「テンゾウどんが、居たかい」

「ああ、この裏の山にテンゾウどんが居た」。ウサギどんはテンゾウどんてば一番恐《おっか》ね、見《め》っけられれば獲《と》って食われるんだ。

「おお、いいとも〳〵。糯の米なんて、そのうち何とかする。俺とそんたの仲だ。糯の米、そのうち、どうでもいいちゃ」って言いしまに、家へトンコトンコ、トンコトンコと戻っていったと。

　いっちごさっけ申した、鍋ん下ガラガラ。

（1）ヒキガエルのこと　（2）米を持ち寄って餅をついて食べること　（3）ヒキガエルのまだら模様の背中

2　勝々山

ざっとむかしあったと。

兎どんが萱《かや》刈って、冬が来るので萱刈って、坂背負《しょ》って、ちっとばかり背負《しょ》って、「アンカ（大変だ）〳〵」と言いしまに坂上がって。そこへ後ろから熊どんが来て、「兎どん兎どん、そんた（おまえ）まあ、それきりばかり背負って、俺が助《す》けよかな」って、「まああ、それはいい。なんぞもそうしてくやれ」。なんて兎どんが喜んで、熊からその萱、みんな背負ってもらって、それで、から身になっても熊のまたあとから、「アンカ〳〵」って、なんにも背負わねで、呻《うな》ってあとから来るんだんが。「そんたまあ、からになっても、まだ呻ってついてくる、乗りやれ」。熊は、ちっと萱ばっか背負ったって重たくねんだんが、兎まで背中に乗せて、「ああ、いい案配《あんべい》いい案配《あんべい》、ありがとう、ありがとう」って、兎どん喜んで、熊どんの背中に乗って喜んでいたと思ったら。カチカチ、カチカチって音がする。

「兎どん兎どん、あのカチカチの音、なんの音だい」

「あれはな、カチカチ鳥が鳴くと、そんま（じきに）雨が降ってくるんだんが、なるたけ気もんで（急いで）行ってくりやれ」

「ええ、そうやろか」って。熊どんは一生懸命で。そのうちにカチカチが終わると、フーッフーッって音がする。

「兎どん兎どん、あのフーフーの音はなんの音だい」

「あれは、フーフー鳥って、あれが鳴くと、そんまに雨なってくる。雨が降らんうちに、早く山に行ってりゃれ」って。

「よしよし、そらまあ雨が降らんうちに」って、なんてて言って、背中にフーフーて音がする。そのうちにドンドン〳〵と背中で火が燃えて、

「ああ、ああ」なんて言っているうちに、兎どんがピョーンと飛び降りて、ピョンコ〳〵〳〵と、山の方へ逃げていった。そうして、

「まあ、兎どん兎どん、背中が大事《おおごと》たい（大変だ）」なんて、兎どん山の方へ逃げて、熊どんが、

「ああ、大事《おおごと》たい、大事《おおごと》たい」言っているうちに、みんな萱が背中で燃えて、まあ、萱が燃えたばっかりいいども、熊どんの背中まで丸焼けになって燃えて、

「あ～あ、兎どんに欺《だま》かされて、背中丸焼けになって。痛くて痛くて」なんて言ってるうちに兎、山へどんどんと上がって。

そして、次の朝げになって、熊どん痛くて痛くてどうしようもねんだんが、山をモサモサと歩いていると、兎がなんでいゴイゴイと何かこすっていて、

「この兎め、昨日おれば欺《だま》かして、背中見ろ、丸焼けになった」っと、

「まあまあ、熊どん待ってくりゃれ。兎だってこの山うちに、一匹か二匹かでは無《ね》。今日おらは、そんたに、今日初めて会った」

「なに言ってる、おれの背中見れ、丸焼けになった。みんなそんたのおかげだ」

「まあまあ、待ってくらっしゃい。今も言った通り、兎だって一匹か二匹かではない、まだいっぱいいる」

「それじゃ、そんた、今何こしゃっている？」

「おらな、子どもが大勢だんだんが、冬になって火の中に転んで、火傷で死ねば悪《わり》いんだが、タデミソ(1)こしゃているがんだ」

「おお、火傷《やけど》にタデミソ効くかい」

「ああ、これ大薬《だいくすり》」

「そいじゃ、俺の背中に塗《の》ってくりゃれ」

「いやあ、そんたのでっこい背中に、とっても塗《の》ってやできな」

「まあまあ、そう言わんで、塗ってやらんね」

「ぜったい嫌だ。そんなでっこい背中、一日中こしゃったタデミソだって、みんなその背中に塗《の》らんばななね、ダメダメ」

「まあ、そう言わんで塗ってくだされ」。熊どんがあんまり言うだんが、兎どんが、

「そんじゃ、そんたのこったら、しょうがねこと」って、なんとか言って、そのタデミソ背中の丸焼けになったところに、ブョブョ〱ど、タデミソ塗って、

「ああ、これでよかった〱。もうよくなるわ」って、兎どんがピョンコ〱と、よそへ飛んでいってしまった。

ああ、熊どんが治るかと思って、丸焼けのとこへ、タデミソの辛いミソ塗ったんだんが、痛くて〱どうしよう

もね、

「ああ、また兎にかて欺《だま》かされた」って、なんて痛くてどうしようもねんだんが、あの堤（溜め池）に入ってゴシャゴシャ〳〵ど洗って、この川へ入ってゴシャゴシャ〳〵ど洗って、あちこちで洗ううちに、やっと洗い落として、

「ああ、これでよく、やっと、いくらかすっかりした」って、なんて熊どんが喜んで。

ほしてこた、次の日また、なにせ痛くてじっとしていらんねだが、また山の方へ飛んでいくと、また兎どんがいて、兎どんはこった、竹割りしてた。一生懸命竹割って、

「この兎め、俺を二度も大目に遭《あ》わせて、今日は言うこと聞かんから、ひねり潰《つぶ》してくれる」って、剛毅《ごうぎ》になった（ひどく怒った）んだが、兎どんは恐《おっか》ねんが、

「まあまあ、熊どん待ってくれ。この山うちだって、兎だって、俺ばっかりでない、一匹か二匹では無《ね》、まだいっぱいいるが、あんまり多いんだ。今日、始めてそんたに会う」

「何言ってくれる、この兎め。この前欺《だま》かして、タデミソ塗って、痛くて痛くて、大目に遭った」

「まあまあ、待ってくれ。おら一日中ここで竹割して」なんて言うだんが、熊どんまた欺《だま》かさいて、

「そんた、その竹割って何しる」

「この竹割って、おら子どもが大勢あって、冬になると腹減らして大事《おおごと》になる。大便《あっぱ》の出ねように、これをみんな子どもの尻にのっつめて（ふさいで）くれる。大便《あっぱ》が出ねと、腹減らね。それで子どもにのっつめてくれるように、夏中《じゅう》竹割りしてためておく」

「あ〜あ、そらいいこったたな。おらも冬になれば餌がなくなるんが、腹が減ってくる。俺にもその尻にのっつめてくれ」

「嫌だと、嫌だと。そんたのでっこい尻にのっつめる竹なんて、いくら掛かったって、竹割りできね。嫌だと嫌だと」

「まあ、そうは言わんと、俺の尻にのっつめてくれ」

「ああ、そんたこったん、しょうがね。のっつめることは痛いから、痛がんな」って、

「んん、我慢する」。そうすると、うんと割った竹を、熊の尻に向かってブスンと刺す。

「ああ痛《いた》、痛《いた》。痛い〳〵。」

「ああ、だから嫌だって言うのに、そんた我慢が無《ね》から」

「ああ、こった我慢する」。また、その割った竹をブスンと刺す。

「ああ、痛《いた》、痛《いた》」

「嫌だ〳〵、そんな痛がんが、嫌だ」なんて言いながら、またブスンと刺す、ブスンと刺す。いっぺい割った竹を熊どんのお尻に刺してしまったと。そして、兎どんがまた、どっかへプィーと飛んで行ってしまったと。熊どんが、

「ああ、これでよかった、腹減らんば、まあよかった」って、喜んでいるうちに、出たくなって出たくなって、とても我慢ができなくて、〈ああ、兎にまた欺《だま》かさいて、出たいとも出ない〉って言う。〈ああ、これは大事《おおごと》だ〉なんて思って、あの石へ行ってはゴリゴリって尻をこすり、この石のいるところに行って、ゴリゴリとお尻をこ

すりして、やっとんのこって、のっつめ穴があいた。〈ああ、出たら楽になって楽になって、ああ、よかったよかった。これで楽になってよかった。また兎に欺かされて〉なんて思って、大汗流しているうちに。

　また次の日、山うちピョンコ〳〵と回って行くうち、また兎に行きおったって。

「この兎め、人を馬鹿にして、何度も何度も大目《おおめ》に遭わして、今日は言うこと聞かんから」。そうごしゃいて（腹を立てて）、剛毅《ごうぎ》になったんが、

「そう言うが、おらほんと、今日が始めて」って、

「何をいつもそう言って、俺を欺かして、今日は聞かんから」なんてって、熊どんが肝焼いて、剛毅になって。

そしたら、その兎どんが、この日は杉の木を薄く挽《ひ》いていたけど、杉板を。

「おお〜お、兎どん、それを何する、その杉板、何にする」

「おらな、川に入って川鱒《かわます》釣りが商売で、この杉板で舟こしゃって（こしらえて）、川へ入《へ》って川鱒獲りする」って、

「おお、そらいいこったな。おれも川鱒大好きだ。おれにも舟こしゃってくれ」って、

「ああ、そんたこしゃってくれてもいいけど、また、欺《だま》かされたと言われると嫌だから」って、

「いやいや、言わね」って、

「俺も魚獲り大好きだから、魚釣り大好きだから」

「そいじゃ、そんたはあの杉板の舟より、ベト（土）舟はもっと魚が捕れるから。そんた、山からベトいっぺえ背負《しょっ》ってきはれ」。ああ熊どんの背中痛いって言うし、お尻痛いって言うが、魚も獲りてんだんが、その痛い背中で籠の中にベト入れて、山からベトいっぺえ背負ってきたって。こうして兎どんが、そのうちに杉板で舟こし

えって、

「おお、そんた剛毅にベト背負ってきたんが、そのベトあればいい舟ができっから。それによく水掛けて、踏んでくりゃれ。よく踏んで粘《ねば》っこくすると、いい舟ができるから」って。

「よしよし」って、熊どんは魚が欲しいばかりに、そのベト一生懸命踏んで、

「ああ、粘っこくなって、いい案配《やんべ》だ」なんて、しまいに兎どんが、杉板の舟ができたんだんが、こったベト舟こしぇらいてくれて。

「ああ、ベト舟できたっじゃ。そいじゃ二人で川の中に舟を入れて、川鱒獲りするように。おらこの櫂《かい》でもって、スイヤーって川に入るから。そんた、この横槌《よこづち》でもって、ベト舟に乗って、ベト舟ポッカリって、ベト舟叩いて行け」って。そして、二人が川の中に入ったら、そしたら兎どんが、

「杉舟スイヤー」って、川の中に入ったって。熊どんが、

「ベト舟ポッカリ」って、横槌で叩いて、兎どんが、

「杉舟スイヤー」って、櫂で漕いで、熊どんが、

「ベト舟ポッカリ」と叩くと、

「兎どん兎どん、この舟にひびが入ったよ」

「んん、、そのひびからいっぱい魚が入るから」って。なんて言って煽《おだ》てて、そしてまた、

「杉舟スイヤー」って、熊どんが、

「ベト舟ポッカリ」って。そして、ポッカリ割れちまったたって。

「おお、兎どん兎どん、潜《もぐ》ったよ潜《もぐ》ったよ。舟がみな壊れてしまったよ」

「ああ、そっから魚がいっぺい入ってくる」って。しまいに櫂でもって、熊どんを川の中に、だんだん押し込んでしまって、そうして兎どんにあって、熊どんが川の中に押し込められて、そして、熊どんがブツブツ沈んでしまって、死んでしまった。

「ああ、よかった〳〵」って、兎どんが喜んで、熊を引っぱり上げて、

「どこかへ行って、熊の肉《しし》煮て食おう」と、どこかへ引っぱっていったら、子どもばっかりいた家があったって、

「ねらやねらや（おまえたち）、おらが熊肉《くましし》を獲《と》ってきたから、煮て食おうよ」って。

「だって、おら衆は、おらの家《うち》の人が居ね時に、人寄せんな」って、

「いいこって、家《うち》ん人が来たら、家貸してやったなんて言わんで、黙っていればいいから、鍋貸してくれ」って、熊どんの皮剥《は》いでこしゃらえて、煮て、手前《てめえ》食ったり、子どもに食わしたり、

「ねら、いっぺい食《け》えな」なんて言わして。

「これなあ、家ん人が来たら、これやってくれ」って、ちょっと肉取ってそこへ置いて、そして腹くったく（一杯に）なったら、

「おら、また裏の山に行って、寝てるから」って。なんて言って、兎どんがピョンコ〳〵って、山へ上がって、グーグーと昼寝して。

　そのうちに家ん衆が戻ってきて、

「のんしのんし（申し上げます）、今日は兎どんが、熊肉《しし》獲って、熊肉《しし》煮て食った」って、

「何言う、馬鹿どんが。おら、居ね時に人寄せなよ、って言ってるの」

「だって、黙っていれって、そう言うた」。だけど、子ども黙っていられんね、家衆《うちんしゅう》が帰ってきたら、そう言った。

「兎め。それで兎はどこへ行った」

「おら裏の山へ行って、寝ているから」って、

「そうかい、おお兎め、おら留守に入って。おりゃ今日は聞かんから」って、家の衆、魚包丁《さかなぼうちょう》持って、山へ向かって、ドンドンと行ってみたら、兎どんが気持ちよげに寝ていたから、

「この兎め」。家ん衆が、兎どんを押さえようとしたら、ムクッと起きたっけ、ピョンコ〳〵〳〵〳〵〳〵と、兎、気が利《き》いてるんだんが、逃げるんだんが、家ん衆、ああ獲ってけろうと思ったが、逃げるんだんが、魚包丁《さかなぼうちょう》投げたら、兎の尻尾へちょうどよく当たって、兎が尻尾ポロッともげたって。それで兎の尻尾は今でも短《みじこ》いがんだと。

いっちごさっけ申した、鍋《なべ》ん下ガラガラ。

(1) タデを用いて味噌にするとは聞かない。蓼酢にして用いる

3　地蔵浄土

ざっとむかしあったと。

あるところに爺《じ》さと婆《ば》さとがあって、爺さ毎日山の畑に行って働いてくるし、婆さは家居《い》だったど。そいで、握り飯握ってもらって飯持って、山の畑へ行って、一生懸命畑うなって、そして、爺さま、

「腹もたいてい減ってきたし、お天道さんも見て、昼間になるんが、飯にしようか」って、朝げに握ってもらった握り飯を、こう広げて。握り飯がどうしたか、コロッコロッと転《ころ》げ出してしまって、

「さあさあ、握り飯転げ出したいや」って追いかけるども、コロコロ〱と、握り飯転んで。〈さあ大変、どしても押さえらねらか〉、思っているうちに、小《ちい》せえ穴があって、その穴の中にそっと落ちてしまった、さあ大変てんで、落ちてしまった。穴が小さかったども、広げてみたら広がりそうだんだが、こう穴広げたら広くなって。爺さ、ちょっとだけ落ちられるようになって、ちょっとだけ落ちて。それで、〈握り飯、どこへ転んでいったか見えねがな〉って思って行って、かなり行ってみたら、地蔵さまが居《い》であったと。地蔵さまが居て、

「地蔵さま〱、俺があの握り飯来なかったろかや」って。

「ああ、握り飯来たけど。あんま旨《うま》んげなんだんが、拾って食ってしまった」

「そうか、地蔵さま食ってくれれば、ありがとうございました。もっていねえと思って、握り飯追っかけてきたども、地蔵さま食ってもらったなら、ありがとうございます」。そしたら地蔵さまが、

「爺さ爺さ、そんたの握り飯食ってしまいました。そんた、昼飯食らんやらねが、大事《おおごと》やども（大変だけれども）、

晩にここに泊まってくれれば、おれがあの、金儲けさせるから、それで許してけれ」って。そして、

「金儲けさしてくれればありがたいども。どうも婆さが待ってるんだんが、泊まっていらんね」

「そげんこと言わねで。まあ一晩げでねえか、泊まっていきやれ」って、

「そいじゃ、金儲けさせてもらおうか」って、行がんでここへ泊まることにして。そして、晩方になったら、地蔵さまが、

「爺さ爺さ、そんたあの、俺《おら》の肩に乗って、(1)竹箕被《たかみかぶ》って肩に乗ってけれ」って。

「まあ、地蔵さまみていな、もったいね。地蔵さまの肩に、上《あが》らんねこと」

「まあ、そう言わんで、肩に上って竹箕《たかみ》被ってって、そして居てけれ。そうしていると、夜中になると、鬼どもが大勢来るから、みんな銭持ってきて、博奕《ばくち》始める。そうしたら夜が明ける前になって、まだ明けねうちに、竹箕《たかみ》をパタパタパタと叩いて、コケコッコーって、鶏の真似しやれ」って、そう言うんだんが、

「もったいねけども、地蔵さまの肩に上がれ言うんだんが、仕方ね」って、肩に上がって竹箕被って隠れていたら、暗くなって、かなり夜中に近えようになったら、東からドードードーと赤鬼が降りてきて、西からドードーと青鬼が降りてくる、南からドードー、北からドードー、

「赤どもお早よう」、

「青どもお早よう」って、みんなそうして、鬼たちが大勢集まってきて。みんながカマス(叺)背負ってきて、そのカマスの中の金出して、ジャラ〳〵とあけて。ほして博奕《ばくち》が始まる。そしたら一人の鬼ど、

「今夜どうも人間臭せぇ、どうしてだろ」って、言いだしたんが。地蔵さまが、

「あんま馬鹿言うな。こんなとこへ、人間なんて来たことねから、馬鹿言わんで、仕事しれ」って。そうこうしても、

「どうも今日は、人間臭せぇ」。そして、みんな博奕して、

「どうも人間臭せぇ」

「あんま馬鹿言うんでね、人間なんて来たことねからな」って。ほしてみんなが博奕始めて、一生懸命博奕して、勝ったり負けたりして、博奕しているうちに。〈さあて、明け方になるかな〉と思って、爺さまが、〈まあ、あんまり早く鶏の真似してみてもならん〉と思って、かなり夜明け前になってから、竹箕をパタパタと叩いて、

「コケコッコー」って。その鶏の真似したら、鬼ども、

「ああ、あ〜あ夜が明けるかな、うっかりしてた」って、みんなして銭も仕舞《しま》うこともならんで、銭も仕舞わんで、あっちへドードー、こっちへドードーと、みな逃げてしまって。そうして、ほんとに明るくなって、地蔵さま、

「爺さ爺さ、鬼どもみな戻ったから、そんたも降りてみな」って、地蔵さまの肩から降りて、あそこに鬼どもが銭いっぺい置いていたんが、

「そんたに、この銭みんなくれっから。寄せて、カマスの中に入れて、背負っていけ」

「まあ、この剛毅《ごうぎ》な銭を。おら、背負って行がんねんども」

「いや、みんなよいだんだが。みんな背負って行かれっから」。みんな、カマスの中に一つ詰めたんだんが、ほんとに背負ってなし、ほれ重たがって。剛毅に銭があって、地蔵さまに礼を言っていらして、やっとこさと銭背負

って来て、

「婆さ婆さ、今来たじゃ」

「まあ、どうしたば、夜に戻らんで。おらどの位《くれい》に、心配したかわからんね」、なして言うて、

「まあ、そう言わんで。恵比寿《おえべす》さまの前にうすべり(2)敷いてくれ」。そうして、婆さが恵比寿《おえべす》の前さうすべり敷くと、爺さカマス降ろして、ジャラ〳〵〳〵って、金をいっぺい出したって。婆さ、

「おお、おっ」って、たまげてしまって。

　そして、二人して恵比寿さまさお参りしているところへ、隣の婆さが、

「おお、これはこれは。ここん衆、まあ金儲け、どうしてそんげいっぺい、金儲けしたい」って、たまげてしまって。

「どうしてもこうしてもねえが、昨日爺さが畑うない打った（畑耕した）時、握り飯持って、昼飯食おうと思ったら、握り飯がコロ〳〵〳〵〳〵と転び出して。そして穴の中に落ちてしまったんだんが。ほして握り飯追っかけていったら、地蔵さま居たんだんが、お地蔵さまに、

「俺《おい》が握り飯、来なかったろか」、なんて言ったら、

「ああ、来てやった〳〵。来たども、俺《おい》が、旨《うま》んげなんが、みんな食ってしまった。ほして晩に、まあ、金儲けさせんが、肩に乗って隠れていれ。そのうち鬼ども来て、銭いっぺい持って来るから。ほうして、地蔵さま肩に隠れて、竹箕《たかみ》被って肩に乗って、したらほんとに鬼が来て。いっぺい銭持って来て、博奕《ばくち》始めて。ほして爺さ、明け方になって、まだ明けねうちに、竹箕《たかみ》叩いて鶏のまねしたら、鬼たちがたまげて、みんな銭置いて、あっち

へドードー、こっちへドードーと逃げてしまって。その金を地蔵さまから貰ってきたって」。

　ほして、隣の婆さに聞かしたら、ほしたら、

「まあ、それはよかったの。おら爺さ、畑にもなんにも行かんで、一日いっぺい(3)背中炙《せなかあぶ》りばっかりしておった。おいら爺さも、山の畑へやろうかな。握り飯持たして」。そして、婆さ家に戻って、

「爺さ爺さ、隣の衆がこうこういう訳で、剛毅《ごうぎ》に金儲けさしてもらって、恵比寿《おえべす》に上げておいたけやってや。そんたもまあ、背中炙《せなかあぶ》りばっかりしてねで、山の畑へ行って来やれ」

「おら嫌だ、嫌だっと。山の畑へ行くのは難儀だんが、嫌だよ」って言うが、婆さ言うこときかんで、

「まあ、そう言うこときかんで、まあそう言わんで、行って来やれ」。そして、握り飯握って風呂敷にくるんで、

「さあこれを持って」。爺さしょうがねんだん、嫌だけども、婆さがきかねんだんが。山の畑へ行って、ちっとばか畑をうなった真似して。〈さて、昼飯になったが、おれ昼飯食おうかな〉って思って、握り飯出したとも、爺さの膝の上から、握り飯転び出さんとね。〈コロコロって転び出したって言うけども、転び落としてみようかな〉と思って、まあ転べ〳〵、言いしまに、やにむに転ばしていったら、ほんとにちょっと穴の中に落ちたって。まあこれへ落ちたって、隣の爺さ行ってみたら、ほんとに地蔵さまがいた。

「地蔵さま〳〵、俺が握り飯来なかったろか」

「ああ来て、そこらへあるから、持っていきやれ」って、

「まあ、そう言わんでくれ。俺のも食ってくらっしぇ」

「いや、食いたくねから、そんた持っていきやれ」。ああ、地蔵さま、金儲けさせるとも言われねし、握り飯も食

わんし。地蔵さま食わんたっても、むりむり地蔵さまのとこへやって。夜なって、肩に上っていいとも言わんがんね。夜晩方になったら、その話聞いていたんだんが、前の爺さみたいに、地蔵さまの肩に上って、竹箕被って。いっそ地蔵さま、そうしろていいなんて言わんがに、前の爺さの話聞いたんだんが、そうすっと。そういうふうにして、ほんとに鬼どもがあっちからドードー、こっちからドードーと、いっぱい鬼どもが集まって。また銭持ってきて開けて、博奕始めて、

「おお、今日も人間臭せぇ」って、

「馬鹿言うな、人間なんて来たこともねから、手前《てめえ》、仕事真剣にしれ」なんて言われ、また一生懸命博奕して。

そして、爺さ気が揉んで、早く金儲けしたくて、まだ夜明けにならんうちに、竹箕パタ〳〵って叩いて、

「コケコッコー」って。そう言うと、鬼どもがたまげて、

「まあだ夜など明けやしないが、今から鶏が鳴くわけがない」なんて言って、そこいら捜し始めて、

「あんまり馬鹿言うんでね。こげんとこへ人間など来ねから、馬鹿言わんで、手前《てめえ》の仕事してれ」。地蔵さま言うども、鬼聞かんで、

「どうもおかしい、人間臭い」。ほして、そこいら中《じゅう》捜すうちに見つけて。ほんとに爺さま見つけて、地蔵さまの肩から引きずり落として、

「この爺さめ。昨日《きんな》も俺《おら》銭、みんな攫《さら》っていって、銭いっそ無《ね》。また今日も銭儲けしようと思って、また来て、ここへ隠れて、今日は許さんからな」。鬼ども、寄ってたかって、爺さ打擲《ちょうちゃく》するんだんが、地蔵さま、

「そげんなことするな」と言うども、聞かんで打擲《ちょうちゃく》して。ほして爺さ、いっそ痛くて〳〵どうしようもね。歩

くこともできねぐらいに打擲しられてしまって。そうしたら、鬼どもそいでまあ、よかった。昨日《きんな》もみんな銭持って行かれた。こっとその銭みんなカマスの中に入れて、あっちへドードー、こっちへドードーと、家へ戻ってしまったって。

そして爺さ、さあ、打擲しられて痛《いて》い目したり、銭みな鬼どもに持って逃げられしまって。あ〜あと思ったども、地蔵さまがいいとも言わんねし、金儲けさせるとも言わんがね、そういうごとしたんだんが。地蔵さまなんて、礼も言われね。爺さ這々《ほうほう》の体《てい》で、ずったり這《ば》ったりして（かろうじて）、やっとんのことで家に戻って、「婆さ婆さ、今戻った。まあ、婆さ、そんたのお陰《かげ》でおら、ほんとに大目《おおめ》にあって殺されがど思って、やっとんごとで、ずったり這《ば》ったりして逃げて来たし。金はいっそう儲からんかったし、馬鹿ぁみてやったじゃ」。なんて言ったども、どうしようもねぇ。

いっちごさっけ申した、鍋ん下ガラガラ。

（1）竹で編んだ箕　（2）恵比寿さまに供えるための敷物　（3）炉に背中をあぶってばかりで、仕事をしないこと

4　蓬と菖蒲（一）

ざっとむかしあったと。

あるところに、ねえつんぼ（けち）で〳〵、嫁もらえば嫁に飯《まんま》食《か》せねならんてって、嫁ももらわんねし、ほん

とに何んでもあったらんで（惜しくて）、大事《おおごと》な人があったって。ほして、嫁に飯《まんま》食《か》せたがらんねで、もらわねでいて、あるとき、晩方になって女の人が、

「今夜ひと晩、泊めてもらいてえ」って、言ってきたって。〈ああ、泊まれば飯《まんま》食《か》せねばならんし〉と思ったども、そうやって来たんだ、

「おら一人もんで、何んにもねえども、よかったら泊まってくれ」

「ああ、よかった」って。その女の人、そこに入って。ほして、一生懸命掃除したり、水屋《みんじゃ》（台所）入ってして、夕《ゆう》ご飯仕度《したく》したりして、一生懸命働くて。〈ああ、こりゃいい案配《あんばい》だ〉と思って、その男の人、思って。ほして、飯《まんま》できたとも、男の人は夕ご飯食ったども、その泊めてくれって泊まった人、飯食わねんだ。

「お前、どういうこったい、飯《まんま》食えばいいこと」

「おら、飯《まんま》嫌いで食わんねが」

「そうだか」って。

また、その朝げも早く起きて、掃除したり、洗濯したり、飯《まんま》したり、一生懸命働いて。ほして朝げになっても、飯《まんま》食わね。

「飯食わっしゃれ」

「おら、飯《まんま》嫌いで食わんねや」。そいで、いっそ飯《まんま》食わね。ほして、

「おれを、ここに嫁にしてくれんね」って、飯《まんま》嫌いだんだが、なじょうに（なんとかして）嫁になって。

そして、嫁にして、いくら経っても飯《まんま》食わんてがな。〈おかしいこったでや。あっけ働いて、飯《まんま》食わんで、

働かれんじゃねが、おかしいなあ〉と思ったんだんが。いつもメンツ(1)に昼飯詰めてもらって、山へ行ったふりして、後ろに隠れて様子見てた。そうすと、泊めてもらった嬶《かか》が、竹箕《たかみ》の中に、剛毅《ごうぎ》に米を二升も三升でもね、いっぺえ竹箕《たかみ》の中に入れて。それをでっこい釜があるんだんが、それででっこい大釜に入れ、その中で、その米研《と》ぐってがの。〈まあ、飯《まんま》嫌いな人が、あっけにいっぱい米研いで、どうする〉と思ったら、そのでっこい釜を竈《かま》の上に掛けて。ほして、いっぺい飯《まんまた》炊いたんてんがな。〈まあ、飯《まんま》嫌いな人が、あっけ剛毅《ごうぎ》に飯《まんま》炊いてどうする〉と思っていたら、その飯《まんま》一生懸命握り飯握って、みんな握り飯にしたって。〈はあてな、あっけ握り飯こしやて、どうする〉と思って、黙って見ていたら。そうすると頭の毛をみんなほどいて、剛毅《ごうぎ》に垂《た》らして、〈はあて、あっけんことしてどうする〉と思っていたら、その握り飯、頭の中にみんな投げ込んで。穴があったって。とっつぁ（主人）、〈はああて、恐《おっか》ね〉と思って。

晩方、仕事してきた真似して、家戻《うち》ってきて、そして、「嬶《かか》、おら、んな（おまえ）、ここ居てもらわんねが。どこへでも行ってくれや」って、「ああ、置かねってことになれば、おらどこへでも行くんだんが。そいたどもそれ、この家を出るについて、この二階にでっこい桶がある。あの桶をおれにくれてくれ」

「ああ、あんな桶くれる。持ってってくれ」

「そいじゃあの、俺下《おら》でその桶受けとるじゃが。お前、二階上がって、あの桶を下へ、下げてくらっしゃい」

「よしよし」って。そして、とっつぁ二階に上がって、下へ下げた。ほうすっと、下で桶を押さえておいて、ドスンと上げて、とっつぁ、その桶へ落としてしまって。そうして、そのとっつぁ、でっこい桶の中で、上がらんねんだんが、もごもごしているうちに、桶背負って、とっつぁごと背負って、山の方へ向かって、どんどんどん行くんだ。〈ああ、これは鬼にあって見込まれだんだ。どっかで逃げださんば、山へ連れていかれてしまうが〉ど思って、どんどん山の方へ行くうちに、見ていたら、その平らなとこがあって、そこへ草が茫々《ぼうぼう》と生《お》いて、いい案配《あんべい》だって、いい草わらがあるんだんが。〈ああ、ここで、逃げねば山に連れていかれるが、なんとかしてここで飛び出そう〉と思って、まあ、でっこい桶だども、やっとのこって、その草むらに飛び込んで。

そして、それから鬼は、飛び出したことも知らんで、山の方へどんどん行って。ということで、とっつぁもぐりこんだ草むらが、蓬と菖蒲の茫々と伸びた、藪の中であったと。その蓬と菖蒲は、鬼が嫌いであったとみえて、後戻りせずに、山の方へ行ってしまったと。〈ああ、こいで助かった、よかった〉と思って。それから、その人が鬼が来《こ》ねよにと思って、毎年、蓬と菖蒲を取って、家の周りにぐるっと、鬼が入らんようにぐるっと飾って。それを取って風呂へ入れて、菖蒲湯立って、ほして入ったと。それから菖蒲湯するようになってあったと。

いっちごさっけ申した、鍋ん下ガラガラ。

(1) 曲げ物の弁当入れ

5　田螺《つぶ》の親子

ざっと昔あったと。

あるところに、子どもの無《ね》え夫婦があって。なんとか子どもを授けて貰えてって、神さまにお願いして、授かった人もあるがったど。

「おら金もねえし、どこの神さまにもお願いに行がねんだが、村はずれの地蔵さまへ行ってお願えしてみよう」という相談になって。お供えを持ったり、灯明《あかし》持ったりして、地蔵さまのとこへ行ってみたら、村はずれの地蔵さまが転んでしまって、ほんのベト（土）ばかりになっていたって。その地蔵さまを起こして、きれいに洗って、そして、二人で、

「どうか、子どもを授けてもらいてえ」ってお願いして。お供えもしたり、灯明《あかし》を上げたりして、お願えしてた。そうしてたら眠《ねぶ》たくなって、トロトロ眠っていたら、そしたら地蔵さまが、

「今、おまえ方に授《さず》ける子どもが一人も無《ね》、たった一つ田螺《つぶ》があるばかりだんが、田螺《つぶ》を授けるから」って。そういう地蔵さまのお告げ。

「いや、田螺《つぶ》でも何でも、おら子どもだら、いいんだんが」、喜んで。ほして地蔵さま、いい案配《あんばい》に転ばんようにして、家に戻っていたら、嬶《かか》の腹だんだんでっこくなって、

「ああ、よかった〳〵」と思っていたら、いつのまにか田螺《つぶ》、コロッと生まれていたと。手前《てめえ》の子どもだんだが、めごくて〳〵、大事大事《だいじだいじ》にして、一生懸命賄《まかな》って。ずっと、田螺《つぶ》だ、旨《うま》いもの食わせてもらうんだんが、だんだんでこくなって、年寄りだけだから、手前《てめえ》たちは大勢の人の前に出ねども、田螺《つぶ》はコロコロ〳〵と転んで、大勢の人の所に行って、いろいろの話を聞いて、二人に聞かしてくれる。〈ああ、いい案配だ〉と思って、ほしてどこで覚えてくるやら、字も覚えてきて書いてみせる。二人は喜んでいたと。

「田螺《つぶ》や田螺《つぶ》。んな（おまえ）がな、人間の子どもだら役に立ってな。町へ行って、緒《お》を買ってもらいてども、田螺《つぶ》なら駄目だしね」ったら、

「俺だって、そのくれのことできる」って。田螺《つぶ》が言うんだんが、

「それじゃ町へ行って、緒をちっと買ってきてくれ」って。ほやて、銭、風呂敷にくるんで、田螺《つぶ》の首ったまに巻いつけてくれて。ほして出したら、いくらも経たないうちにコロコロ〳〵って、田螺《つぶ》転んでいって、緒を買ってきたがな。

「ああ、よかった〳〵。役に立つね」なんて喜んで。ほして田螺《つぶ》はだんだん発明《はつめ》（器用）になって、人の話、聞いて聞かせたり、字を書いて見せたりして、爺さと婆さと喜んで。ほして、そのうちに田螺《つぶ》が、

「おらのんし、京都に行って嫁貰ってくるから」って。

「まあ、京都みたいな遠いとこへ行ってくれんな。京都てば、海の向こうだろや。そげんな遠いところへ行ってくれるな」。京都ってどこでだわからんだが、海の向こうだろなんが、

「そっけん遠いところへ、潰《つぶ》されるんがもしれねから、行かんでくれ」ってども、田螺《つぶ》は、

「どうでも、行ってくる」って。ほして、

「だども、俺に蕎麦粉《そばっこな》一升、こしゃって（こしらえて）くれ」って。そして、婆さに蕎麦粉こしゃいてもらって。コロコロ〳〵と転んで、ほして、どうにかこうにか京都へ着いたって。〈ああ、よかった〳〵。京都に着いた〉と思って、〈どこへ奉公しょうかな〉と思って、田螺《つぶ》があっちこっち見ていたら、いいお屋敷の前に出たんだんが。〈なんせ、ここはいいとこだんが、ここへ奉公させて貰おうかな〉と思って、ここへ入って。晩方にな

って入って、下駄の上に乗って、

「今晩は、今晩は」と言うと、女が出てきて、

「いくら人の音がしたったてが、誰もいないがんに」なんて、田螺《つぶ》の人見つけれねで、バタンと戸を立てて。その時音を出せばいいのに、音を出さん。また少し立つと、

「今晩は、今晩は」って言うたんが。田螺《つぶ》がそう言うて、そして女が出て見ると、誰もいね。

「おかしいこったって、誰か来たみたいであったが」って、女が中に入ってしまう。すると、またひと息経つと、

「今晩は、今晩は」って言うたんが。また出てみたら、こった田螺《つぶ》を見つけて、

「いやまあ、田螺《つぶ》であったかや」って。田螺《つぶ》は、

「今夜《こんにゃ》ひと晩、泊めてもらいてえ」。それを、旦那さんに、

「まあ、田螺《つぶ》が来て、そげんことを言うたんが。泊めてもらいてえって、言うたんが」

「まあ、田螺《つぶ》が泊めてくれなんて珍しいが、なじょうに（どうぞ）泊めてやって、庭の隅にでも寝せて置けば、はあ泊まってもいい」と、田螺《つぶ》は泊めてもらって。

　そして、田螺《つぶ》は朝げになったら、

「おら、ここの家に、奉公さしてもらいたいが」

「まあ、田螺《つぶ》が奉公するなんて、おもしれえが」なんて女が思って、旦那さんに、

「田螺《つぶ》がここに、奉公してえなんて言うが、どうしたらいいかな」

「まあ、田螺《つぶ》が奉公になんて初めてだんが、なじょうも奉公してもらってくれ」って。ほして女が田螺《つぶ》に、

「なじょうに奉公してくれ」って。田螺《つぶ》は喜んで、一生懸命稼ぐと。コロコロ〳〵っと転んで、家ん中きれいに掃除して。家ん中きれいになると、こった外に出て、お庭をコロコロ〳〵と転んできれいに掃除して。ほして、なじょうも（なんとも）汚くなると、井の中にチャポンと飛び込んで、またコロコロ〳〵って転んできれいにする。田螺《つぶ》が来て、家の中も外も見違うほどきれいになる。みんな、

「ああ、田螺《つぶ》や田螺《つぶ》や」って喜んで、ほして、みんなところから喜んでもらうんだんが、嬉しいだんが。家の爺さと婆さのところに手紙書いて、

「おら、こういうところに奉公して、みんなのところからめごがってもらって、一生懸命働いているから、心配してくれんな」って、手紙書いて出した。そして、爺さと婆さは、字がいっそわからねんだんが、庄屋どんの所へ行って、

「田螺《つぶ》から手紙が来たども読まんねから、読んでみてくらっしゃい」

「それはな、あの田螺《つぶ》は京都のいいとこへ奉公して、一生懸命働いて、みんなところからめごがってもらってぃっから、心配してくれんなって、そういう手紙だ」。爺さと婆さと喜んで〳〵。田螺《つぶ》は一生懸命稼ぐだんが、みんながめごがって。

　そしてある時、蕎麦粉《そばっこな》こしゃってもらってきたが、なんとかしてお嬢さまの部屋をつきとめたんだんが、お嬢さんも寝静まったって。そして、その蕎麦粉持っていって、蕎麦粉ギチャギチャって、お嬢さまの面《つら》に塗りつけ、蕎麦粉をギチャギチャって、顔中《かおじゅう》、お嬢さまの面に塗りつけて。頭からなにまで、みんなお嬢さまにつけてまって。ほして、次の朝げ、女中が起きてみたら、田螺《つぶ》が庭の隅でしくしく泣いて、

「まあ、あっけ機嫌よく働いていたが。田螺《つぶ》どうしたいや」って、

「おら、あの、家から蕎麦粉こしゃってもらって、大事にしていたが。今朝起きてみたら、無くなったんが」って泣いていた。

「まあ、田螺《つぶ》が蕎麦粉、誰が盗りやしまいし、そこら探してみれ」って、探したってねえがんに。田螺《つぶ》泣いて、ほして旦那さんがみんなを起こしてみたども、誰も蕎麦粉つけておかんし、俺が盗ったと言う人がなく、

「おかしいねや、誰も盗ったんて、言うがねんが（言う人がいないが）」って言ったら、みんなが、

「まだ、お嬢さんが起きてこない」

「それじゃ、嬢《じょう》(1)じょ起こしてくれ」。お嬢さま起こしてくると、お嬢さまがほんの面《つら》から頭から、なじょうに
（なんと）蕎麦粉だらけで、

「ええ、じょじょ。田螺《つぶ》の蕎麦粉、盗ったかや」

「おら、盗った覚えなん無《ね》え」、それだど、田螺《つぶ》は、

「蕎麦粉無くなった」って泣いて。ほして、

「田螺《つぶ》の蕎麦粉ない（ではないの）」

「何でも出すんだんが許してくれ」って、なんべんも謝り、

「だって、おら許さんねんが。もとの蕎麦粉でねば、許さんねんがに」

「どうせば許してくれる？」

「お嬢さま、おれに呉《く》れてくれれば許す」

「まあ、こけに見込まれれば、どうしようもねいんが。嬢じょ諦めて、田螺《つぶ》にくっついて行くだことや」って。そして、お嬢さま大事《おおごと》（大変なこと）だったども、そげん旦那さま、

「田螺《つぶ》が一生懸命稼いだっていうから、田螺《つぶ》に見込みがあるんだんが」って。お嬢さまに金いっぺいくれて、田《つ》螺《ぶ》にくっつけて出してやったと。

　田螺《つぶ》はコロコロ〳〵って、京都の町転んで、そして、お嬢さまその後ろから付いていく。コロコロ〳〵と田螺《つぶ》が転ぶがんに、それにくっついて、いつか（どのくらい）掛かったやらわからんども、爺さと婆さの家の前に来た。田螺《つぶ》が、

「若さまのお帰りじゃ」って。爺さと婆さと喜んで、田螺《つぶ》がまあ、心配していたが、戻って来たってだんが。嫁もらって来たって、たまげて出てみたら、きれいなお嬢さまがね、

「まあ、田螺《つぶ》やなあ、まめに（達者に）戻ってきて、嫁までほんとにもらってきて、よかったねや」って喜んで、あんま家の中狭《せば》くて汚《きたな》いども、板の間ゴミだらけで茣蓙《ござ》でも引きたいが、その茣蓙も無《ね》って。お嬢さまにそのゴミがじゃまする。そこゴミ箱のとこに座って。爺さと婆さと、いい嫁もらってきたどもって、

「考えてみると、こんな汚いも汚いとも、狭《せば》くてどうもならんねが。考えてみたら、向こうの方にでっこいいい家が、化け物屋敷だと言って、何年も何十年も人が住まんが、でっこい家がある。あれの化け物屋敷、誰も住まんがったんが。あこ（あそこ）きれいに掃除して、みんなしてあこへ住もうじゃねいか」って、爺さと婆さと言って、

「それじゃ、そうしよう」って。化け物屋敷だって、言ってだども。爺さと婆さ、田螺《つぶ》とお嬢さま連れて行って

みたら、ほんとに汚くて汚くて、蜘蛛の巣がいっぺいからまって、どうもこうもならんねほど汚いど。田螺《つぶ》は構わんだ、一生懸命コロコロ転んで掃除する。爺さと婆さも掃除する。お嬢さまも一生懸命掃除する。そしたら何もかもでっこい家だども、炉が切ってある。

「ああよかったね、いくらでっこい炉があるんがんに」。ほして板張りや、細っかいものなど、いくらでもあるがんに。それらみんな掃除して、しまいに炉のそばに持ってきて積み上げ。ほして、一生懸命みんなして掃除したら、

「でっこい家だども、どうにかこうにか住まわれるようになった」って。

「ああ、よかった〳〵」って。炉の中に火を燃やしつけて、掃除する時、板っ張りや何んかを燃して、みんなして喜んで当たっていた。

　ほうすると、夜中になったら、ほんとに化け物屋敷だけに、奥の方でビカビカーと光って、ドードー〳〵と剛毅《ごうぎ》な音がして、

「ほうら、化け物が出た」って、爺さと婆さ恐《おっか》ながって、固まってすくだまって、恐《おっか》ながって。田螺《つぶ》とお嬢さまは割合恐《おっか》ながらず、またビカビカーと奥の方で光って、ドードー〳〵と音がして。

「何か出るど」って。ほして田螺《つぶ》とお嬢さんが、恐《おっか》な恐《おっか》な奥の方に行ってみたら、またビカビカー、ドードー〳〵って音がして、〈これが化け物屋敷であったんがな〉と思って、二人がそこへ、ほうすっと、

「お前《め》がたな、明日、朝げに明るくなったら、この仏壇の下掘ってみてくれ。おら、この音出すんだが、みんな化け物が出たって恐《おっか》ながるだんが、この仏壇の下掘ってみてくれ」って、そういう音がしたって。〈この仏壇の

下に、何《なん》かある〉と思って、明るくなると、どうにかベト（土）掘られる道具見つけて、田螺《つぶ》とお嬢さまと一生懸命に、そこを掘ってみる。なんが出るやらと思って掘っていたら、カチッと何かに当たった。

「ああ、何かあることあるなあ」と言いながら、だんだんと掘ってみたら、でっこい甕《かめ》があったと。ほして、なかなかでっこいなんだんが、掘り下げられなくて、まともに掘りしたが、二人して重たくて重たくて、動《いご》かさんねども、やっとんこって蓋《ふた》開けてみたら、中へオコーコーコーと大判小判いっぱい詰まってあった。

「おら、これ世の中に出して使ってもらいてんだんが。人がここへ泊まると、音を出して知らせがったども。みんな恐《おっか》ねがって、誰も来てくれんねが。これをお前がた出して、世の中のために使ってくれ」って。そう言うだんが、二人して重たい〳〵がんな、やっとんのこって（やっとのことで）上まで持ち上《あ》げて、どうにか上まで上げて。ほうすると、田螺《つぶ》がお嬢さまに、

「おめ、あの、一時《いっとき》待ってくれ」って。田螺《つぶ》が仏壇の下の方へ、ひとしきり立つと、田螺《つぶ》がきれいな若さまになって、いい着物着て出てきたと。まあ、お嬢さまも、田螺《つぶ》もどっちも大喜びで。ああ、きれいな若さまとお嬢さまと、どうにかこうにかその金甕《かながめ》を持って、恐《おっか》ながっている爺さと婆さのとこに、やっとんこって持って出て。田螺《つぶ》がこういう若さまになった。ああ、爺さも婆さも喜んで、お嬢さまもきれいだし、若さまになった田螺《つぶ》もきれいだし、大喜びで。それに金がいっぱい出てきたって、大喜びだって。それからまた、みんなで家の中きれいに掃除して、炉の中に火を燃やして。そして、そこにみんなして住んで、喜んで、一生安楽に暮らしてあったと。

　いっちごさっけ申した、鍋《なべ》ん下ガラガラ。

（1）上流家庭の娘の呼称。妹を指す場合が多いが、ここでは姉

6　蝸牛《だいろ》の伊勢《いせ》参《まい》り

　ざっとむかしあったと。

　爺《じ》さと婆《ば》さが畑へ行って、でっこい〳〵蝸牛《だいろ》を拾ってきて、ほして喜んで、

「おら、子どもがなかったが、これを子どもだと思って大事にしよう」。ほして爺さと婆さは、

「蝸牛《だいろ》、蝸牛《だいろ》」と、蝸牛《だいろ》をめごがって（可愛がって）。そっすっと、蝸牛《だいろ》が、

「おらな、伊勢参り行ってきたいが、蕎麦粉《そばっこな》一升こしゃってくれ」って、そう言うんが。婆さんが、蕎麦粉こしやってくれたと。蝸牛《だいろ》はそれを首ったまにつけて、

「人に潰《つぶ》されんねように、気をつけてな、行ってこい」って。

「伊勢参りになんて、気をつけて潰《つぶ》されんな」って。そして、蝸牛《だいろ》は蕎麦粉持って、ズルンコ〳〵〳〵とずって。ほして、いっか（どのくらい）掛かったやらわからんども、いい町に出て、〈どこか、いい家はないかな〉と思って見ているうちに、いい家があって。〈ここに入って、泊めてもらおうかな〉と思って、そこへ入って、まだ晩方なんだんが、

「今晩は〳〵」って、女が出てみて、

「誰か来たったが、誰も見えねが。いっそ（全然）見えねが、誰も居ねがんに」って。女がまた中に入ると、ひと

しきり経つと、また、

「今晩は〳〵」って。

「いっか（なんども）出てみたって、誰も居ねってや」なんて、戸を開けてみたら、下駄の上に、でっこい〳〵蝸牛《だいろ》が居たと。そして、その蝸牛《だいろ》が、

「おら、今晩ここの家《うち》に、泊めてもらいたい」って。

「まあ、蝸牛《だいろ》が泊めてもらいていなんて、初めてだ」って、なんて思った女が、旦那さまのところへ行って、

「こんげなでっこい蝸牛《だいろ》が来て、泊めてくれなんてが、なじょに（どのように）したらいかべ」

「まあ、蝸牛《だいろ》が泊めてくれなんて初めてだんが、なじょうに泊めればいいごった（ことだろう）。庭の隅にでも寝せておくんだ」って。泊まってみて、蝸牛《だいろ》喜んで中へ入って、庭のここに寝れなんて言われて、隅に寝て。

そっすと、みんなが夜中になって寝静まって。お嬢さまの部屋を突きとめておいたんだんが、お嬢さまの部屋へ蕎麦粉《そばっこな》持って、ズルンコ〳〵って、よくお嬢さまが寝てるんだんが、蕎麦粉をギシャ〳〵と噛《か》んで、お嬢さまに塗《ぬ》りつけて、その蕎麦粉みんな塗りつけて。そしてしらんふりして、庭の隅に寝て。そして、朝げに起きてみたら、蝸牛《だいろ》が、しくしく〳〵泣いている。

「まあ、蝸牛《だいろ》どうした」

「おら、あの蕎麦粉持ってきたが、朝げ起きてみたら、いっそ無《ね》えがんに」って、しくしく〳〵泣いていたと。

「まあ、んなが蕎麦粉、誰が盗ろうが、探してみれ」。

「いくら捜しても、無えがな」。ほして、旦那さまのところへ、

「蝸牛《だいろ》、こう言って泣いている」

「ほいじゃ、みんな起こしてみれ」。みんな起こしてみたども、誰も、俺が盗ったとなんて言う者無《もんね》えし、

「誰が盗ったたって言うんがな。蝸牛《だいろ》が蕎麦粉なんて、盗る人があるのかね」

「ああ、まだお嬢さまが起きて来ね」

「嬢《じょう》じょを起こしてくれ」って。そして、お嬢さまが起きてきたら、ほんになりうち（全身）がみな蕎麦粉だらけ、

「まあ、嬢じょが、蝸牛《だいろ》が蕎麦粉、どうして盗った」

「おら、一つも盗りやしね」

「だって、なりうち、みな蕎麦粉だ」なんてて。蝸牛《だいろ》に、なじょん（どんな）ことしても、謝るんだんが。じょじょが盗らんたっても、蕎麦粉だらけだんだんが、しょうがねんだんが、

「謝るから、なじょにしたらいいね」

「おら、どうしたたって、許されんね」

「それじゃ、なんとかなんとか、許してけれ」

「おら、お嬢さまくれてもらえば許すし、そうでねば許さんね」。ほして、旦那さま、

「こういうに、見込まれればどうしようもねえんだんが。そいじゃ、蝸牛《だいろ》と一緒に行くじゃこったよ（行かなければならないことだよ）」。そして、お嬢さまいい着物着せてもらって、銭いっぺいもらって、ほして伊勢参り行ぐってやったんが、伊勢の方へ向かって二人して。蝸牛《だいろ》、ズルンコ〳〵と。お嬢さん、そのあとくっついて。〈なん

とかして、この蝸牛《だいろ》、潰《つぶ》してくれ〉っと思って、お嬢さまためている（狙《ねら》っている）、蝸牛《だいろ》、ズルンコ〳〵と、くるっと向いちゃ、お嬢さま見て。またそうして、ズルンコ〳〵行って、お嬢さま見て。そして、いっそ潰《つぶ》す機会がなくて、かなりのところまで行ったら、ちっと隙《すき》があったんが、お嬢さんがビショっと潰したら、なかなかきれいな〳〵若さまが出てきてだんが。お嬢さまは喜んで、蝸牛《だいろ》も喜んで。ほして、二人がそろって家に戻って、旦那さまも奥さまも喜んで。ほして、

「蝸牛《だいろ》のお家に行って、爺さと婆さば、喜ばせばなんねが、二人して行ってくれ」。そう言って、いっぺい銭もらって。そして、爺さと婆さのとこへ戻って、

「爺さ爺さ、若さまのお帰りだ」って。そして、出てみたら、きれいな若さまにお嬢さまがいたんだが。そして、お嬢さま、訳話《わけ》して、

「おら、蝸牛《だいろ》潰したら、こっけな人が出てきた」って。ああ、爺さと婆さと喜んで、こんど二人家に入ってもらって、一生みんなが安楽に暮らしてあったと。

いっちごさっけ申した、鍋ん下ガラガラ。

7　神の申し子

ざっとむかしあったと。

あるとき、子どもが無くて、切なくて。〈子どもを授けてもらいてえ〉って、鎮守さまへお参りに行って、一生懸命お参りして。

その他《ほか》にこった（今度）、仕事嫌いで、仕事嫌いで。仕事しねでも、銭が欲しくてどうしようもね人が、〈銭授《さず》けてもらいて〉って。そして、鎮守さまにお願いして、

「おめみたいに、仕事しねで銭なんて儲かるんじゃねっから、一生懸命仕事しれって、銭がたまるから。おいがあの、一つ食えば十ずつ若くなる団子くれっから、その団子食って若くなって、一生懸命働け」と（神さまが）言って、夢の中で言うんだんが。目を覚ましてみたら、ほんと、団子手の中に入ってたってんがな。〈ああ、ありがたい〳〵。一つ食えば十ずつ若くなる。ありがたい〳〵〉と思って、その人は、爺さと婆さに、その話聞かしたって。そして、爺さと婆は若くなりたくて、年寄りになってんら、若くなりたくて、

「おらに、一つずつ分けてくれ」って。

「ええ、大事な団子、お前がたになんか、分けらんね」

「分けてくれ」

「分けてやらんね」。諍《いさか》いになって。ほっすっと、団子もらった人が、片手につかんでいたのを、いっそみな口の中に入れて、食ったてもの。団子、片手んからみんな食った。そうすっと、その人十ずつ若くなっちゃって、四十二であったのが、二つくれの子どもになったたって。そうしてこった、爺さと婆さは、その人が二つくれの子どもになってしまったんだ、その人の持ってた団子数えたら、あと六つある。この六つを二人して分けて、爺さと婆さとこった、三つずつ食った。そしたら十ずつだんだ、三十若くなった。三十ぐれいの夫婦に、二つぐれの

子どもに、ちょうどよく神さまが授けてくれた。そして、爺さと婆さが喜んで、「ああ、ありがて、ありがたい。こげんな子ども授けてもらった」。そして、仕事嫌いな人は、二つぐれの子どもになって、そこのうち財産あった。よかったと。

いっちごさっけ申した。鍋ん下ガラガラ。

8 産神問答

ざっとむかしあったと。

あるところに、村の旦那さまが用事があって出たども、家戻《うち》らんうちに、ちっと用事に手間どって、暗くなったんだが。〈鎮守さまへ泊めてもらおう〉と思って、そこへ入って。明るくなるまで置いてもらおうと思って、そこへ泊まっていたら、チリン〳〵と、馬の鈴の音がして。そうすっと、山の神さまが降りてきて、鎮守さまのとこへ来て、

「鎮守さん、今日、この隣村でお産が二つあるが、お前、手伝いにきてくんねかい」。そったら、その鎮守さまが、

「今日は、ちょうどおらとこへお客さまがあって。そのお客さま守らんばなんねんども、行かんねんだんが。おら行がんねんだんが、お前両方務めてきてくれ」って言って。そして、

「それじゃ、しょうがねんが」。馬の鈴の音出して、チリン〳〵と遠くの方へ行ってしまった。〈はあてな、おら

家も今頃、嬶《かか》が子ども生まれる頃だがなあ〉と思って、そして居たと。

　また、馬の鈴がチリン〳〵としてきて、鎮守さまへ行って、神さまと神さまの話が、

「今日のお産は、わりあいに早く済んでよかった」

「それじゃ、今日の子どもはどういう運命もらってきた?」。そしたら、

「こっちの村の家《うち》は、男の子が生まれて」

「どういう運命だ」

「その男の子は、青竹三本もらってきた。そして、隣の村の貧乏な家だども、女の子が生まれた。その子は粟《あわ》一石もらってきた」。〈はあてな、もし、男の子が生まれて、男の子は青竹三本もらってきたし、隣村の貧乏な家の子は、粟一石もらってきた。もし、おらとこ男の子が生まれていれば、青竹三本しかもらってこねし、隣の村の貧乏な家の子が生まれて、粟一石もらってきた。おらとこ男の子が生まれていねべか〉と思って。

　じき明るくなると、すぐ家に戻ってみて。そうすっと、やっぱりその旦那さんの家に男っ子が生まれたってな。〈ああ、隣村の女の子が、粟一石もらってきた。その子今のうちに許嫁《いいなずけ》にしてもらっておかんばならん〉と。旦那さんそう思って、隣村へ行って、

「この家、女の子が生まれたって、おらとこへ男っ子が生まれた。それあの、ここの子どもが大きくなったり、おら子が大きくなったりしたら、この子嫁にくれてもらんばい（もらえないか）」。そこの家の衆は、身上《しんしょ》尽きて、そう言われたら喜んで。そして、そこで許嫁にしたって。

　そしているうちに、どっちも大人になって、嫁もらって。そこの旦那さまの兄《あん》さ、〈貧乏な家から嫁もらって

きて、おもしぇくねえ〉と思っている。その嫁がくると、その家はどうしたわけか、ばっかげに（たいそう）繁盛するってがな。人がどんどん来て賑やかにして、その嫁がまた一生懸命で、人をもてなす。もてなすだんが、また人が来る。そしてだんだんその家繁盛して。〈んん、あっけんなところからきた嫁が、あっけん人に振る舞って。あれ、振る舞いしないようにしたら、もっとおらんとこ身上《しんしょ》よくなる。あの嫁出してくんねがな（くれょう）〉と思って、

「お前《め》に牛一匹くれるから、この牛持って、おら家出ていってくれ」って。そう言われたんが、嫁がその牛一匹もらって出て。牛引いてどこへ行くあてもなく、牛に、

「んなんな（お前）、おらと因縁あるところに行ったら、ペタッと膝ついてくれ」って。そして、牛に頼んで、牛引いて行ったら、いっかなとこ（いいところ）まで行ったら、牛がペタンって膝ついたんだって。そして、そこの家に入って、

「おら、牛一匹もってきたし、ここの家の嫁にしてもらわねろか」

「ああ、ちょうどよく、嫁に欲しいところでな」って。そこん衆、嫁にもらい、牛ごともらい。一生懸命、ほすっと何事によらず、そこの家の調子がよくて繁盛して、だんだん繁盛してる。その嫁が、人をもてなすこと、もてなすこと、一生懸命もてなすと、そうすっとますます繁盛する。そして、大尽みていに身上《しんしょ》よくなる。

ほうすると、ある時、ザルいっぺい背負ってきた男の人が、よく見たらその、もと居たとこの若旦那が、財産みんな絶やして、山から竹伐ってきて、ザルこしゃって、売り歩くことになって。その嫁が見たら、もとの兄《あん》さだってことがわかるんだんが。そのザルみんな買ってくれて、ほして、

「昼飯やるから」と言って、握り飯にぎって、その中へ小判の一枚入れて、握り飯、昼飯にくれたって。そして、その嫁がもとの兄さだってことがわかるども、その兄さはけろっと忘れちまって。おらとこの嫁であったなってこと思い出さんね。そうして喜んで、その握り飯もらって出て、昼飯にその握り飯食おうかなと思ってみたら、握り飯をどこにか落としてしまって、なかったたってんがな。その人はなんでもうまくいかんで、せっかくもとの嫁が、くれた小判の入った握り飯を落としてしまったたって。

いっちごさっけ申した、鍋ん下ガラガラ。

9　古屋の漏《も》り

ざっとむかしあったと。

あるとこに、爺《じ》さと婆《ば》さがあったと。爺さと婆さ、夜さり二人して話して。ちょうどそこへ馬飼ってて、馬盗人《うまぬすっと》が一人来て。ほして狼《おおかみ》も、馬食いてえと思って、そこへ来た。ほして、爺さと婆さの話聞いて。

「なんがいっち、恐《おっ》かねい」。婆さは、

「狼、おらいっち恐《おっ》かね」と言う。ほうすっと、爺さ、

「おら、狼より、古屋の漏《も》りがいちばん恐《おっ》かね」ったら、狼、〈俺より恐《おっ》かねの、この家にいるらしいんが、こうして居られんね〉と思って、逃げ出そうとしたら、馬盗人が狼だと思わんで、馬が逃げ出すと思って、〈馬に逃

げられちゃならん〉と思って、それに飛び乗って、狼の耳にしっかりしがみついて。馬が逃げ出したとばかり思って、狼の耳にしっかりとしがみついて。狼も、〈ああ、古屋の漏りにあってつかまえられたら、これは恐《おっ》かねんが、早く山へ行がんばなんね〉と思って、狼は古屋の漏りだと思って。——爺さが古屋の漏りって恐《おっ》かねってがんは（理由は）、古い家が漏るようになれば恐《おっ》かねって、そう言ってあったが、——狼は〈古屋の漏りって化け物がある〉と思って。馬盗人は狼の耳にしっかりしがみついている。狼は〈古屋の漏りにあって、しがみつかれた〉と思って、一生懸命に振るい落として逃げようと思うので、〈ええい、振るい落とされちゃならん〉と思って、馬盗人、狼の耳にしっかりしがみついている。

そのうちに、ちっと明るくなったら、狼に乗って、狼の耳にしっかりしがみついて、〈馬じゃなかったどや〉と思ったら、恐《おっ》かなくなって。馬盗人、〈なんとかして、どこかへ飛び込まんばならんね。隠れねんばならん〉と思って。一生懸命で、そこら辺りの道あちこち見て、したらあるとこに、でっこい穴があったてんがな。炭焼きの跡の穴で、かなり深い穴だって。そこへ飛び込んで。狼は〈ああ、よかった〳〵。古屋の漏りがいなくなった、飛び降りた〉と思って喜んで。ほして、〈どうも古屋の漏りを退治しねばならん〉思うたんが、山へ行って、動物たちを集めて、

「古屋の漏りが、あの辺に隠れたから、それを退治しねばならんから」。そう言って相談して、

「それじゃ、どうしたらいい」って。そしたら、猿の尻尾《しっぽ》いっち長かったってんがな。

「猿の尻尾を、あの穴の中につっこんで、古屋の漏りが、どっかへ行ったか、尻尾で探してこい」って。そういうことになって、猿、恐《おっ》かねくてどうしようもねすけ、〈古屋の漏りなんて、恐《おっ》かねんが、おら行かれんが。お

ら、恐《おっ》かね〉と思ったども、みんな聞かねいんだんが。

その時、猿の尻尾、三十三尋《ひろ》もあったって。そして、その尻尾、穴の中に入れて、こうして穴うちを探してみるども、いっそわからん。こっと、そのうち馬盗人、〈いいんが（いいものが）きた、これに捕まって、上がらんばならんね〉と思って、猿の尻尾にしっかりしがみつく。猿、〈さあ困った。古屋の漏りにあってしがみつかれた。こら、なんとかして放さんばならん〉と思って。猿、ウンコ〳〵と力を入れて、尻尾引っぱるども、馬盗人、いってい放しちゃならんと思って。猿、長い尻尾なんだんが、いってい離れねでどうしようもねど。古屋の漏りにしがみつかれ、大事《おおごと》だと思って、一生懸命ウンコ〳〵と尻尾引っぱるども、馬盗人いってい放しちゃなんね。〈これにしがみついて上にあがらんばなんね〉と思って。猿、真っ赤な面《つら》して引っぱる。馬盗人、尻尾いってい放しちゃなんねと思って押さえている。猿引っぱる、馬盗人放さんでいる。するうちに、尻尾プツンと切れて。そいで、猿、あんまり力んだんで、真っ赤な面になったし、尻尾短っこくなったし。馬盗人が尻尾にしがみついて、尻尾切ったんが、尻尾短くなった。猿の面真っ赤になったっし。

　いっちごさっけ申した、鍋ん下ガラガラ。

10　魚を助けた人

ざっとむかしあったと。

あるところに、川がわりあいに高くて、村の低い村があったって。そして、ちいと雨が降っても、川が溢《あふ》れて、畑も田んぼも、みんな流されてしまって、稲もなかなか作っても流されてしまうし、よそに流されてしまうし。だんだんと、どうにかなる人たちは、家も引っ越してしまって、だんだん家が少なくなってしまった。

そして、婆さと倅《せがれ》と住んでいる家があったって。その家は暮らしが楽でなくて、暮らしのいいとこへ行ったって、家も建てらんねし、土地も求めらんねし、

「自分たちばかりなら、みんな出ていけば、どうにか暮らしていられるが、がまんして暮らしてや」って。そういうことに相談して、どうにかして、人の退《ど》いたあとへ、なるたけ川の水の上から流れんようなところへ稲を作ったり、人が退いたあとへ稲がちっと残っていたり、てめえの田んぼの稲が残っていたりして、どうにかあっちこっちへちっと残った稲をかき集めた。いくらか米も穫れるし、また藁が大事で、藁で夜なべに草鞋《わらじ》や草履《ぞうり》を作ったり、草履《ぞうり》、草鞋《わらじ》を町へ持っていって、買ってもらって暮らしていくことにして、立ち退《の》きできねんだんが、立ち退かんでいたと。

ほして、じきに流されてしまうども、どうにか流されねとこ、稲は植えても遅くなるし作らんねども、野菜まだ作られる野菜あるんだんが、野菜いっぺえこしらえた。一生懸命夏は耕して、昼は野菜を作り、夜は藁仕事をして、それをだんだん溜《た》めて、かなりいっぺい溜まったんがの。倅に、

「町へ売ってきてくれ」

「よしよし」って、倅がそれをみんな背負《しょ》って、そして町へ向かっていって、商人のとこに行ったって。そしたら商人が喜んで、

「ああ、よかった〳〵。ちょうど草履、草鞋とが絶えたところに、どこに荷を頼もうかと思っていたところだが、よかった〳〵」と喜んで、思ったよりいい値で買ってくれて。〈ああ、よかった〳〵〉ど思って、倅喜んで、

「お茶でも飲んで、休んでいかっしゃれ」

「ああ、婆さが待っているんが、早く戻らんばならん」。ほして、お茶ももらって飲まんで、休まんで戻ってきた。

川土手《かわどて》来たら、子ども四、五人いたけ。その真ん中に、きれいなでっこい魚が、ピンピンと跳《は》ねていたって。それを押さえて、四、五人で一匹しか獲れねんだが、これを切ってみんなして分けようかって。ほしてみたら、きれいなでっこい魚で、ピンピン跳ねているんだって。切らせば気の毒だと思って、

「ねらねら（お前たち）、待ってくれや。おれが銭出すだんが、その魚、おれに売ってくれや」。そして子どもは、一匹してみんなが四五人で分けるより、買って貰ったほうがいいんだが、

「おうおう、売ろうや」って、なんて言って、喜んで売ってくれた。そしたら倅も喜んで、今貰ってきた銭、みんな子どもに呉れて、その魚を買って。子どもは喜んで、家に戻ったし。その魚を抱いて、川へ降りて、放してくれたら、嬉しげにして、フワフワ〳〵と、向こうの淵に泳いでいった。

「ああ、よかった〳〵」。あんまり嬉しいで、よかったと思って。喜んで家に戻って、

「婆さ婆さ、おら、そんた（あなた）に、申し訳ないことしたいも」

「何したいや。今夜ごちそうでもしようと思って、待っていた」ったら、

「おらんなし、子どもがあんまりでっこい、きれいな魚獲って、ピンピンさして。みんなして切って、たった一匹だんだんが、みんなして分けようと相談していたんだんが、あんまみじょげ（かわいそう）だんだんが、ねらね

ら、その魚おれに売ってくれ。そして、こども喜んで売ってくれたんだんが、今日はあの草鞋《わらじ》、草履《ぞうり》持っていって、貰った銭、みんな子どもに呉れてきたんよ」

「まあ、なんて馬鹿者やね。銭を呉れたら、その魚持ってくれば、ごちそうしられんがに。馬鹿、馬鹿。そいじゃ、ごちそうしたいと思ったが、ごちそうしねで、冷《しゃ》っこい飯《まんま》で食っていたこてや（いることだ）」。そして、雑炊《ぞうすい》にして、冷《しゃ》っこい飯食って。

そして、次の日、倅は畑仕事に行く。婆さ洗濯物いっぺいたまったんだが、川に洗濯に行って、ゴシャゴシャど洗濯していたら。ま少し（もう少しで）洗濯終わる時になって、足が滑って、石に滑って、ポチャンと川の中に落ちてしまったって。〈ああ、あこの淵の方に行けば助からねんが、淵の方へ行っちゃならね。早く泳いで行かんねばならんわ〉って、一生懸命泳いだが、なかなか岸へ泳ぎ着かんね、淵の方へ行きそうになった。〈ああ、困った〳〵〉思っているうちに、気を失ってしまって、いっそわからんくなって。気を失ってしまったんで、わからんわけ。そして、どのくらい経《た》ったか、ひとしきり経ってから、ポカッと目が開いたって。ほして見たら、若《わけ》いきれいなめごけな（可愛いらしい）女の人が傍に付いたってんがな。

「まあ、おめがおれを助けてくれたか」

「おめが危ねとこであったども、おいがやっと助けて。留守のとこへ入って悪かったども、濡れた着物脱がして、寝床取って、ここへ寝せたところだった。よかった、気がついて」。その女の子が喜ぶ。婆さも、

「有難うございました」って喜ぶ。ほして二人喜んで。

そして、晩方になったら、倅戻って。婆さ倅にその話して、倅も、

「有難うございました」って喜んで。そのうちきれいなめごい女の子が、一生懸命に働くてんがの。家を掃除したり、洗濯物干したり入れたりして、一生懸命働いて晩方になったんだが、夕飯《ゆうはん》ごちそう作って、みんな夕飯食って。そして、次の日にもまた戻らんで、一生懸命に働いて、

「まあ、おまえそうして働いてくれるっかい。おらとこもあの倅に、嫁もらうのもまだだし、あんま気に入った人だんが、嫁になってけらんねろか」って。

「ああ、おら家に戻るところもねし、するんだんが、嫁になってもいいんだが、なじょうに（どうぞ）嫁にしてけらっしゃい」。そして、みんなが喜んで。いい嫁もらって、一生懸命働いていた。

そして、嫁は、昼間はみんなして畑で働いて、昼間は野菜を作り、夜になると、倅と婆さは草鞋《わらじ》と草履《ぞうり》作る。嫁はどうしてだか、土間に降りて、一生懸命縄綯《な》いして。ほして、毎日昼間は畑でみんなして働いて、ほして夜は、嫁は土間で縄を綯い、倅と婆さは草鞋を作って。いっぺい溜《た》まると草鞋、町に行って売って、みんな仲良く暮らした。

ほうしたら、いっか（しばらく）経つうちに、みんな藁仕事をして、嫁の縄ができあがった。縄をあこへ（あそこへ）いっぱい溜めて何にするかと、婆さと倅、見ていたと。そうすると、あるとき朝げ嫁が早く起きて、その石原のとこにグルッと、川で流れた石原のとこへ、その広い場所へ縄をみんな張ったって。〈あこに石原に縄を張ったって、何なるど〉って思って、婆さと倅がたまげて見てたと。〈どうして張ったんだろ〉と思って、外へ行って見ているうちに、縄張り終わらせると、川の中にポチャッと飛び込んだって。〈ああ、そういうことであったかな、気の毒に〉と、倅が勘付《かんづ》いて気の毒にと思って見ているうちに、黒い雲が上《かみ》の方から出てきて、おっ

かねほど黒い雲出てきたって。〈あ～あ、どうなるだろう〉と思っているうちに、ビカビカと光って、雷がドードードー、ゴロゴロと鳴る。また、真っ黒な雲のとこで、稲妻ビカビカーと光って、雷がゴロゴロって鳴るし、まあどのくれい荒れてくるやら、〈早く家に逃げ込まんばならんね〉と思って、倅が気揉《も》んで（あわてて）、家に逃げ込むやら、逃げ込まねうちに、ガシャガシャガシャと大雨が降ってきて、剛毅《ごうぎ》な雨降りになって。その村はちっと雨が降っても、みな流される村であったんだが、〈こら大変だ〉と思っているうちに、大水が出てきて、ゴーゴー〳〵と大水が出て。それはまあ剛毅になってきて、このくれいの水は今までなかったって、倅と婆さとたまげて見て。ほうしてひとしきり大水流れてきて、〈なじょになるか〉と思ってたまげたども、ひとしきりかなり長いこと、大水が出て、晴れてきて、たんだんと水引いてきた。その石原《いしわら》のとこ、その辺りのゴミだのベト（土）だのいっぺい被《かぶ》さって、石原がちっとも見えなくなったって。

「まあ、こけな（こんな）いい土地が、広い場所ができたが、村の衆みんなどこかへ逃げたども、よかった。このいい土地ができて」。婆さと倅と喜んで、〈ああ、娘が助ける宝であったかしら〉と思って、気の毒にと思って、気の毒がったり有難がったりして。

「よかったけど、いい土地ができて」って。こっと（こんど）高くなったんだが、ちっとばかり水が出たって、こっと上がらんね。大水でいい土地ができたんだが、婆さと倅と喜んで、そこで百姓したと。魚を助けたおかげでいい土地を造ってもらったって。

　いっちごさっけ申した、鍋ん下ガラガラ。

11　けちんぼ長者

ざっとむかしあったと。

ある村へ、でっこい土地を持った長者、まあ村中《むらじゅう》、長者の土地みたいで。そして、奉公人も大勢使って、でっこい百姓して、奉公人の三百六十五人も使って。そいだんだんが、いくら風が吹いても雨が降っても、奉公人を休ませるってこと無《ね》。

「一日奉公人休ませれば、一年休んだと同んしよった。だから休ませらんね」。それで、奉公人にいってい（全く）休ませらんね。そいで、奉公人をいってい休ませない。年中使って、それでも足らんで、村の人たちを日雇《ひやと》いに頼んで。村の人たちの土地も、長者の土地にみんななったみたいで、手前《てめぇ》たちもろくな土地持たねんだんが、使ってもらわんば暮らしてらんねんだんが、長者の家に頼まれれば喜んで行ったども。その長者、けちんぼで、朝げちっと遅く行くと、

「ああ、お前がた時間に遅れたが、朝飯は出さんね」って。――昔は日雇いに朝、昼、晩と賄《まかな》いを出した。今は賄《まかな》わねんども、日雇いって朝昼晩と、三食賄《まかな》ったんであて――。

「お前たち、時間に遅れたら、朝飯は出さんねから。ほして、今日中に、ここところを、こういうふうに仕事しれ」って、言いつけて。朝飯もらって食わんねで、一生懸命働いて。まあお昼にはまた、お昼もらって。せば、あんまり一生懸命働いても、割り当てた仕事も終わらんと、夕飯ももらって食わんね。そして、なんとかどうにか仕

事して、また割り当てられた仕事できねば、「おまえがたの割り当てた仕事をやっさんねが、今日は夕飯も出さね、今日の賃金も出さね」。一日働かして夕飯も出してくんねし、割り当てた仕事終わらんてがんね、賃金ももらわんて。ほして泣き泣き家《うち》に戻らんばなんね。それでも頼まれれば、そこに行かんば暮らしていられねんだが、ほんとに小作人が泣き泣き、その長者のとこに行って。

そしてある時、田植えが始まって、一生懸命田植えして、無理な仕事させて。ほして晩方になって、どうにか終わった人は、早く夕飯もらってきて、賃金もらって戻るし。仕事が手に余って、暗くなってもまだ終わらん人は、提灯《ちょうちん》つけてしても、まだ終わらんと、「おめがた、おやさねんが（終わらせられないが）、夕飯も出さんし、賃金も出さんね」。そして、その衆泣き泣き残って。毎日そけなことして、こき使って。ほして、だんだん長者は、財産が剛毅になってでかくなる。村の人は泣いて暮らすような村になって、長者が強くて〱どうにもならんども、村の人を使って泣かして。〈どうにかまた、田植えがかなり終わったんでえろか〉と思って眺めてみると、広い田んぼがみんな稲が終わって。ああ、長者喜んで、〈これがまあ、ちっとまっても青くなったら何ほどきれいになるなろ〉と思って喜んで。〈今日はかなりきれいになったから、あの高台に上がって、眺めてこようかな。なにほど稲がきれいになったろ〉と思って、朝げ早く起きて、高台へ上がって、〈稲がなにほど、きれいになったか〉と思って眺めたら、稲な一本も無《ね》。その土地はみんな湖になってしまって、稲な一本も見えね。大事な田んぼがみんな湖になって、どうすることもね。あんまし、人泣かして稲作ったって、駄目であったと。

いっちがさっけ申した、鍋ん下ガラガラ。

12　三人仲間

ざっとむかしあったと。

あるところに、若い衆が三人、仲のいい人があったって。夜、時々寄って話していたら、ある時、三人が話し合って、

「おらが、まあ、いくら働いても、暮らしも楽にならんし。あんまり年も行かねうちに、伊勢参り《いせめい》もしてきたいし、その伊勢参りに行く金も貯まらんし。これから三年間三人して、旅へ働きに出てこようじゃないか」って、相談ができて。ほしてそのうちに支度して、旅に働きに行ってこよう。三人して旅に出て、いいとこ見つけて、どうにか働いて、一生懸命働いて。ほして三年経ったら、ここへ寄ってみようて言ったな。

三年経ったんだんが、決めた場所に三人して寄ってみたって。そうすると、二人の衆は三年で五両貯まって。ほして、一人の人は三両貯まって。その三両貯まった人も、怠けたり仕事しねでいたわけでなく、一生懸命働いたとも、三年も住んでもいれば、〈ああ、あの家は、子どもも大勢だし、働き手は一人だし、暮らしに難儀だな、楽《らく》じゃねな〉って思うと、気の毒になって、いくら少なくてもしょうがねえんだが、いくら稼《か》せで貯めたうちから、そのうち恵んでやり。ほして乞食が来れば、ああ気の毒に思って乞食にも恵んでやり、一生懸命働いて。そ

して、村で祭りがあれば、寄付人が来れば、寄付もしたり。お寺から寄付人が来れば、寄付したり。そしていたら、三両しか貯まらなかった。ほして、五両貯めた人も、はあ家に戻らんで、伊勢参《いせめい》りして戻ろうてことになって。〈三両あればどうにか伊勢参りして来られんが、俺も一緒にくっついて、伊勢参りに行こうかな〉と思って。三人してそこを旅立って、あちこち眺めて楽しみながら、伊勢の方に向かった。

そして、いかんとこへ（あるところへ）行ったら、立て札が立ってた。「話一つ一両」て、立て札立って、「お前がたの、この話一両も出したらいい話聞かしてくれるだんが、話聞いて行こうじゃないか」。そう三両貯めた人が言ったら、五両貯めた人は、

「おら早く伊勢参りもしていいし、家に戻るも気が揉《も》める（はやる）んだが、話聞かんで、銭あったら（惜しい）だんが、話聞かんで、伊勢の方に行くんだんが」

「おら、どうもこの話聞きたいが、話聞いていくども、後から追いつくから。お前がた、じゃ先に行ってくれ」って。ほしてその人は、三両貯めた人は、そこの家に入って、

「話一つお願いします」。そう言うと、奥の方から立派な爺さまが出てきて、そこへ来て、

「一両」って言う。そして、一両出す。ほして、〈なじょうに（どんなにか）いい話して聞かせかな〉って思っていたら、その爺さまが、その人の面《つら》をよく見てたけ（じっと見ていたら）、

「柱のないとこに宿取んな」って。そう言って、すうと奥入ってしまった。

「まあ、これだけの話じゃった。これじゃ面白《おもしろ》くね。今一つ願おうかな」って。

「今一つお願いします」って。また、その立派な爺さまが出てきて、

「一両」って。一両出す。〈こっと、なじょにいい話聞かしてくれっかな〉、そう思って、爺さまの面《つら》見ているど。

その爺さまも、その人の面よく見てたけ、

「おっかないものをよく見れ」って。そして、すうと奥入っていった。

「まあ、これだけの話だったな」。金のないことも忘れて、〈もう一つ聞きたいな。こっととくにいい話聞かせ〉と思って、

「申し、今一つお願いします」って。そうすっと、また、爺さま出て、

「一両」って。一両出すと、〈こっと、なじょにいい話聞かっせかな〉って思って、爺さまの面《つら》見ていると。爺さまも、その人の面よぐ見てたいたけっちゃ、

「堪忍袋《かんにんぶくろ》の緒《お》を締《し》めろ」。ただ、それだけですうと奥入っていって。〈あ〜あ、これだけの話やったかな〉と思って考えてみたら、金がいっそ無くなった。〈ああ、今夜《こんにゃ》宿屋に泊まることもできないし、今ここへ来るときに岩屋があった。あの岩屋に行って、泊めてもらおうかしら〉と思って考えてみたら、〈ああ、岩屋には柱がねえわけだ。ああ、岩屋に泊まらんねな。柱あるとこっていえば、宿屋には泊まらねんし、どこかのお堂に泊めてもらうだ〉って思って。探してみたら、お堂があって、そこに入って泊まって。そして、疲れたんだんが、よく眠って。よく寝て、かなり寝た気がして、〈ああ、夜中だかな〉と思って、眼が覚めたって。〈ああ、よく寝てあったな〉って、思ってたら、どこかの方で、ビカビカーって光って、ドードードーって剛毅《ごうぎ》な音がして。〈ああ、恐《おっか》ねな恐《おっか》ねな〉と思って、そのお堂で小さくなって寝て。またビカビカーと光って、ドードードーと音がして。何回も続いているうちに、そのお堂の前へきて、ビカビカーって光って、ドッシンとなんか重たいものが落った。

〈ああ、恐《おっか》ねな〳〵〉と思っているうちに、〈恐《おっか》ないものはよく見れって、話聞いてあった。明るくなったら外に出てよく見ねばなんね〉って思って。恐《おっか》ねと思っているうちに、その明るくなってきたんだんが、そろそろと起きて辺りに行ってみたら、ああ、ビカビカ、ビカビカと、金の塊《かたまり》のような、でっこい塊が落ちてあったど。

〈ああ、このこって（ことで）あったかな〉って喜んで。銭はみんな絶やしたども、ちっと離れてたところに両替屋があったって。〈両替屋に行って、両替をしてもらおうかな〉と思って、金の塊は重たくて〳〵、やっと背負って両替屋まで行って、

「これを両替お願いします」って。

「まあお前、こっけなでっこい金の塊持って来たって、大判小判にしただって、とても重たくて背負わんねんが。どうする、どこへ行くが」って。

「おら、伊勢参りすると思って来た」

「それじゃ両替して、おれが供《とも》一人貸すんだんが、供と二人で大判小判、背負って伊勢参りに行ってくればいいこと」って、もう一人貸して、二人して大判小判を背負って、伊勢参りに行って。先に行った友だちに、追いつくか〳〵っと思ってたども、伊勢まで追いつかんで。〈ああ、だめだったな。おらが遅れてあったな〉と思って。そして供と二人して伊勢参りして、両替屋へ戻った。

　伊勢参りするうちに使ったり、伊勢に上げたりしているうちに、それでもまだ一人で背負うには重たいども、〈みんな家に持っていかんばならん〉と思って我慢して。大判小判いっぺい背負って、家にどんどんと我慢して戻ってきた。家の前まで来たら、暗くなった。〈嬶《かか》どうしているかな〉と思って、隙間《すきま》から覗いて見たら、嬶一

人で一生懸命喋《しゃべ》って、〈おらがいねば一人なわけだ、嬶まるで一生懸命喋ってる。どうしたことなのかな。おらがいねことをいいことにして、間男《まおとこ》でもしているのかな〉っと思って、立って聞いていた。そして、嬶一生懸命喋って、〈これは間男してんな、今は飛び込んで追い出してくりょうか〉と思ったども、話聞いて、〈堪忍袋の緒を締めよって、このこったな〉って。堪忍袋の緒を締めて、そこへ佇《たたず》んでいたら、嬶一人で一生懸命喋って、〈間男しているかな〉と思って、トントンって、

「今戻ったぞ」

「まあ、よかった〳〵、おめ戻ってきてくれたんが。いっとき待っていてくらっしゃい。そのうち戸を開けるから」。あっちへこっちへ嬶動いて、〈間男隠すか、逃がすかすんな（するな）〉と思っていたら、あちこち動いているうちに、ガランと戸を開けて、

「まあ、よかった〳〵。戻ってまって、よかった〳〵」。誰もいね、嬶一人。ほして、〈あちこち見るども隠したらしいとこもねようだし、逃がしたらしいとこもねえし、どうしたんだかな〉と思って、

「嬶、嬶。なあ、一生懸命話していたんが、どうしたかな」ったら、

「ん、おらがな、おめが居ない時に一人だと思って、村の人に馬鹿にさりょうこったなと、毎晩こうして一人で喋っていた。いっとき待ってください」って。ほして、部屋の方から藁人形持ってきて、横座へ座らして、そして、その藁人形にとっつぁの着物を一枚持ってきて被せて、

「おら、こうしておめが居たことにして、一人で一生懸命喋っていた」

「ああ、そうだか」って。〈こげないい嬶をおら追い出すとこであったが、追い出さんでよかった〉と思って、大

判小判を出して、嬶に見せて、嬶喜んで〳〵、二人で喜んで。

ほして、村の二人の仲間の人が、どうなったかと思って、家に行ってみると、まだ戻ってね。なかなか戻って来ねし、〈どうしたかな〳〵、とついに追いつかんであって、どうしたかな〉と思って、なかなか戻ってね。そのうちに、ちょうどその晩に、歩いて大雨が降って、大水が出て、岩屋を潰《つぶ》したらしいって。あの岩屋に二人が泊まってあったと。岩屋へ泊まって、岩屋が崩れて、その下敷きになったらしいって、話だったと。〈あの岩屋に泊まらんでよかった。話聞いたおかげで、岩屋に泊まらんで。ほしてお堂に泊まって、岩屋に泊まらんで、ほして家に満足に戻ってきて。いい嬶だい、よかった〳〵〉ど思ったども、二人の仲間の人が気の毒で〳〵、ついぞ戻らんでしまって。〈やっぱり岩屋が崩れて、下敷きになってしまってあったかな〉と思ったが、どうにもならね。

いっちごさっけ申した。鍋ん下ガラガラ。

13 紫陽花《おもだか》の話

ざっとむかしあったと。

あるところに爺さと婆さがあった。爺さ毎日一人畑へ出て、一生懸命仕事している。婆さ年取ってか、家にいて掃除したり、それで飯《まま》にしたりして。そしたらある年、春先に雪が消えても、いっそう雨が降らんで、種も蒔《ま》かんねし、どうにもならんね、という年があった。

晩方になって、〈夕飯でもしょうかな〉っと思って、動き出すと、若ぇ男の人が来て、

「ここの衆な、おら喉《のど》乾いておった。水一杯くれってけやれ」って。婆さ、

「ああ、水なら」って、柄杓《ひしゃく》に一杯汲んで水やると、美味《うま》げにゴクゴクゴクって飲んで、

「ああ、よかった〳〵」って。また次の日も、晩方になると、

「ここん衆、水一杯くれてくだっしゃい」って、若い男が。

「ああ、やるとも〳〵」って。毎日雨の降るまで、その人、水もらいに来る。ほして、雨が降り出したら来なくなる。なんとも思わんでいた。

ほして、夏になり、秋になりして寒《さぶ》くなったら、婆さが風邪引いちゃってんがな。爺さ一生懸命看病するども、いっそ良くならんで、婆さだんだん重くなって、なんにも食《く》わんねようになって。

「婆さ婆さ、なんか食ってみたいものねいかい」

「おら、あの山桑《やまくわ》の苺《いちご》食ってみてい」

「まあ、婆さ。そう言ったって、この雪の中に山桑の苺、どうしてあるやろか。おめに食わしたいども、山桑の苺、見《め》っけて来らんね」

そして、だんだん弱って。そして、ある時、どっかの人が、

「この婆さん、山桑の苺食いていって話だんが、おれ探してみたら、どうにか見《め》っかった。これ婆さんのとこへやってみてくれ。おらほんと言うと、後ろの畑の隅に咲いていた紫陽花《おもだか》の花であったが、紫陽花が枯れそうにな

ると大事《おおごと》で、婆さに水もらって飲んで、どうにかまあ命助かったいたと。それだんだんが、おれどうにか探してみたら、山桑の苺見《め》っかったもんで、持ってきた」

「ああ、それはありがとうございます」。爺さは大喜びで、

「婆さ婆さ、山桑の苺持ってきてくれた人がいるが、食ってみいや」って。婆さ喜んで、山桑の実食うと元気が出て、だんだんと良くなって、まめになったって。紫陽花の花が枯れそうになったら、婆さから水をもらって飲んで、枯れねで助かって、その恩返しに、山桑の苺見つけてくれてあったと。

いっちごさっけ申した、鍋ん下ガラガラ。

14 機地蔵

ざっとむかしあったと。

一生懸命婆さが機織りして、正月もそんま（直《じ》きに）来るしするんだんが、

「爺さ爺さ。機織《はたお》れたが、町へ持っていって、この機《はた》を売って、正月が餅してくりやれ」、婆さそう言って。

「よし、そりやよかった。おれじや、機持っていって売ってくる」って。爺さそれを風呂敷にくるんで、濡れねよに、いい案配《あんばい》に、それを背負《しょ》って。

「豪儀《ごうぎ》に雪が降るども、まあ、一ばしりごと（一走りの仕事）になるんが、それじゃ行ってくるが」って。なんて

って、爺さ、その機背負《しょ》って、出かけた。

　そして、峠まで行ったら、地蔵さまが小《ちい》せいお堂の中に入って、鼻水垂《はなみずた》らして、寒げぇにしていたら、

「いくらでも寒い。機売りに行がんねで、地蔵さまに捲《ま》いてやろうかな。おら、これ売って、正月餅しねたって、正月しられっから。これ地蔵さまさ捲いてやろうかな」と思って、荷物から出して、地蔵さまにグルグル〳〵っと、いっぺい捲いてやったと。ほして、地蔵さまほろほろと笑顔になって、喜んで嬉しげな面《つら》したんで、爺さも嬉しくて。〈ああ、よかった〳〵。地蔵さま、こんな嬉しげな面《つら》して、ああ、よかった〳〵〉って思って。家に戻ってきて、

「婆さ婆さ、いま戻ったじゃ」

「まあ爺さ、早くてよかった。はあ、町まで行ってきたか」って、

「なあ聞いてくりゃれ。そんた（おまえ）難儀して織った機を、町へ行って売ってきてくれって、峠に行ったら、峠の地蔵さまがあんまり鼻水垂らして、寒げにしていったから、切なくてな。そんた難儀して織った機を、みんな地蔵さまに捲いてきたいも」。そうしたら、婆さも喜んで、

「まあ、爺さ爺さ、よかったな。地蔵さま寒くねえろかな」

「寒くねえろ。おれ、いっぺい捲いてきたんが」。そして、爺さと婆さと二人が喜んで、

「それじゃ早く風呂入って、夕飯食って寝ようじゃ」。なんてって、夕飯食って、風呂へ入って、早く寝たと。〈はあ、よかった〳〵〉と思って、二人は喜んで、ようく気持ちがいいんだ。よく寝てたら、夜中になったら、なんでなんか賑《にぎ》やかな音がして、〈なんだろ？〉と思って聞いていたら、なんてやらわからんども賑《にぎ》やかな音が

する。聞いていると、だんだんと爺さと婆さの方に来る。〈はあてな、なんだろ?〉と思って、〈恐《おっか》ねなあ〉と思って、二人はかたまって寝てた。ほんとに爺さと婆さの方にだんだん来て、そしてなんか玄関先、なんか持ってきてバーンって置いた。

「まあ、みんなご苦労でござる」って、なんていう音がした。

「まあ、おら方《ほう》に、何置いていった」。爺さと婆さが、恐《おっか》なくて恐《おっか》なくてどうしようもね。でも暗いうちはとっても出てみられね。どうにか明るくなって、二人着物着て帯して、玄関先に行って戸開けて見たら、たまげた〱。でっこい舟みていなものに、酒に魚に米に昆布だの、いろいろ正月ご馳走《つつおう》が、いっぺい入ってあったと。そしたら、婆さま、

「爺さ爺さ、これなんだろな。どういうこったろ」

「おら家の前に置いていったが、おらに呉《く》れるこった、呉れるこったども」。ほして、たまげてそれをみんな、オエベス(恵比寿)さま持ってて、うすべり(1)敷いて、オエベスさまさ上げて。

「なんてって言いが、おら昨晩《きんな》、地蔵さまに、正月の餅の用意でもしようと思って、持ってきた機《はた》を、みんな捲いてきたら、地蔵さま嬉しげな面《つら》したけんど。地蔵さまがおらに授《さず》けてくれたと、思うよりほか考えらんねが。まあ、ありがたがって貰っておこうや」って。ほして、いい正月、爺さと婆さとしてあったと。

いっちごさっけ申した、鍋ん下ガラガラ。

(1) 恵比寿さまに上げる供物を置く、薄い敷物

15　大師ぼっこの跡隠し

今はしなくなったが、十一月二十四日の夜は、お大師さまに小豆粥《あずきがゆ》をあげ、翌朝は小豆飯《あずきまんま》に大根焼き、味噌和《あ》えして上げたりした。

それはね、たった一人のやもめ婆さが、十一月二十四日に大師さまに泊まってもらったども、朝げになっても何にも上げるもののないんだんが。あこ〈あそこ〉の家の大根が美味《うま》げになっていたが、あこへ行って大根一本盗んできて、夜さりのうちに大根を盗んできておいて。ほして朝げに、大根を焼いて、皮をむいて味噌和えにして上げたと。その婆さ、足片輪《ぼっこ》で、大師さまその跡を隠したいすけ、その朝雪降らして隠してくれたって。「大師ぼっこの跡隠し」って。今は大根焼きしてあげねども、雪はちらっと降るんだって。

16　瓜こ姫

ざっとむかしあったと。

あるところに爺《じ》さと婆《ば》さがあったって。爺さは山へ薪《たきぎ》伐《き》りに行ったし、婆さは川へ洗濯に行って、一生懸命洗濯していたら、川の上の方からきれいなでっこい瓜が流れてきた。〈あ～あ、きれいなでっこい瓜、おれの方

〈流れてくればいいがな〉と思って見ていたら、ちょうど婆さの前へ、ちょこっと流れてきたと。婆さ、〈ああ、よかった〳〵〉と、そのきれいなでっこい瓜を拾って、ここへ上げておいて、洗濯を終わらして、洗濯物を持ったり、でっこいその瓜を拾って持って、家へ戻ってきた。〈爺さ山から上がってくるまで、割らんで置こうかな〉と思って、茶の間の方へ置いて。そして、爺さが晩方になって上がってきたんだが、

「爺さ爺さ、早く入って見てくりゃれ。おれが今日、でっこい瓜拾ってきたから。おまえが来たら、割って食おうと思って、おらここに取って、まだ割らんねんだ」

「ああ、それはよかった。おら喉が渇いてあったが、瓜は水っぽいんだんが、ありがたい」。爺さは中に入って、ほして、婆さが包丁と俎板《まないた》持ってくる。爺さが割ろうとすると、割らんうちにポカッと口が開いたって。瓜の口が、ポカッと開いたって。そうすると中に、めごい（かわいらしい）女の子が入っていた。

「まあまあ、これはまたよかった。こっけなものがめじょげな（かわいげな）子が入っていた。おらが子どもなかったけ、よかった〳〵」と、爺さと婆さが喜んで、

「婆さ、早く、乳がねがったが、飴でも練《ね》ってくりゃれ」。そして、婆さ、糯米《もちごめ》出して、飴練《あめね》り始めて。ほして、こうしてプツンプツンと鍋の中に入れて、火にかけたら、美味《うめ》げになって、プツンプツンと汁《しる》こ出るようになったから、

「ああ、美味《うめ》げになった。ああ、瓜から生まれたんが、瓜姫《うりひめ》って名前にするように、瓜姫にもいっぺい冷《さ》ましてくれればいいし、おれらもいっぺいずつ飲もうよ」。爺さと婆さと喜んで、飴のいっぱいふくんで、するすと冷まして飲んだら、それはまあ、美味《うめ》こと〳〵。ほうすっと、瓜姫に飲ましたら、瓜姫もペタ〳〵って、いく

らでも飲む。まあ、婆さ、

「よかった〳〵。この子、いくらでも飲む」。そして、爺さと婆さと喜んで、飴練ってくれたり、お粥《かゆ》煮てくれたり、糊《のり》すってくれたりして、いろいろ賄《まかな》って。娘はだんだん器量がよくなって、体格がよくなって、だんだん大人になって、何年か経つうちに一人前になって。婆さが機織りしていると、

「おれに、織らしてください」って。そして、瓜姫の機織りは、きれいないい機を織る。それ、爺さと婆さと喜んで。瓜姫がトントンカランと、一生懸命機織りしてもらって。

　そして、ある天気のいい時、爺さと婆さ、瓜姫に、

「おら今日は天気もいいし、おら婆さと一緒に、お寺参りに行ってくるからな。隣にあまんじゃくいるから、あまんじゃく来ただって、絶対《ぜってい》戸を開けるな。おらが戻るまで、戸を開けちゃならんから」。瓜姫によくそう言って聞かして、爺さと婆さお寺参りに行って。ほして、戻ってきたら、お礼に、土産《みやげ》に笹飴買ってきてくれたって。瓜姫喜んで。

　ほして、次の日こった、また、爺さと婆さと仕事に出て、

「隣のあまんじゃく、おら留守にまた来るかもわからんども、いってい戸を開けたらならんぞ」と、瓜姫にようくそう言って、爺さと婆さと仕事に行った。そうすっと、ほんとにあまんじゃく来て、

「瓜姫、瓜姫、ちっと戸を開けてくれ」

「嫌だ嫌だ。なしたって戸を開けんなって、爺さと婆さによく言われたんだ。戸を開けらんね」

「いいことや、おら爪《つめ》がちいっと入るぐらいでいいんだ。ちっと開けてくれ」

「いや、開けらんね。よく言いつけられた。開けらんね」とて言うども、あまんじゃくきりもなく、「戸を開けれ、戸を開けれ」って言うたんが、瓜姫しょうがなく機から下りて、ほして、戸をちぃーと開けると、あまんじゃくが爪をかけ、ガラーンと戸を開けて、そして瓜姫に飛びかかって、瓜姫食ってしまったって。ほして、瓜姫が食われてしまって。瓜姫の骨を水場《みんじゃ》（炊事場）の縁の下に隠して。ほして晩方、爺さと婆さが上がってきたら、瓜姫の梭《ひ》の、機の織り方が下手《へた》で、〈どういうこったろ。今日の瓜姫が機の織り方、まるっきり違っている。トントントンってする。トントンカラン、トントンカラン、トントンカラッっと、カラッてが梭《ひ》を通す音。そしていい音出してするがったんが、今日はトントンばっかり言ってる、どういったことだろ〉と思って。

次の日になって、次の日も天気いいから、瓜姫に、

「お寺参りに行ってこい」。ほして、瓜姫が駕籠《かご》に乗ると、どこからか鳥が飛んできて、その駕籠の上に乗って、

〽瓜姫が乗り駕籠にあまんじゃく乗ったいや、ホーイホーイ

と鳥が鳴くってんが。爺さと婆さと縁起でもないし、

〽瓜姫が乗り駕籠にあまんじゃく乗ったいや、ホーイホーイ

また、そういって鳴く。そして爺さ、〈はあて、あまんじゃくに瓜姫が、食われたがったろうか〉と思って、家の中へ入って刀持ってきて、駕籠の戸を開けてみたら、あまんじゃく憎い面《つら》して、駕籠に乗っていたって。

「この、あまんじゃくめ」って、引きずり出して、刀で斬《き》って、その傍《そば》へ、萱《かや》の場があったって。萱の中へあまんじゃく斬ったがん（もの）を投げた。そしたら、あまんじゃくの血が流れ出して、萱の元は赤くなったって。そいでもって、今も萱の元は赤い。ほして家の中に入ってみたら、ほんとに縁の下に、瓜姫が骨がいっぱい入っ

ていたって。どうもあまんじゃく殺したって、仇取った。それで萱の元は今でも赤《あけ》がんだと。

いっちごさっけ申した、鍋ん下ガラガラ。

17　絵姿女房

ざっとむかしあったと。

あるところに、いい倅《せがれ》があって。そこへ器量のいい、できのいい嫁がきて、まあ美しいきれいな嫁で。そのアンサ（兄さ）はなかなか仕事に出らんねで、嫁の顔ばっかり見てたくて。ほすと嫁が、〈こいじゃ大事《おおご》った（大変だ）、仕事ちっともしないで、おら傍《そば》ばっかりいて、大事《おおご》ったんが、なんかいいこと考えねばならん〉。そう考えて、〈さて、おれが姿を描いて、それを畑に持って行って、立てて仕事をしてもらおうかな〉と思って、手前《てめえ》の姿をそっくりに絵に描いて、

「おまえ、これを畑へ持って行って、棒を立てて、飛ばねように貼りつけて、仕事してくらっしゃい」。そう言って、アンサ喜んで畑へ行って、一生懸命仕事して。毎日《めいにち》畑へ絵を持っていって仕事してた。

ほうしたらある時、思いつけなしに（思いがけない）、フーと強い風が飛んできて、そのせっかく描いたアネサ（姉さ）の絵が、どこかへ飛んでいってしまった。〈さあ、大変だ〉と思ったども、どこへ飛んでいってしもうたか。どこへ飛んでいったのか、知らん。ちょうどそれが、殿様のところに飛んでいって。殿様はその嫁の姿を見

たら、

「こりゃ、これほどの人のあることは知らんかった。どうしてもこれを捜し出さなければならん」。家来に言って、ほうぼう捜して、やっとその人見つけたと。だども、アネサも嫌だ、アンサもやらんねてんが、無理に連れていったって。ほして、アネサはいっそアンサに、

「悲しまなくてもいいから、おれがなんとかいい方法考えるから。あの、かなり経った時、おめ飴売りになって、殿様のお城の前《め》のあたり、飴売りに来てくれ。そして、おれがなんとかするから」って。そして、アネサ行ったんだんが。


そして、殿様のとこへ行っても、おかしい話をしても笑わんし、何もおもしれこと話しても笑わんし。話もしねし、音も出さんし、アネサほんのデクノボウみたいに黙って、笑いもしねし、話も聞かねし、どうしようもね。殿様も扱いかねていた。


そして、いかの頃（しばらくたって）、飴売りが来た。そしたら飴売りの声聞くと、そのアネサ、にこっと笑ったってな。

「ああ、飴売り好きだな」って。飴売りを呼び込んだ。そしたらアネサは笑ったり喋ったりして、喜んで。殿様、「ああ、これであったか。それじゃ、おれも飴売りになってしようかな」って。殿様、こった飴売りになって、「飴屋、飴屋」って、そうしたら笑うかと思って。そしてアンサ城へ入れて、そうすっとアンサの飴売りが喜んで。そして、殿様飴売りの姿になっても、殿様にはいっそ笑いもしねし、話しかけもしね。そして、門番が晩方になって、門を閉めて、

「おめはもう、外へ出れ」って。門番に言われて、飴売りの殿様出れって言われて、出されてしまったと。

それでこった、飴売りが殿様になって。ほんとの殿様は、ぜったい門の中に入れてもらえんで。それで、飴売りが殿様になってしまって。殿様追い出されてしまって。そいで二人は仲良く殿様になったり、奥方になったりしたと。

いっちごさっけ申した、鍋ん下ガラガラ。

18　八化け頭巾

ざっと昔あったと。

ある日、方丈さまどこへ行ったやら、小僧ばっかり家にいて。小僧考えてみて、〈ああ、裏の山に狐がいたが、あの方丈さまに隠れて、狐と化かし合いこしてこようかな〉と思って、唐傘一本持って、裏の狐の穴へ行って、

「おお、いたか」

「誰《だい》じゃ」

「お寺の小僧だ」と言って、そして入った。いろいろ話して、

「おいとあんさま（兄さま）と、宝物の代えっこしようじゃないか」。そして、狐が、

「よし、きたって」。そして、狐が先に化けて、

「ほれ」って、姉さんに化けて、

「まあまあ、ダメだこって（ことだ）。そこに尻尾《しっぽ》がまだ出てる」。出ていねんけど、小僧そう言って。

「そこに尻尾《しっぽ》が出てる、ダメダメ。こっと（今度）おれする」って、唐傘広げて、狐の方へこう向けて、狐がこっちへ回りゃこっち回り。また、こっちへ回りゃこっち回り。狐がどうしても、小僧の姿見らんれって。

「おれ方《ほう》が、上手《じょうず》だろ」

「そうだな。おれ、尻尾が隠れねばダメだ」。そして、

「そいじゃ、あんさまの宝物のホウショウ(1)の玉と、おれが宝物と代《か》えようよ。あんさま、おれが見えねでしまって。あんさま、尻尾隠れねでしまって。大事な宝物、交換しよう」。狐は、ほんとに小僧の姿見えねでしまって。てめえの尻尾が隠れてるども、小僧にまだまだって言われたんだが、

「それじゃ代《け》えるか」って。狐の大事な玉を小僧にやって、唐傘一本てめえもらって。〈おお、これはまあよか。商人《あきんど》行って、アブラゲくすねてこようかな〉って、唐傘持って店に入って。唐傘こう広げて、アブラゲ盗ろうとしたら、

「おお、狐だ狐だ」なんて言われて。また、こっちへ向けると、

「狐だ狐だ」って。どこへ行ってもそう言われて、なんにも盗られんね。

小僧は、つい姿見せねでしまったけど。狐は、〈これは、小僧に騙《だま》かさいだか。ホウショウの玉取り返さねばならん〉と思って。考えてみて、総持寺《そうじじ》(2)の管主《かんしゅ》さまに化けてやろうと。

小僧は方丈さまに、

「狐のホウショウの玉取ってきたから、誰にも取らせんな」って、お寺の方丈さまにあずけておいた。狐は〈方丈さまをだまかして、取りあげてくれいや〉と思って、総持寺の管主さまがお寺に来るって、触《ふ》れをして。〈まあ、総持寺の管主さまが来るなんて、ひと月もふた月も前《め》にお触れがあるが、今日来るんなってあるやろか〉。方丈さまたまげて、みんな集めて、一生懸命買い物して、一生懸命ご馳走こしらえて、多勢手伝い頼んで、ご馳走して、きれいに掃除したりして。

そして、総持寺さま待って、ほうしたら大勢来て。ありがたげな管主さまが長柄《ながえ》をして、ゾロゾロっと来たんだんが。方丈さまは〈ああ、ありがたい〳〵〉と思って、総持寺さまお寺に入って座って。一生懸命作ったご馳走、手伝いに出さして、一生懸命もてなして。そしたらご馳走いっぺい食って、総持寺の管主さまは、「ここの小僧は頭がよくて、狐のホウショウの玉を取ったて話があるだんが、おら、それを見せてもらいたくて来たんだんが」。なんて言うんだんが、〈小僧に言われて、いってい誰にも取られちゃならんからって、おれにあずけてあったども、総持寺さまに出して見せねわけにいがんねな〉って思って。大事にしまっていたものを出してきて、手に渡したら、

「なるほど、これがホウショウの玉かな」と、あっち見、こっち見して、総持寺管主さま見てた。ひとしきり眺めて、

「これは、おれが玉だ」と言って、狐が一匹、その玉を持って逃げたと。ほうしたら供《とも》も見えねし、狐が一匹ばっか。ホウショウの玉取られてしまった。小僧が大事《だいじ》に人に取られんなってあずけていたのを、総持寺の管主さまに取られてしまった。

いっちごさっけ申した、鍋《なべ》ん下ガラガラ。

（1）宝生の玉。狐が化ける際に用いる玉とされる　（2）宗派の本山の住持

19　鼠経

ざっとむかしあったと。

あるところに爺《じ》さと婆《ば》さがあったって。仲のいい爺さと婆さであったども、爺さはぽっくり死んでしまて。婆さは切なくてく、どうしてもお経を上げたいども、お経も知らねし読んだこともねし、大事《おおごと》だって。〈お経を上げてぇ〉ど思っていたら、ある日、晩方になったら坊《ぼん》さま来て、

「今夜、ひと晩泊めてもらいたい」

「なじょうも（どうも）泊まってください」。婆さ大喜び。ほして泊めてやって、そして夕飯上げて、

「おら爺さ、この間死んで、お経上げてども、おらお経いっそ知らんねが。ちょうどよくお坊《ぼん》さんだんが、おめ、仏壇にお経上げてくらっしゃい」。ちょうど、拍子も悪く（運が悪く）、その坊さま偽《にせ》坊さまで、お経なんて何《なん》にも知らんかったと。〈さあ困った〉、仏壇の前さ座ってみたども、〈どうしたらよかろうか〉思って考えていたが、そうしてこう見ていると、障子に穴が空いて、そこへネズミが一匹きて、こそこそ話。そのうちネズミ二匹下へ降りて、またこそこそ話。〈ああ、これだな〉と。その坊さま言ったど。

「オンチョロチョロ、穴のぞき」。ほして下へ降りて、「何《なん》やらこそこそ話してる」。〈ああ、これだこれだ〉と思って、坊さま喜んで、それをお経だって、「オンチョロチョロ、穴のぞき、何やらこそこそ話してる」。それをお経の節つけて、お経だって。「オンチョロチョロ、穴のぞき、何やらこそこそ話してる」。そういうお経上げたら、〈ああ簡単だな〉って、婆さんも喜んで、〈ああ、よかった〳〵。このお経なら、おれも覚えられる〉って、坊さんにくっついて、「オンチョロチョロ、穴のぞき、何やらこそこそ話してる、オンチョロチョロ、穴のぞき、何やらこそこそ話してる」。坊さまお経上げるんだ。婆さん喜んで、そのあとしてその通りにして、〈ああ、このお経なら、おれも覚えられる〉婆さ喜んで。坊さまも〈婆さが喜ぶんだ、それ一番だ〉。また、「オンチョロチョロ、穴のぞき、何やらこそこそ話してる」。〈ああ、よかった〳〵〉、坊さまも喜ぶ、婆さも喜ぶ。その晩は、婆さも喜んで寝て。ほして朝げ、朝飯食って、坊さま喜んで、どこへ行ったか知らんけど出ていった。そして、婆さ喜んで、毎日毎日、朝から、朝飯食うとお経を上げ、夕飯食うとお経を上げ、「オンチョロチョロ、穴のぞき、何やらこそこそ話してる。ああよかった〳〵。お経覚えてよかった」って、婆さ喜んで、毎日お経上げて。

ほして、毎晩婆さ上げていたら、そのお経、仏壇の前で上げていたら、泥棒が二人来て、婆さの家へ来て。何か盗ってやろうと二人入ってきたら、何《なん》か音がするんだんが、障子の穴が空いたとこ覗いてみると、婆さ一生懸命、仏壇の前で何か言ってる。何言ってる、障子の穴の空いたところ覗いてみたら、「オンチョロチョロ、穴のぞき、何やらこそこそ話してる」。〈おら、ここ覗いているんが、婆さちゃんとわかる

が〉って、泥棒たまげて。〈何でわかるやろ〉と、こそこそ話していると、

「何《なん》やらこそこそ話してる」

「まあ、あの婆さ、おらすること何もかもわかるだって。まあ、こげんとこ長居《ながい》はできね」。二人がたまげて、何も盗らねで、こそこそど逃げ出したけど。

いっちごさっけ申した、鍋ん下ガラガラ。

20 サバ売り

ざっとむかしあったと。

あるところに、サバ売りがあって。そのサバ売りが〈いまちっと正月になるがに、いっぺい仕入れてきたんが、売ってくんねばならねが、隣り村へでも行って、売ってくることにしようかな〉と。〈正月になるんが、どうも今日は豪儀《ごうぎ》に雪が降って、雪降りで大事《おおご》ったども、出かけてこようかな〉と思って。サバをいっぱい背負《しょ》って出かけたども、豪儀《ごうぎ》な雪降りで、隣りの村に行くってば、峠を越さんばなんねし、〈峠はなじょうな（どのような）ことになっているやら〉と思って。腰まである雪をこざいて（掻き分けて）、モサモサと一生懸命歩くども、なかなか歩かんねで、隣り峠の境まで行かんうちに薄暗くなって。〈これはまた大変だ。暗くならんうちに行がんばならん〉。一生懸命歩ぐども、豪儀《ごうぎ》な雪で腰までございて、モサモサと一生懸命歩くども、峠まで行ぐ行かんで

〈行くか行かないかで〉、はあ、真っ暗になって。〈さあ大変暗くなって、村へ行くって容易じゃないし、なかなか歩かんねし。どうしたらよかろうか〉とあちこち見てたら、向こうの方にいれぇ（たいそうな）灯《あか》しが見える。〈あこへ（あそこに）誰かがいるがだんが、灯りが見えるんだ。あそこへ行って泊めてもらおうかな〉と思って。それまで豪儀な雪の中を、もさもさと降る晩に、豪儀にたまってたとこ、まあ、もさもさとございてやっとんこって（やっとのことで）、灯しちっと見えるとこまで来た。〈ああ〉、と思って、〈なんじょしても泊めてもらおう〉と思って、小さい家があるけども、そこへ、

「今晩は〳〵」って。

「おお」って、中で音がする。

「あんまり雪が豪儀で、隣り村へ行こうと思ったんが行かんねで、ここに灯しが見えるんだんがど思ってきたが、泊めてくらっしゃれ」

「おお、なんにもねどもな、よかったら泊まれ」って。〈はぁてな〉ど思ったども、ガラーッと戸を開けてみたら、恐《おっか》なげな婆さが、火燃《も》してあたってたけど。〈ああ、これはまあ、大事《おおごと》かいたな（失敗したな）〉と思ったけど、〈どこさって行くとこないんだんが、しょうがね泊めてもらおう〉と思って。

「なんにもねども、中へ入れ」って、なんて言うから中に入って。荷を下ろし、小《ち》っこなって隅《すま》っこにかたまっていた。

「寒《さぶ》いから火の傍《はた》へ出てあたれ」ってなんて言うんだんが、恐《おっか》ね〳〵。火の傍《はた》へ出て、あたった。そしたら、婆さサバ売りに、

「サバ売り〳〵、サバ一刺《いっさし》（一匹）よこせ」って。恐《おっか》ねどもサバはあるんだんが、

「それ」って、サバ一本投げた。ムシャムシャ〳〵食って。

「虫歯の穴の中にみんな入ってしまった。もう一刺《いっさし》よこせ」

「それ」って。ムシャムシャ〳〵、生《なま》サバを焼きもしねで食って。

「もう一刺《いっさし》よこせ」

「それ」って。あとたった一本になって、〈みんな婆さのとこにやってしまって、このサバ一本食えば、こっと俺が番だんな。これは逃げださんばなんね〉と思って。婆さんに、

「それ」って。一本あるがの投げつけて、なんとかして外に逃げたって。見たらありがたいことに、雪が降りやんで、月夜になってたっけど。〈ああ、これはありがたい〳〵〉と思って、どんどん逃げると、婆さ追っかけて、

「サバ売り〳〵、逃がさんぞ。どこまで行ったたって、逃がさんぞ」。はあ、追っかげる。そしたらでっこい池があって、池の端《はた》にでっこい木が一本伸びてあって。〈ああ、ここだな。婆さがまだ来ねんだんが〉と、その木にチョロチョロと上がって、枝に隠れて、木に上がって。

「サバ売り〳〵、逃がさんぞ」って、婆さ追っかけてきて。池があって、池の中見たら、サバ売りが池の中に、月の夜だから映っていたんだって。

「ああ、んな（おまえ）こんなところに隠れていたか」。池の中に隠れていたかと思って、池の中に婆さ飛び込んで、グシャグシャ〳〵って、寒《さぶ》い池の中かもす（掻き回す）も、サバ売りいねがったたって、見つからん。サバ売り、

この間《ま》に早く逃げていく。婆さのやばり駆け上がって、隠れている。婆さグシャグシャど、池ん中かましているうちに、婆さの家に飛び込んで、二階へ上がって隠れていたって。

　そうすっと、婆さ池の中かましたども、さっぱりサバ売り見つからんし、寒《さぶ》かったし、

「ああ、寒寒《さぶさぶ》、〱。火でも燃してあたろかな」って、焚き物いっぺいくべて、どんどん〱と火を燃して。サバ売り、婆さが来たども黙って隠れて。ほすっと、婆さ火を燃しつけて、腹あぶりしてみたども、

「腹も減ったし。酒でも一杯《いっぺい》でも、沸かして飲もうかな」って。水場《みんじゃ》(台所の流し)の方へ行って、でっこい赤鍋の中に酒をいっぱい注《つ》いで。鉤《かぎ》に掛けて、そして火をどんどんと燃して、

「どらどら、酒のお燗《かん》のできるまで、一寝《ひとね》入《い》りしようかな」なんて言って、横座に背中あぶりして、ゴトゴトゴト〱と、でっこい鼾《いびき》をかいて寝てたと。サバ売り、〈ああ、よかった〱。婆さ寝た。この小間《こま》(少しの間)に酒みんな飲んでけろ〉。屋根から葦《よし》一本引っこぬいて、葦の芯《しん》を抜いて、そして温《あった》まった酒を、葦をスルッと二階から葦を下《お》ろして、赤鍋の中に入れて、スルーと一生懸命酒を吸い取って。ほして、腹が減ってるんだんが、

〈ああ、よかった〱。温《あ》ったこいって、よかった〱〉と喜んで。ほすと、婆さが、

「どらどら、酒の燗《かん》ができたか、起きてみようかな」って、起きてみると、

「やはいやはい(やれやれ)。酒は滓《かす》ばっかりなって、みんな荒神《こうじん》さまがおめもらいして(召し上げられて)しまった。滓ばっかりではどうしようもねんが。こった、甘酒でも沸かしてみようかな」、なんて言って、赤鍋を空にして、こっとでっこい赤鍋の中に、甘酒いっぺい入れて、またその鉤《かぎ》に掛けて、火をどんどんと燃して、

「どらどら、甘酒の沸くまで一寝《ひとね》入《い》りしようかな」って、また背中あぶりして、ゴトゴトゴト〱と、でっこい

鼾《いびき》かいて寝てた。サバ売り、〈甘酒温《あった》まったし、婆さよく寝てたんが、甘酒飲んでけるかな〉って。酒飲んだ葦、そのまま甘酒の中へ入れて、スルースルーと、甘酒の水をみんな飲んでしまった。〈ああ、よかった〳〵。腹が減ってどうしようもなかったけ、酒飲んで。そして温《あ》ったこい甘酒飲んで、腹もできたし、よかった〳〵〉と思って喜んで。そうすっと、婆さまた目覚めて、

「どらどら、甘酒沸いたか、起きてみようかな」って、起きてみたら、滓《かす》ばっかり、

「やはい、やはい。また荒神さまがみんな、おめもらいしてしまった。ああ、甘酒も酒も、みんな荒神さまにおめもらいしてしまった。こった、餅でも焼いて食おうかな」。でっこいワタシ(1)を出して、ワタシの下に熾《お》き（薪の炭）がいっぺいあるんだ、熾き焚いて。そして隅の方から、真っ白な美味《うま》げなでっこい餅をもってきて、ワタシに渡して、

「また、どらどら、この餅の焼けんまで寝てみて、いま一寝入りしようかな」。また背中あぶりして、ゴトゴトゴト〳〵と、でっこい鼾かいて寝てたんだんが、サバ売り、〈はあ、よかった〳〵。婆さ、寝てた。餅が焼けたら餅食ってくりょうかな〉、ほして待っていると、ポスプスっと餅が吹《ふ》いてで、穴あけて粉《こ》吹いてきて、美味げになって焼けたんだんが。その葦でもってピッと刺して、てっち（上の方へ）上げて、またそれを食ってるうちに、プスン〳〵と穴をあけて、餅焼けてくる。また、餅を焼けたがんから順に葦に刺して、みんな食ってしまった。なかなかサバ売り腹減ってたんが、腹の中にいっぺい入って、サバ売りみんな食ってしまって。

「どらどら、餅が焼けたかと起きてみようかな」って、婆さが起きてみると、また餅一つもね、

「やはい、やはい。今夜《こんにゃ》、みんな荒神さまにおめもらいしてしまって。どらどら、早く寝ようかな。木のカラト(2)

寝ようかな、石のカラトへ寝ようかな」なんて言うだんが。サバ売り、〈石のカラトに寝られたら大事だ〉っと思って、鼠《ねずみ》の真似して、

「チッチッチッと。木のカラト、木のカラト」。鼠《ねずみ》の真似してそうやって。そして婆さ、

「チューチュー鼠が、木のカラトって言うがな。木のカラトへ寝ようかな」、なんてって、でっこい木のカラトの中に入って、バターンと蓋《ふた》して。またそのうちに、婆さよく寝る婆さで、ゴトゴトゴトと、でっこい鼾かいて寝たんが。


　サバ売り、この時だと思って下へ降りて。カラトには錠がかかっているんだんが、婆さ寝てたんが、木のカラトに錠をビンと下ろして。ほして、なんとかして探しているうちに、でっこい錐《きり》があって。その錐《きり》を持って穴開け始めた。穴開け始める前に、でっこい茶釜《ちゃがま》あったんだんが、その茶釜に水をいっぺい注《つ》いで、鉤《かぎ》にかけて火をどんどんと燃して。でっこい木くべて、危なくねように。そして木のカラトに穴をあけ、でっこい錐《きり》見つけたたんだんが、キリキリキリ〳〵。錐でもって穴開けはじめると、そうすっと婆さ目を覚まして、

「チュウチュウ鼠、悪さをすんな」なんて言うども、サバ売り黙って。あっちこっち錐で穴をあけて、いっぺい穴をあけて。そして下へ降りてみたら、茶釜の湯よく沸いてたんが、〈ああ、よかった〳〵〉と思って、茶釜の熱い湯を、木のカラトのとこへ持っていって、錐穴から順々《じゅんじゅん》〳〵と熱い湯を注ぎこんだ。そうすると婆さ目を覚まして、

「チューチュー鼠、熱い小便《しょんべん》すんな」。黙って順々〳〵と熱い湯を注ぎこんで、婆さ、始め、

「チューチュー鼠、熱い小便《しょんべん》すんな」。鼠の小便だと思って。そして、順々と熱い湯を注ぎこんで、弱ったかな

と思ったんだが、サバ売りが、

「チューチュー鼠じゃない、サバ売りだ。今日は許さんから、退治してやっから」。婆さはだんだん熱くなって怒ったんだが、こんだチュウチュウ鼠の小便どこじゃない、熱いだんが、

「サバ売り〱、許してくれ。おれが悪かったから許してけれ。出居《でい》の角《かど》には金がある。庭の角《かど》には餅がいっぱいある。水場《みんじゃ》には甘酒と辛酒がいっぱいある。みんな、んな（おまえ）にくれるから許してくれ」って。

「バカ婆さ、今日は許しはしね。おれが今日は征伐してくれる。あっちへ行っちゃ悪いことをし、こっちゃ行っては悪いことし、悪いことばっかりして、今日は許さんから」って、

「サバ売り〱、許してくれ。みんな呉れっから許してくれ」

「絶対、今日は許さん」。そう言いしまに、熱い湯を順々〱と錐穴から注ぎこんで。婆さは終《しめ》えに弱って、熱い湯をかけられたんが、音もなんにも出せねで。そのうちに息絶えて音も出さんなくなったと思って、婆さ死んだろと思って。サバ売り、〈出居《でい》の角には金があるったが、行って見ようかな〉。出居の方に行って見ると、ほんとに剛毅《ごうぎ》に大判小判積んであって、どこから盗ってきたやら剛毅《ごうぎ》にあるけど。〈ああ、よかったおれにみな呉れるって言ったって、俺がみんな貰う。庭の角には餅があるって言うたんが、餅をみるかな〉。行って見たら、でっこい箱の中に、白いきれいな餅がいっぺい入っていた。〈ああ、よかった〱。これも俺、貰っておこうかな。水場《みんじゃ》には甘酒、辛酒があるって、行って見ようかな〉。行って見たら、でっこい桶《おけ》の中に甘酒も辛酒もいっぺい作っていたって。〈ああ、これもよかった。俺にみんな呉れるってたんが、俺《おら》みんな貰っていく〉。

　そのうちに明るくなったんが、〈まあ、第一番に金運ぼうかな〉。そこらから、風呂敷探してきて金をいいあん

べにくるんで。ほして、でっこい風呂敷にくるんで。背負《しょ》わなんねほど重ていが、やっと背負って家まで持って金を置いて。みんな俺に呉れるったんが、俺《おら》みんな貰ったった。〈餅も持って行こうかな〉。餅、くるんで、背負《しょ》わなんねほど背負って家に持ってきて、それ運んで行って。こった〈水場には甘酒と辛酒があるってんが、行って見よう〉と思ったら、でっこいきれいな桶の中に甘酒と辛酒もいっぺい作っていて。

「ああこら、まあよかった〳〵。正月になにしねたって、ごっつおある」。サバ売り喜んで、なんとかでっこい桶を家に運んで、無事に家にみな運んで。そしてサバ売り、いい酒甘酒沸かして、きれいな餅焼いて食って、金はいっぺい持ってきたし、〈あ〜あ、よかった〳〵。いい正月であった〉と、サバ売り大喜こびであったど。

いっちごさっけ申した。鍋ん下ガラガラ。

（1）イロリで餅や魚を焼く鉄製の格子網。渡金《わたしがね》　（2）唐櫃《からと》。足のついた長持

21　時鳥と兄弟

時鳥は兄と弟とあって。弟は気持ちのいい人で、山の芋掘ってきて、ほして、てめえじゃ青くび食って、兄には下のいいとこやってたら。兄が、〈おれにさえ、こっけいいところ食わせるが、弟はなにほど美味いとこ食ってるろ〉と思ったら、弟の腹の中見たくなって。弟を殺して腹裂いてみたら、弟は青くびの美味くないところばっか食ってた。〈さあ、こら大事《おおごと》をかいた。弟を疑って、弟を殺してしまったが〉と思って。あんま切なくて、

大事《おおごと》かいて鳥になったってな。時鳥という鳥になって。一日八千八声、ホンゾンカケタカ〳〵と言って、八千八声鳴かんばならんで。それで一日中鳴いて、夜になるまで鳴かんばならん。そういう話が時鳥であってこた。

22　大歳の客

ざっとむかしあったと。

あるところへ嫁もらって。嫁に姑婆《しゅうとば》さが、

「なあ、火床《ひどこ》の火を絶やしちゃならねから。絶やさんように、炭をこうしておけばいいから」って、それを教えて、

「絶対に絶やすな。絶やすと縁起が悪いから」。そう言って、教えていたんだんが。〈火床の中の火を、絶対絶やしちゃならんね〉と思って気をつけていて、絶やさんつもりであったども。心配だんだんが、夜中に起きて見たら、拍子も悪く（運が悪く）火はなかった。〈ああ、大変だ。どうしたらよかろ〉と思って、嫁考えて外へ出てみたら、向こうの方に火が燃えてたんが、〈ああ、婆さに隠して、あっこ（あそこ）で火をもらってこようかな〉と思って行ってみたら、四、五人して火燃して。その話したら、

「ああ、その火種ならやるんだんが、このカマス[1]を明日まで預かってくんねか」。そう言うたんが、

「何が入っていたろ」ったら、

「この中には死人《しにん》が入ってた。明日《あした》の朝まで預かってくれ」。そう言われたら、〈あ〜あ、死人が入ってたって嫌だども、火種もらわんばならんねだか〉って承知して。そのカマスもらったり、火種もらったり。そして火種火の中に移して、火を大事にして。そのカマスは、〈婆さに見つけられちゃならんねから〉と思って、てめえの部屋に持っていって仕舞《しま》っていたと。

　ほして、嫁が早く起きて、火種がまだいい案配《あんばい》にあったと。ほして、婆さ起きてきたども、〈どうも嫁が青い面《つら》して、なんか心配があるんな〉と思って、

「アネアネ、汝《な》何か心配があると思うが、どういうことが心配だ」。そうしたら、しょうがねんだんが、

「火種絶やしてやって。向こうで火を燃していただんが、そこへ行って火種もらってこようと思って、火種もらい行ったら、このカマスを預かってくれれば火種やるから」って。

「そいじゃそのカマスの中に何が入っていたい」

「死人が入ってる。まあ、死人が入ったカマスは、おらほんとに預かるのは嫌だけども、火種が欲しいんだんが、そのカマス預かってきた」

「それじゃ、そのカマスどこ置いた」

「おら部屋に仕舞っておいた」

「それじゃ、そのカマス持ってきてみろ」。ほして持ってきてみたら、

「中開けてみろ」。言われたら、開けるの嫌だども、姑の言うこと聞かんばならんねだんが。中開けてみたら、死人じゃなくて、中へ金がいっぺい入れてあったけど。死人なんて言ったども、金がいっぺい入ってらった。嫁は、

〈ああ、よかった〉と思って、安心してあったと。
いっちごさっけ申した、鍋ん下ガラガラ。

（1）むしろで編んだ袋

23　猿の生肝

ざっとむかしあったと。

あの龍宮城の乙姫さまの話。乙姫さまが病気になって、なかなか治らんで困ったども、その猿の生き肝を食わせれば治る。それを猿をつかまえて、龍宮城へ連れてこねば、生き肝とらねんだが、猿を連れてこねんだが。それで竜宮城で亀を、

「お前へ行って猿を見つけてこい」。それで、亀は泳いで海岸に上がったら、木の上に猿が上がっていたってんがな。そして、亀が、

「猿どん猿どん、竜宮城へおれが行くと、ご馳走《つつおう》いっぺいあるし、踊りに歌に、楽しみもあるして、行かんか」

って。亀が猿にそう言ったって。

「そいじゃ行こうか。だども、おら泳がれんしね。竜宮城は海の底だっていうから、行きたくても行がんね」

「なあに、おれが背中に乗れば連れて行くから、おれ背中に乗れ」。そして猿、亀の背中に乗して、

「さあ、竜宮城へ行くよ。着いたって言うまで、水の中んだんが、目を瞑《つむ》って目を明《あ》かんで、おれが背中に乗って」。そして、亀の背中に乗って。かなり泳いで、

「さあ、龍宮へ来たから、目を開いてみれ」。目を開けてみたら、〈きれいな〳〵御殿で、いいとこだなあ〉と思って、たまげて御殿に入って、いいご馳走してもらって、魚の踊りや魚の歌を聞いて、喜んでいた。ほして、毎日ご馳走もらって食って、楽しましてもらって喜んでいた。

　そうすっと、魚はカレイだったけよ、猿を見て、

「猿のバカ者。最初のもてなししてもらって、喜んでいるども、それはな、汝《んな》が生き肝を取って、乙姫さまに食わせるだけのために連れてきたんだ。生き肝取るために連れてきてあった。猿のバカ！」。そう言ったら、猿、

「なあんだ、そういうことだった。それじゃ食い逃げだ。逃げださんばね」。ほして亀に、

「亀、亀。おらな、大事《おおごと》かいたんや。生き肝を抜いて、木の枝に掛けて忘れて置いてきた。それが雨が降れば、大事がったんが、雨も降ったこともあるし、腐《くさ》らしちゃう。腐《くさ》らがしちゃならんね、行って腐らんうちに生き肝持って来《こ》ねばね。汝、おれ連れてってくれ」。そうやって、また亀の背中に乗って、長《なが》いこと海の底泳いで、海岸に来て、ほして亀は、

「さあ早く、生き肝腐らんうちに早く持ってこい」って。それで猿、木のてっちょう（てっぺん）に上がって、

「亀のバカやろ、生き肝抜いて生きていられんだか。そういうごと聞いたんだ。おいら生き肝抜いて、そこに掛けたんじゃねがった。バカ亀」。そういったんだんが。

　亀が竜宮城へ戻ってきて、だれからか聞いたってこと、猿に聞いてきたんが、カレイが猿に聞いて、

「猿生き肝抜いて、干してきたってことではねども、逃げねばならねんねが、そういうこと言ったんだ」。ああ、こった竜宮城では、猿の生き肝抜かねうちに逃げられたんが、それを喋ったカレイを押さえつけて背骨を抜いてしまった。そして、カレイ、今でも背骨がろくたの（ろくなもの）なくて、クニャ〳〵〳〵って、いたんだと。

いっちごさっけ申した、鍋ん下ガラガラ。

24　恐《おっか》ながり屋の爺さ

ざっとむかしあったと。

あるとこに、若いなんてこともねけど、恐《おっか》ない〳〵、恐《おっか》ながる人があって。嫁もらったども、夜一人で便所へも行かんね。小便が出たくなれば、嫁それに連いて行かねばならんね。そしてまた、小便出たくなると、「ならなら（おまえ）、起きてくれ〳〵」って、嫁を起こして。そして灯《あか》しつけて、嫁が後ろで足もと照らしながら便所に行く。〈毎晩二回も三回も起こされて、これはかなわない〉と思って。〈いいことはないかな〉と考えて、〈ああ、いいことがある〉と思って。また、

「起きてくれ〳〵」って言うんだんが、そのいいこと考えたこととして出たが。こんだ灯《あか》しつけて、また足もと照らしながら便所へ連れにいって、ほして、

「ああ、化け物が出た」

「化け物なんてねんだんし。化け物ねんだんが」

「あこを見れ、化け物出た」。そして見たら、便所の口、手ぬぐいかぶったような白いものがいた、

「ああ、あれは化け物ではない。よく見やしゃれ」。ほして、白いもの剝《は》いでみたら、便所の口、箒《ほうき》立って、それに手ぬぐい被《かぶ》せて、

「あ〜あ、ほに（本当に）化け物でなかったな」って。それを思い出したりして、だんだん恐《おっか》なくなくなってきた。

　峠に、村に行く峠に化け物が出るって話だんが、誰も退治に行ってもだめだ。

「おら、それいや（それでは）行ってくるかな」って。

「あっけ（あんなに）、お前《め》、恐《おっか》ながり屋だが、化け物退治に行かれんが」って。

「化け物なんて無《ね》んだいや」。箒に手ぬぐい被せたのを見たんだんが、

「化け物なんて無んだいや。俺行ってくるから」って。ほして、

「ぼったいてぇ（負《お》ぶさりたい）、ぼったいてぇ」って化け物であったんだんが。なっぱり（縄）だけいっぺえ持って、〈ぼったいてぇ、なんて言ったら、ぼってくりょう（縄で負ぶってこよう）〉と思って、なっぱりいっぺえ持って、峠へ行ったら、ほんとに、

「ぼったいてぇ、ぼったいてぇ」って、化け物出たってんが、

「こら出た」って、ねこいて（そばへ寄って）。はあ、恐《おっか》なくねんだんだ。捕《とっ》まえるて、捕まえて、

「お前なんだんだ。人を恐《おっか》ながらせて。だいたい正体はなんだって」

「おら、ほんと大蛇《おおへっぴ》だ」

「そうか。こった（今度）ぼったいてえって出れば、人を恐《おっか》ながらせて出れば、命ないからね。今夜《こんにゃ》は見逃してやるから、こった人をだまかすな」

「よし」

「それじゃ、汝《な》、何が一番嫌いだ」って、そう言うと。

「おらが嫌いなことは、煙草のヤニと、松脂《まつやに》と、柿の渋《しぶ》嫌いだ」

「そうだか」

「そうだども村へ行って、ぜってい言うな」って、化け物が言うだって。化け物はこった、

「お前《め》、それ何が嫌いだ」

「おれか。おれが嫌いなことは、銭《ぜに》が一番嫌いだ。銭が大嫌いだ。銭はブルブルと増えて、恐《おっか》なくて〱、銭大嫌い」って。

「ほうか」って、大蛇《おおへっぴ》ゴソゴソ〱と、草むらに入っていったてんがな。

「ああ、よかった〱。こった出て来はしまいな」思って、いま見逃してやった。草っぽの中に入っていったって。ほうして戻ってきたども、その化け物が嫌いなことを村の衆に聞かしたって、ほして村衆にな、

「化け物嫌いんだんが、煙草のヤニと松脂と柿の渋、これが化け物が大嫌い」って。そういう話をしたら、みんな煙草のヤニを集めたり、松脂と柿の渋を集めたりして。化物はその気配がわかるんだ、みんなにそんな話をしたってな。ほして、化け物はそいから、まあ、人を恐《おっか》ながらせねばなんね。〈なんとかして、彼はおれが言うなって言ったから、嫌なことしてだまかしてくんね〉と思って。〈大将、銭《ぜに》嫌いだって、そう言うたんが、銭をい

っぺい持って行って、だまかしてくんねば〉と思って、大蛇は一生懸命に銭集めて、こうしているうちに、〈銭は、かなり溜《たま》まった。袋の中にいっぺい溜まった。どうかして、だまかしてくれたらよかりょ〉と思って考えてみたども、〈まあ、なにしろあいつが屋根のてっちょ（てっぺん）に上がって、煙出《けぶだし》しから流し込んでやるのが一番いいかな〉と思って、いっぺい溜めた、その袋担いで、彼が家のてっちょに上がって、煙出《けぶだし》しから袋の口を開けて、ジャラ〳〵、銭いっぺい流し込んで、〈ああ、これで、まあよかった〉そう思って、化け物が、〈これで仇とってくれた〉と思って喜んだ。ほうすっと、恐《おっか》ながりやであった人、〈ああ、よかった〳〵。流し込んでもらって、こりゃよかった〉と思って、化け物〈よかった〉と思って喜ぶ、本人も銭いっぺいもらって喜んであったそうだ。

いっちごさっけ申した、鍋ん下ガラガラ。

25　炭焼長者（初婚型）

ざっとむかしあったと。

あるところに身上《しんしょ》もいいし、娘があって、いい娘で器量もいいし気だてもいいしするども、いくら嫁の話があっても、どうしても決まらんで。〈どういうこっただろう〉と思って、八卦《はっけ》に見てもらったら、

「この人は三里奥に炭焼があって、その人の他には、縁がどうにもねえがったから」って。八卦見にそう言われ

たって。そしてその娘が、

「それじゃ、そこへ行こう」。家ん衆《うちしゅう》は出もの仕度して、なんて言うども、その娘が、

「いっそ仕度いらねんから、そこへ行くから」って。そして娘は出かけたと。そしてそこ、三里も向こうへ行ってみたら、ほんとに炭焼した人があるって。そしてそこへ、

「泊めてもらいたい」、そう言ったと。

「おまえみたいなきれいな人が、きれいな着物着て、おれとこ泊まることがないから駄目だ」

「おら、どこでもいいから泊めてくれ」。そして炭焼小屋に泊めてもらって、ほして飯《まんま》仕度したり、そこらきれいにしたりして、炭焼小屋に泊まって。そして、そうしているうちに、

「おまえ、そうして一生懸命稼いでくれるし、よかったら嫁になってもらいてえ」

「ああ、いっそ嫁になしてもらえれば、ありがたいんだんが、なじょにも（どうぞ）嫁にしてもらいて」。ほして、嫁にしてもらって。炭焼小屋にいて一生懸命働いて。嫁もらった人は、炭焼は、

「おれまあ、嫁もらったども、一度でもごちそうして食わせたこともないし、美味《うめ》えの食わせたこともないし。今日は一つ、ごっちそうしてやろうかな」と思っていたら。娘もそう思ったやら、いつも炭焼いて、炭持っていって、米買ったり味噌買ったりしてくるんが、今日は美味《うめ》えの買ってこようと思ったらなんでやら、嫁も小判の一枚出して、

「今日はなんか、美味《うめ》えもの買ってきてくらしゃい」って、小判の一枚出してやった。そしたら嫁もらった聟も、嫁に何んにも美味《うめ》えの食《か》せれんが、今日は一つ買ってこようと、両方そう思って、小判の一枚もらって出かけた。

炭背負《しょ》って出かけた。そしたら、川へ鴨《かも》がいた。この鴨獲っていって、嫁に料理して食《か》せようかな、と思って、小判もらってきたんが、鴨に投げつけて、そして鴨獲ったと。そして、鴨獲って、町に行くのを忘れて、鴨持って家《うち》に戻り、

「おまえ、どういうこった。小判やったけ、あれで買えば、美味《うめ》えのいっぱい買われてあったけ」

「あの小判か。あの小判はな、いま鴨獲ってきたが、小判を鴨に投げつけて、鴨獲ってきた。これ晩に料理してくれ」

「まあ、もったいね。あの小判が一枚あれば、いっぱいごちそうが買ってこられんが。小判がもったいね」。嫁はそう言った。

「まあ、小判がもったいねえかい。おれが炭焼小屋の竈《かま》のところに行けば、あっけなものなど、いくらでもあるぞ」

「そうか、それじゃそこへ連れていってもらいたい」。その炭焼は嫁を連れて、行った炭竈に、小判じゃねども、金《きん》の塊《かたまり》がいっぺえあるけど。

「まあ、こんなもの役に立つか」

「まあ、これ金の塊《かたまり》だもの。これは小判いくらでもできる」。ほして、金の塊持っていき、銭《ぜに》いくらでも銭がとれる。そして炭焼、大金持ちになった。そして、村の衆はそっけないいとこある。村の衆、そこへいって金の塊とってきて、村のみんな衆、楽に暮らしてあったと。炭焼も長者になって、炭焼なんかしないでも暮らされるようになって。そこへ行って、金の塊持ってくると、いくらでも小判なんてできる。それで炭焼長者になってあっ

たと。

いっちごさっけ申した、鍋ん下ガラガラ。

26 蛙報恩（姥皮型）(一)

ざっとむかしあったと。

あるところに、爺さと娘があって。そして爺さが、あるとき、でっこい蛇《へっぴ》が蛙を呑むところをみたら、蛙をくつまいて（くわえて）るけど、また呑まんでいるし、蛙切ながって泣いているんだんが、

「蛇《へっぴ》、その蛙放してくんねかな、みじょげ（かわいそう）だな。なあ、難儀だども放してくれや」。そう言ったら、蛇はポロッと蛙を放したって。そして、蛇《へっぴ》は、

「娘が欲し」って。〈ああこれは、まあ下手《へた》した。娘が一人あるぐれだども、嫁に行ってくれれば助かるども、行ってくれるかくんねかわからんし〉と思って、家《うち》へ来て、

「あ〜あ」って寝ていたら。娘が爺さが元気がねんだが、

「爺さ爺さ、何じょあったい。お粥《かゆ》でもしてみようか」

「お粥も何もいらんねが、俺が言うこと聞いてくれれや」

「ああ、お前の言うことなら何でも聞く」

「おら、いまほら蛇に約束してきて、何にもおまえに望みをしてやるから、蛙を放してくんねかって。そうすっと蛙をポロッと放して。娘を嫁に欲しい、そう言うんが、汝《な》あ行ってくれ」

「まあ、お前の言うことなら、どこへでも行く」。そして娘は、そこに行くことになったたって。

「さて、それじゃ、嫁入り仕度に、町へ買い物に行ってくる」

「ああ、蛇のとこへ行くんだが、何もいらんね。そしたら瓢《ふくべ》の中へ針を入れたんが、それをおれにくれ」って、瓢の中に針を入れたのを、千個もなんて言うども、まあ、瓢の中に針を入れてもらって、それを持って行ったら。

山の奥の方まで行くと、でっこい湖みたいものがあって、

「そこに住んでいる。おらその中に入ってるが、入ってくれ」

「ああ、そこへだって入るども、この瓢を沈めてもらわんと入れないんだんが。この瓢を、池の中に沈めてもらいてえ」。ああ、蛇はその瓢を、一生懸命に沈めようとするども、瓢だんだんがいってい沈んでくんね。一つも沈めらんね。そのうち、バサッと瓢にのしかかるども、瓢は沈まんで、中にいた針が出てきて、蛇《へっび》にブスッと刺さり、またバサッと瓢に乗りかかると、針が出て蛇に刺さりして、蛇疲れて、なにより毒の針が刺さるんだんが、〈あ〜あ〉と思っているうちに、〈はあ〉と言って、針がいっぺい刺さって元気がなくなって、蛇だめになって、ほして死んでしもた。

〈ああ、よかった〳〵。蛇が死んでくれれば、これでよかった〉と思って。そして下へ向かって行こうかと思って、そうしたらそこへ一軒家があって。そこへ年寄りの婆が住んでいて、

「おまえ、いい格好して、ここ下りたたって、この道中いっぺい山賊がいるが。お前、そげん格好して出れば、

満足になり下へ行がんねんが。俺が大事にしている、この婆皮《ばばかわ》っていう、これ被《かぶ》れば、年寄りの婆さになるがだんが、これ着て行がっしゃれ」。そう言うんだんが。それもらって着たら、ほんとに年寄りの婆さになって、山賊がねっこい（そばに寄って）来ても、

「なあんだ、これ。なんにもならんね」。ほして下り下りして下りたら、その立て札が、困った人は何相談にものるからって、立て札があった。旦那さまのいいとこであった。〈相談にのってくれるってあったが、おらここに使ってもらおうか〉と思って。その家に入って、

「おら、立て札見てきたがったんが、使ってもらわねんかな」

「ああ、おまえここへ居たいば、いくらでも使うから。なじょうにも居てください」。その婆皮着て、年寄りの婆さになって。そこに入って、一生懸命働いて。

ほして、夜になると、その婆っ皮脱いで勉強して、灯《あか》しつけて、婆皮脱いできれいになって勉強して。そすっと、そこの若旦那が、夜用事に出てきて、〈あの婆さとこ灯りがつくが、あの婆さ何してる〉と思って、そっと覗いてみたらば、婆皮脱いだんが、きれいないい女の人が一生懸命本を読んでる。〈まあ、あっけな年寄りの人が、こっけきれいにしている。どういうわけだ〉。そして、その時黙っていたが、次の晩に、また灯りがついている。また婆皮脱いだんだんが、きれいな若いきれいな人が、一生懸命本を読んで勉強している。〈これはどうしたろ〉と思って、言い言いしていたけど、〈いつでもきれいになっているが、どうしてだろう〉と思って聞いてみたら、そういうわけで、

「それなら、俺《おら》とこの嫁になってくれ」。そしたら、若旦那も、

「それだったら、なじょうも嫁になってもらいてえ」。そして、若旦那の嫁になる。そうしたら、その蛇の話したら、

「よかった。まあ、大蛇の退治してもらえば、大蛇のおかげで、この村は作もいい作もできないし、悪いことばかりあったが、よかった〳〵」。そうして大蛇の征伐してもらったんが喜んで、そしてそこの嫁になって。嫁になったら、爺さばっか家にいる話聞いて、

「それじゃ、爺さも一緒にここへきて、暮らしてもらうように」って。そういって豪儀《ごうぎ》なお土産《みやげ》もの持って、駕《か》篭《ご》持って、爺さを迎えに行ったら、爺さは喜んで〳〵。爺さも迎えて、そこで一生爺さも大事にしてもらって、一生安楽に暮らしてあったと。

いっちごさっけ申した、鍋ん下ガラガラ。

27　蛇聟入（苧環《おだまき》型）（一）

いい男の人が、夜、訪ねてきて。ほして毎晩来るんだんが、家の衆が心配して、

「来る人はどういう人だ」って、娘に聞くが、

「おれも聞いてみるども、いっそどこだってこと、いってい教えてくんねんだ」って。そしたら、家の衆が、

「その人の裾《すそ》に、針を一本刺して、長《なげ》え糸をつけて、その糸をたぐって行ってみれば、どこへ行《ゆ》くかわかる」。そ

して、こっとまた夜来たんだんだんが。長《なげ》え糸をつけた針を裾に縫いつけて、その針を裾に縫いつけたんが刺さったそうで。その糸たどってみたら、山の下の池の中へ糸が入っていた。そして、そこへ立って聞いていたら、まあ、苦しげな音出して、うなる音がする。そしてそこで、母親らしい人が、

「おまえ、人間とこへなんか通うんだんが、こういう目に会うがった（会うのだ）」、そう言うと、

「いっそ、おら苦しむくれいいども、おらあの娘に、おれが子どもを千匹孕《はら》ましただんが。いっそ心配しちゃらんね、千匹あるがら」

「馬鹿《ばっか》言うな。千匹あるなんて思うども、五月節供に菖蒲湯に入《へ》れば、みんな下ってしまうから、そっけんことあてにならんから」って。そういう話を娘が聞いて、〈ああ、よかった〉って。菖蒲湯に入れば、みんな下ってしまう。ほして菖蒲湯に入ったら、ほんとにみんな下ってしまった。なんて、昔もある。

28　蛇女房

ざっとむかしあったと。

ある時、家のアニ（兄）が外へ何か用事があって出てみたら、子どもが五、六人寄って、小さな蛇を押さえつけて、殺す殺すってるんだが。アニがきて、

「小さい蛇を殺したって、何にもならんねから、殺すな。殺さんで放せ、放せ」って言って、放してくれた。放

してくれたら蛇、喜んで逃げた。あの蛇に耳があったそうだ。そして、その蛇助けて逃がしてくれて。そして、その晩方になって、若い女の人が、

「今夜一晩、泊めてくらっしゃい」

「ああ、泊めたっていいども、おれ一人者《もん》で、何にもねども、よかったら泊まってください」。そして、若い女の人が、そこへ泊めてもらって。朝になってもどこへも行かんで、一生懸命そこで働いて、洗濯したり掃除したりして働いて、いつまで経っても行がんね、そこで働いて。

「お前《め》、一生懸命働いてくれる。おらとこの嫁になってくれんかい」

「ああ、なじょうも嫁にしてくらっしゃい」。そして、嫁にしてもらったら、ひとしきり経つと、子どもができて、時が経つうちに、生まれる時期がきたんだんが、その嫁が。

「おら、この前《め》の物置、作業場で生みたいだんが、そこへ行って生ましてもらうけど、絶対にその物置を覗いてもらっちゃならん。子どもがたまげると、あれするんだが。子どもをそこで生ましてもらうども、覗いてもならんし、見てもらってもならんし」。そして、そこで子どもを生んだども、いくら経っても出てもこないし、子どもを連れてきもしないし、〈どうしてるかな〉と思って、〈絶対、覗いてくれんなと言われたども、覗いてみようかな〉と思って、アニが覗いてみたら、人間でなんね。豪儀な面《つら》した、大蛇が憎い面《つら》しているども、子どもあやしてるって。〈まあ、おら嬶《かか》、こんなもんであったか〉と思ってたまげていたら、その大蛇もこどもをあやしていたども、覗かれたってことを知ってて、

「おまえは、絶対《ぜったい》覗いてくれんな、と言ったども覗いて、俺が正体見られたんだんが。おらここに居られねんだ

が、出ていくから」

「そいじゃ、子どもはどうする。乳がねば育たね」

「その心配はないから。おれが片目を抜いて、目の玉を子どもにすわぶらせて（しゃぶらせて）いると、自然に子どもは大人になって育っていくから。おれが目の玉を一つ抜いて行くんだんが、それを子どもにすわぶらせてくれ」。そして、

「おら、そこの土地がどこであったで知らんども、不忍池《しのばずのいけ》に住んでいるから。何かわからんことで相談があったら、おら不忍池にいるから」。そしたらアニに居どこを教えて、出ていったって。そして、その不忍池《しのばずのいけ》に入っていただろうと思うども。そうしたら、目の玉をすわぶっていると、だんだん大きくなって笑ったり、座るようになったり、そして、かなりめごこうべ（かわいらしく）なったども。そうしたらその目の玉をどうしたか、どこかへやってしまったてんがな。〈目の玉をどこかへやってしまった。さあ、大変だ。乳はないし、目の玉はないし〉。そしてアニが不忍池《しのばずのいけ》へ行って、その話をしたら、また大蛇が出てきて、

「どうした」

「その、子どもが大きくなったども。今まですわぶっていた目の玉がどうしたか、どっかへやってしまって、なくなっただ。乳がねんだんが大事《おおごと》だが」って言ったら、大蛇、

「おれが、いま一つ玉があるんだんが、いま一つあるがんの抜いてやるから、それをすわぶらせてくれ」

「そしたらおまえが盲《めくら》になって、見えなくなって、大事だ」

「おら盲《めくら》になっても、この池にお寺があるんだんが。お寺で、朝昼晩と鐘撝くんだんが、そして時刻がわかるん

だんが、おら盲《めくら》になったって、いっそ不都合なことはない。暮らしてられんだんが、心配しないで持っててくれ」。また一つ抜き出して玉をくれてしまって。そして子どももそれで育つども、蛇、盲《めくら》になったども、鐘の音で時刻がわかるんが、暮らしているって言うたから、その心配アニしないで、目の玉もらっていって、子どもにまたすわぶらして、その子ども大人になったたってこって。

いっちごさっけ申した、鍋ん下ガラガラ。

29 天人女房

ざっとむかしあったと。

あるところに、男の独り者があって。それが、海の見えるところに住んであったと。そしたら、夏の暖《あった》こい天気のいい時、フワフワ〳〵って、きれいな着物着たきれいな女衆《しゅう》が五、六人、フワフワっと下りてきて、着物脱いで木の枝に掛けて、おおぜいして水浴《みずあび》はじめた。喜んで水浴びして、その水浴びしているところ、海端《うみばた》のそらもん（男の名前）がみて、〈ああ、あっけんきれいな着物を着ている人の、一人ぐらい着物隠そうかな〉と思って、一番きれいな着物、家へもって入って畳んで、そして菰包《こもづつ》みして。ほしてあの、やばら（屋根裏）って、昔、萱屋根であったが、その萱屋根のところに、菰包み下げて。そして隠してしらんふりして。さっと水浴びすると、そのきれいな女の衆が上がってきて、着物を探したども、一人の女の着物がなくて、いくら探しても一人の人の着物が無《ね》。それが無《ね》ば、天の羽衣といって、それが無ば天に上がらんね。さあ困った。いくら探しても無《ね》、「おら探してみるんが。おまえたち先に、天に戻ってくらっしゃい」。そして、着物あった衆《しゅう》は、天に昇ってしまった。ほして、着物ない人はしょんぼりして、泣いたようになっているんだんが、その着物隠した人が、

「おまえ、どうした。どうして天に昇らん」

「おら、この木の枝に掛けておいたがったども、おら着物だけねいんだが、天に昇らんで。あの着物が無《ね》ば、天に昇らんねだんが。昇らんねで、こうしてるがった」

「それじゃ、おらとこへ入って、休んでくらっしゃい」って、そこで休ましてもらっているうちに、嫁になったって。

　そして、嫁になったら、子どもができ、ほして男の子が生まれて。ほして、何ごともなく暮らしていたども。その男の子が五歳か六歳ぐらいになると、その母親が居ね時に、父親が、

「ならなら（おまえ）、いいの見せるから、母《かか》に、いってこの話しちゃならんど。こういう話すると、天に昇ってしまうから。なに、いいもの見せるけど、母《かか》にこの話しんな」って、ようく口止めしたって。二階から着物の包みを持ってきて見せた。

「これを見せると、母《かっか》天に上がってしまうから、絶対に話すんな」って口止めしたども。そして、またてっちょ（天井）上げて隠して。そして子どもだんが、母親の方が父親より親しみがあるんだんが、

「おら今日、いいの見た」

「何を見た」って、お母さんが言うと、

「おら、いいの見た。きれいな着物見た」

「それ、どこにある」

「この二階の方の奥にある」

「持ってきて見せてくれ」。そして、子ども持ってきて、そして見たら、開けてみたら、天《あま》の羽衣で、

「おれが無くした着物だ。ああ、これがあれば、おらここに居らんね。天に昇るから。ならなら、でっこい豆粒を一つくれて、これを植えてな、ズンズンと太って、天まで届くほど太るから。これをベト（土）に埋めておけ。そのうち芽を出すから、そしたら天に届いたら、なら、上がってこい」。そして豆一つくれて。その着物着て、フワフワって、天にあがるんだんが。それが、太郎って名前で、太郎は、

「母《かっか》行ぐな、母《かっか》行ぐな、母《かっか》行ぐな」って泣いているども、

「おら、これがあれば、天に昇らんばならん」。そして、フワフワフワっと上がってしまう。ほして、父親が戻ってくると泣いている。

「どうして泣いている」

「母《かっか》、着物着て、天に昇ってしまった」って泣いている。

「あっけ（あんなに）口止めしたがに（のに）、どうして話した」

「だって、きれいな着物見せてんが、見せたらそれ着て天に上がってしもうた」って泣いてる。ほして、この豆を出して、

「この豆を植えると、芽を出して、ズンズンとこの豆でっこくなる豆だから、天まで届いたら、この豆を上がっ

て、天に来いと。そう言うて、この豆を置いていった」と言うんが。その豆を植えたら、ひとしきりたつと芽が出て、水をくれたり肥料をくれたりすると、ズンズンとほんとに伸びて伸びて。またたくまに天に続いていたがと思うほど伸びて。ほして太郎と、天にこの豆届いたんが、

「そいじゃ、二人して天に行こうや」って、握り飯いっぺい握って。それ持って、太郎と二人でして昇ってって。それで、ちいとんの（ちょっとの）とこで天に届かったてんがって。下で見ると、届いたように見えるけど届かんね。そいで、太郎が、太郎はその母親呼んで、

「母《かっか》、太郎だ。母《かっか》、太郎来た」ってたら、上から綱を下げてくれて、

「これに掴《つか》まって。しっかり掴《つか》まって、落ちねよに掴まってれ。おれが天に上げっから、掴まってれ」って。ほして太郎をスルスルスルッと、天に上げてくれた。こった父《とっ》つぁが、

「母《かっか》、おれも上げてくれ。母《かっか》、おれも上げてくれ」って言うども、これはいっそ憎いばっかりだんだんが、綱下げてくんね。

「上げてくれえや」。綱下げてくんね。いくらそう言ってもだめだんだが。その豆の茎《くき》にしがみついているうちに、秋になれば豆の木は枯れてしまうんだんが、枯れてドサっと転んでしまう。そうすっと、高えとこで、豆の木転んでしまったたんだ。下へ落ちて、それっきりになってしまったと。天に行ってみたかっただんが、豆の木コロッと倒れて、それと一緒に死んでしまったって。

いっちごさっけ申した、鍋ん下ガラガラ。

30　蛇聟入（苧環型）（二）

ざっとむかしあったと。

あるところに、いい娘があって。そうすると、毎晩いい男の人が通ってくるってが。「まあ、こんなとこ毎晩通ってくる人があるが、いい男の人だが、どういう人だろ」という話になって。親が娘に、

「汝《んな》、あの人は、どういうとこの人か、わからんば。着物の襟《えり》のとこへ、わからんように針を縫い込んでおいてみれ」。そう言ったと。ほして、糸つけて針縫いこんで。ほして、明るくなって、その糸たどって、娘がたどっていったら、池の中に入ってたってんがな。〈はあてな、池の中にあの人入っていった〉と思って聞いていたら、池の中で、

「汝《んな》まあ、そげんして人間とこに通って、なじょんか（どうするのだ）、蛇には縫いもん針、毒だんだんが」。難儀している音がしたって。そいで親が、

「人間とこには通うだん、それでそうだ」

「どうも、あいことね[1]、その娘に蛇千匹、孕《はら》ましたから、あいことね」。そういう音をしたって。

「なに馬鹿《ばっか》言ってる。蛇千匹孕ましたって、五月の節供に菖蒲湯に入れば、その蛇の子どもみんな下に下ってしまうから、なんにもならね」。そういう話聞いたんだ。〈ああ、これはいいこと聞いた〉と思って、五月の節供に

菖蒲湯立って入ったら、ほんとに蛇千匹の子ども、みんな下ってしまったって。それでおしまい。

いっちごさっけ申した、鍋ん下ガラガラ。

（1）互いに勝ち負けがないこと

31　猿聟入

ざっとむかしあったと。

爺《じ》さが山の粟畑《あわばたけ》に草取りに行ったら、まあ、あっちゃくって（暑くて）〳〵、〈こら、誰かこの草取ってくれる人ねかな〉と思ったら、自然にそれが口に出てしまって、山の猿それを聞きつけたって。ほして、山からホイ〳〵って降りてきて、

「爺さ爺さ、そんた（あなた）今なんて言った」

「ああ、なんとも言わんじゃ」

「言った〳〵。おれが聞いてやった。なんて言ったか言ってみろ」って。

「なんとも言わんじゃ」

「言った〳〵」。爺さがあんまり暑いんだんが、粟の草取りしまに、ブツブツとこう小さい音で、〈粟の草取ってくれれば、娘の子三人持ったが、どいでも一人くれんがな〉。小さい音で、言ってしまったってんがな。それを

猿が聞きつけて、

「爺さ、そんた今なんて言った」

「なんとも言わんじゃ」

「言った〳〵」

「おれに言わんと、こそばし（くすぐり）殺すから」。爺さ、しょうがね、

「おら、あんまり栗の草取りが暖《あった》こいんだんが、娘ん子三人持ったが、この草取ってくれるんがあれば、どいか一人嫁にくれるがなって、そう言った」

「ああ、そいじゃ、おれが栗の草取ってくれるんが。おれに一人くれてくれや」って。ああ、爺さ大事《おおごと》かいたって。〈山の猿、取ってくれればいいども〉と思ったは大事たども。猿なんて手が早いんだんが、ムサムサ〳〵と、たちまち草取って。

「そら、爺さ、終わったじゃ」

「んん、そこにいま十把《じゅっぱ》ある」

「どこへ」

「そんた、尻《けつ》の下に」。爺さ爺さ、大事ったんが、そげんこと言ってでもどうしようもね。猿、終わらっしてしまって。

「ほいじゃ、爺さ。いつもらい行ったらいんがな」

「そうだな、あさってあたり来てもらおうか」。そう言って、爺さ家に戻って、寝床へ入って、〈ああ、大事かい

た〉と思って、うなって寝床にいたと。そして、一番上の娘が来て、

「爺さ爺さ、どうしたい。湯か茶でも持ってこようかなんし」

「湯も茶もいらねが、おらの言うこと聞いてくれ」

「ああ、おまえの言うこと、なんでも聞くで」。そして、爺さ、

「汝《んな》、山の猿とこへ嫁に行ってくれや」

「まあ、おれの爺さ、馬鹿になったがや。誰《だい》が山の猿とこへ嫁に行くか。馬鹿ばっか（ばかり）、言ってやんな」。

なんて上の娘、プイッて行ってしまった。さあ、困った。また次の娘が来て、

「爺さ爺さ、なじょだい。湯か茶でも持ってこようかな」

「湯も茶もいらねが、おいが言うこと聞いてくれや」

「ああ、おまえの言うこと、なんでも聞くで」

「ああ、よかった。汝《んな》、山の猿がとこへ、嫁に行ってくれ」

「まあ、おらの爺さ、まあ馬鹿になったが。誰が山の猿のとこへ嫁に行く。あんま馬鹿ばっか言ってやんな」、なんて二番目の子も、どこかへプイッて行ってしまった。そうすっと、三番目の子が、

「爺さ爺さ、なじょだい。湯か茶でも持ってこようかな」

「湯も茶もいらねが、おらが言うこと聞いてくれや」

「ああ、おまえの言うことなら、なんでも聞くで」

「山の猿とこ、嫁に行ってくれ」

「ああ、山の猿でんどこでも、おめが行けったとこへ行くで」って。爺さ、やっと安心して、

「あさってになれば、猿が迎えに来るがった。あした町へ行って、嫁入り道具かなんか買ってこようかね」

「まあ、爺さ。山の猿とこへ行くのになんが要《い》る。なんにも要らんで」

「それもそうだね。そいじゃ、ご馳走でもして、猿が迎えに来るのを待っているか」って。

　そして、あさってになって、爺さと娘と一生懸命にご馳走こしらえして。見たら山の猿が真赤《まっか》ん面《つら》して、袴《はかま》はいて羽織着て、

「爺さ爺さ、嫁もらいに来たじゃ」。なんてって、猿、喜んで。羽織袴で迎えに来た。

「まあまあ、それはご苦労であったな。一生懸命ご馳走こしらえしたから、中へ入ってご馳走食ってくりやれ」。

そして、猿、喜んで中に入って、ご馳走もらって食って。そして、嫁もらって、嫁連れて、山の方へ向かっていった。爺さ、〈ああ、大事《おおごと》かいた〉と思っただんが、〈そいでも行ってくれる子があったんだ、よかった〉と思って見送って。

　そして、嫁に行って、一生懸命二人で働いていた。そして、かなりしたにもよった（時がたった）ども、嫁に向かって、猿が、

「嫁に[1]一見ってことがあるんだんが、爺さのとこへいっそ泊まりに行って来んねんが（行ってないが）、泊まりに行って来ねばならんね」

「そうだな、それいいが。何、お土産持っていったらいいがね」

「何、土産もって行くんがねんが。餅でも搗いていぐがね」

「そうだな」。そして、糯米研《もちごめと》いで蒸《ふ》かして、猿が餅搗いて、

「ああ、搗けた搗けた。何入れでたらいいかな」

「重箱でん（でも）、出せや」

「まあ、おら爺さ、重箱の中入れれば、重箱臭くてやだって、食《か》ね人だ」

「そうだか。そいじゃ、鉢《はち》でん（でも）出せ、鉢でん中に入れていく」

「まあ、鉢の中入れれば、爺さ、鉢臭くていやだって、食《か》ね人だ」

「そいじゃ、木鉢《きばち》出せ。そん中へ入れて行く」

「木鉢の中に入れれば、木鉢臭くていやだって食ね人だ」

「ほうしたら、どうして行ったらいいかね」

「おら爺さ、臼の中から、小《ち》っちゃ食い、小《ち》っちゃ食いするのが好きで。何にも入れねで、臼の中で食う人だ」

「ああ、そいじゃ、臼ごと持っていくだろうかね。そいじゃ、おれが臼背負《しょ》うもんだんが。汝《んな》あとで、いっかなころ（いいかげん）固くならんように、トツンと搗《つ》き、またいっかなころ、杵でトツンと搗いて、固くならんように背負って行くかに。どうも橋の上だけは搗かんでくれ。搗いてユラユラとして落ちると悪《わり》いから、搗かんでくれ」って。

「はあ、わかった〳〵」。ほして、猿が臼背負《しょ》って、娘が後ろで杵《きね》持って、二人で出かけた。ほして、橋、一本橋だったんだが、危ねんだんが搗かんでくれって言われたんだんが。娘搗かんでいたども、ちょうど真ん中ごろに来たとき、勢いよくドッツンと臼ん中搗いたと。ほすと、猿ユラユラどして、臼背負《しょっ》ったまま、川の中にボチャ

ンと落ちてしまったって。臼背負ってどうもならんね、重たくて。ほして、娘、猿が落ちて切《せっ》ね真似《まね》して、泣いた真似なして見せて。そして、猿、

〽流れる猿は惜しくもないが　あとに残れるおともが可愛い〳〵

って、おともって名前であったと。そうやって流いでいってしまった。娘、喜んで、〈ああ、猿流いでしまった。よかった〳〵〉と思って。家へ戻って、

「爺さ爺さ、いま戻ったじゃ」

「ああ、よかったね。だが、猿どうしたい」

「猿な、川の中に落ちて流れてしまった」

「ああ、それはまあ、よかった〳〵」。娘も爺さまも喜んで、二人が仲良く一生安楽に暮らしてあったと。

いっちごさっけ申した、鍋ん下ガラガラ。

（1）結婚後に嫁の実家を訪問すること

32　味噌買橋

ざっとむかしあったと。

あるとこへ、若い男の人があって。その人が正月の初夢に、橋の上に行っていれば、いいこと聞くっていう夢

を、三晩続けて同《おんな》し夢を見たと。橋の上に行って立っていれば、いい話を聞くってあったんが、〈橋の上行って見ようかな〉と思って。昼飯持ちで町に、町へ行かんば橋ないって。橋の上に立って、一日立っていたども、何にもいいこと聞かね。〈ああ、何にも聞かなかった。三晩も続けて夢見たがったども〉と思って、また次の日も昼飯持ちで、橋の上に行って、ちゃんと立っていた。また、何の話も聞かね。〈あ〜あ、三晩も続けて見たがったが〉。また次の日も、昼飯持ちで橋の上に、ちゃんと立っていた。そして、その下に豆腐屋があったって、橋の下に。豆腐屋の爺さんが、晩方に上《のぼ》って、

「おめまあ、こいで三日もここに立っていた。どうしてここに立ってる」

「おら、初夢に三晩続けて橋の上に立っていれば、いい話聞くがって、そういう夢を見たんだんが。おら、ここへ来て立っているども、いっそいい話聞がね」。そう言ったら、その豆腐屋の爺さが、

「おれも初夢に、三晩も同《おんな》し夢を見た。おらあの、隣村の身上《しんしょう》のいい家に、家の前に梅の木があって、その梅の木の下へ、金甕《かながめ》が埋まっているという夢を、三晩続けて見たども、夢じゃしょうねと思って、隣の村のそこへ行って見もしねでいた」。〈ああ、この話であったな〉、橋の上に立っていた人思って、

「おめあの、その夢おれに売ってくんねか」

「ああ、売るもなんにも要《い》らね。夢でしかなえんだ。そういう話しただけのこったんが、必要もないから要らんね」。橋の上に立っていた人は、この話であったなと思ったんだんが、たいした銭持っていなかったども、

「おれに、その夢売ってくれ」って。あったけの銭払って、

「そんな、要らね〳〵」って言ったども、ありったけの銭払って、買ってきたども。〈雪がいっぺいあって、梅の

木の下、掘るたって容易じゃねんが、雪が消えてから行って、掘らしてもらおう〉と思って、雪の消えるまで、その話聞いた人は、行かねでいたども。雪が消えたんだん、掘らしてもらおうて、話よくして掘らしてもらおうかなと思って、そこの家へ行って。隣りだんだんが、手間といてやって（手間がかかって）晩方になって行ったって。その話、そこの旦那さまが聞いて、

「おめ、梅の木の下なら、掘りていなら掘ってもらっていいども。晩方だから、暗くなるだんが、一晩おらとこ泊まって、明日の朝げなって掘ってみればいいこと」

「ああ、それはいいこと。なじょうにひと晩、泊めてもらおうかな」って。ほしてひと晩、そこの旦那さまの家に泊めてもらって。ほして、泊めてもらった人が、夜中になってよく寝たと思うと。そこの旦那さま、〈本当に、あの梅の木の下に、金甕《かながめ》埋まっていたろかな。そいじゃ、試しに掘って見ようかな〉と思って、試しに掘ってみたら、本当にガシャンと鍬《くわ》が当たって。〈ああ、あるかしら〉と思って掘ってみたら、本当に甕があって、中へ金が入っているかと思って、蓋《ふた》はいでみたら、パアーと黒いカラスが一羽そこから飛び出して、山の方へ飛んでいった。それきり何も入ってながった。〈あ〜あ、そいじゃこれは、嘘話であったな〉と思って、また埋めてな。

ほして、朝げになって、起きてきたんが、

「いや、悪いけど、本当だか、嘘だかと思って、夜中掘ってみたら、中から黒カラス飛び立って、山の方へ飛んでいった。それっきり甕の中、空であった」。

「そうだか。ほんとに甕があったども、空であったか」。そして、その人は朝飯もらって食って、いとまごいして出て、家に戻る。隣村だんだんが、峠を越えて行くところで、峠の上へ行ってみたら、黒い衣《ころも》着たお尚さまが、

その峠の上に腰かけて休んでいたって。〈ああ、坊《ぼん》さまが休んでいた。おれも休んで行こうかな〉と思って。坊さまとこへ行って休んで、坊さまといろいろの話しているうちに、晩方になってしまって。話はずんで、晩方になってしまって。

「ああ、暗くなるんが、早く家に、行がんばならんね」。そして、坊さまもその人について、そこの家の前《め》まで行ったら暗くなって、

「おれを、泊めてもらいてども」

「ああ、おら一人だもんで。何にもねども、よかったら泊まってくれ」。

そして、坊さま喜んで泊めてもらって。ほして、夢買った人が、〈坊さまに何にもご馳走しなかったが、明日の朝早く起きて、何かご馳走してもてなそうかな〉と思って、朝げ早く起きて、一生懸命ご馳走こしらえして待っているが、なかなか坊さま起きてこね。〈どうしたかな、なかなか起きてこねがな〉と思って、〈ご馳走冷《さ》めるがな〉なんて思って。〈なかなか坊さま起きてこね。坊さま、おれがご馳走して待ってるんども、起きてこねんが、行って見ようかな〉と思って、その部屋へ行ったみたら、坊さまいねってがな。寝床《ねどこ》空になって、〈まあ、坊さまおれに黙って逃げだした〉と思って。夜具をはいでみたら、中に甕《かめ》が一つ入ってたと。そして、坊さまいねで、甕が一つ。〈まあ、こっけんものがある。坊さま、こっけなもの持ってきてあったが〉と思って、蓋《ふた》開けてみたら、中に大判小判がいっぺいつまってあったと。その人に授《さず》いた甕で、金甕であったと。

いっちごさっけ申した、鍋ん下ガラガラ。

33　鼻高扇

ざっとむかしあったと。

あるとこに、仕事嫌いで嫌いで、仕事しないでブラブラ〳〵して、どうにか暮らしている人があったたって。あるとき、みごとな扇子《せんす》拾ったたってがな。きれいな扇子拾って、ほして、土手へ腰かけて、その扇子広げて、ほして暖《あった》こいだんだんが、煽《あお》いでいた。そしたら、どうしたか、そのきれいな扇子拾った人の鼻が、ズン〳〵〳〵伸びるって。〈さあ大変、おいが鼻がけさごんね。さあ大事《おおご》った〉と思って、こった、

「鼻低くなれ〳〵」って煽ぐと、だんだん鼻が低くなる。〈ああ、これはよかった。だが、これはいいの拾った。ただ、煽《あお》いだばっかで鼻が高くなったども、低くなれって煽いだら低くなったんだんが。高くなれって煽いだら高くなるんが、これで一儲《ひともうけ》けしようかな〉と思って。仕事嫌いがだったんだ、なんとか金儲けしたいなんね。

そして、ブラブラとその扇子もって遊びに出た。そしたら、身上《しんしょう》のよげいな家で、その前で女子どもが、おおぜい遊んでいたけど。身上のよげいな家だんだんが、こんなかで一番いい着物を着た、よけん子が、ここの家の子どもだろうと思って、その子のそばへ行って、

「鼻、高くなれ〳〵」って煽いだら、ほんとに女の子の鼻高くなって。さあ大事だと思って、そこのお嬢さま、泣き泣き家に飛び込んだ。

「ああ、大事った、大事った。おら鼻こけんなった」。家の人たって、

「大事だ。どうしたらよかろう。なんで鼻が高くなったろ」。そして、医者頼んでみたって、医者もわからね。祈祷師頼んで、小《ちい》さくなるように祈祷してもらっても治らね。医者頼んで、祈祷師頼んでも治らんね。どうしようと思ってとこへ、その扇子拾った人が、その家の前で、

「鼻の療治《りょうじ》、鼻の療治」って、どなってたって。

「ああ、ほら鼻の療治って音がするが。家《うち》の嬢《じょう》じょ（娘）、何しても治らね。早く頼んでみてくれ。鼻の療治に、鼻を治してもられっかも知らんから、呼びこんでみろ」って。そして、家の衆が呼び込んで、

「ねらねら（おまえ）、鼻の療治って、鼻の療治できるかい」

「そうだな。見ねばよくわからんども、できるとも思うがな」って、

「治してくらっしゃい。家の嬢《じょう》じょ、こげな鼻になって大事だが」

「そいじゃ、お嬢さまと俺と、人が見えねとこ拵《こしら》って。そこへ、お嬢さまと俺と入れてくれ」。ほして、屏風をいいあんべに立て、その中へお嬢さまとその仕事きらいな人を入れて。その仕事嫌いな人が、お嬢さまのとこへ行って、

「お嬢さまの鼻低くなれ、お嬢さまの鼻低くなれ」って、小さい音出してひとしきり煽いだら、もとになったてんがな。ほして、治って、

「ああ、よかった。有難うございました」って。豪儀《ごうぎ》に銭もらって喜んで。その銭のあるうちは、仕事もしないで贅沢《ぜいたく》して。銭いっぺいもらったんだが、贅沢して暮らしていたら、銭がまた絶えてしまって。またこの扇子もって遊び出て、〈いいことあるかな〉と思って、いいことがあるかなと出たとも、別にいいことなんにもその

時なかったって。

それで、土手へ腰かけて、鼻高くなれって言わんども暖《あった》こいだんが、一生懸命にその扇子で扇いでいたら、てめえの鼻がズンズンズン〳〵と、限りもなく伸びるども、仕事もしねかった人だんが、扇子で煽いでいた。ほすと、ズンズン〳〵と高くなって。天まで届いて、天上っこへちょこっと面《つら》出したってんがな、鼻が。そしてそこへ、ちょうど夕立さまがいて、夕立さまが〈はあてな、こっけなおもしぇんだんが。その囲炉裏の、火の隅のとこへ出てきて、なんだろ〉と、火箸《ひばし》火の中に入れて焼いて、熱《あっ》ち火箸を、鼻の頂上のとこへ刺したってんがな。そしたら、こった鼻が高くなって、大事だんだんが、こんど、

「鼻が、低くなれ〳〵〳〵」って煽ぐども、火箸刺されたんが、いっち下へ降りてこね。一生懸命煽ぐども低くなんね。さあ、困った。鼻が降りてこねし、家へ戻らんねし、飯《まんま》も食わんねし。そして、痩せて痩せて家へ戻らんねし。そこ動《いご》かんねで、宙ぶらりんになったっと。そこから宙ぶらりんって言葉が出たってがな。あの人宙ぶらりんだって、言う人があるだんが。

いっちごさっけ申した、鍋ん下ガラガラ。

34　エンちゃんドンちゃん

ざっとむかしあったと。

あるところに爺《じ》さと婆《ば》さがあって。その爺さと婆さが、その子どもがなくて寂しくてどうしようもねえんだが。鎮守さまさ、二人して行ってお願いして、「煙突みたいに大きすぎるような子どもでも、何でもいいだんが。子どもってもの、授けてもらいてえ」ってお願いして。そのうちに戻っているうちに、どうして子どもできたなんて言わんがったども、子どもができて、男の子ができて。そりゃまあ、食いもんも食いっぷりがよくて、そらドンドン〳〵と太るが太るが、背《せい》が高くなって高くなって。さあ大人になったら、家におさまらんほど背が高くなって、「ああ、煙突みたいに背が高いが、エンちゃんって名前にしようかな」なんて言ってってって。エンちゃんエンちゃんって言って、めごがって（かわいがって）はいだども、家の中に収まらないほど背が高かったんが。「こいじゃ困ったもんだ。いま一人こっと、こう太っちゃ大事だんが、どんぐりみたいに小さくてもいいんが、あんま大きくない、小さい子授けてもらおう」。そしてまた、鎮守さまへ行ってお願いして、「今の子どもは煙突みたいに背が高くなって、家ん中に収まんほどに背が高くなったんだんが。今度は小さくても言いんだんが、家に収まるように、団栗《どんぐり》みたいに小さくてもいいんだんが、その子授けてもらいてえ」ってお願いした。

そしてまあ、また子どもが生まれて、今度はまあ、太りも太らんと。

「これじゃ仲良く遊んでいるども不都合だんだんが、どうしたらよかろう」と、爺さと婆さと相談して、「お月さまにお願いして、お月さまの中でウサギが餅ついている、あの銀の杵《きね》借りてきて、子どもを搗き混ぜて、その真ん中から分けて女の子にしようじゃねえか」って相談できて。お月さまにお願いすると、「よかろう」と貸してくれて。お月さまへ行って銀の杵借りてきて、エンちゃんとドンちゃんを裏の池の中に入れて、お月さまから借りてきた銀の杵でもって、二人を搗きまぜて、そして真ん中からチョチョッと分けたって。

いっちごさっけ申した、鍋ん下ガラガラ。

35 浦島太郎

ざっとむかしあったと。

むかし浦島太郎っていって、毎日海に行って、魚《うお》釣りして暮らしている人があったと。

あるとき、朝げ、魚釣りまた行ったら、でっこい亀を子どもが押さえつけて、いじめておもしろがってるんが。

浦島太郎、亀が気の毒になって、

「ねらねら（おまえたち）、その亀を海に放してくれんな」。銭ちっと分けてくれて、海に放してもらったと。亀は喜んで、フアフア〳〵って海の中へ入っていったと。ほして、二三日たって、また魚釣りに行ったら、こないだ助けた亀が海の中に出てきて、

「浦島さん〳〵。竜宮城といういいとこへ、乙姫さんがこないだの礼に、泊まり来てくれって。そう言うが、来てくらっしゃれ」

「おら、そげんこと言ったって、海ん中になんか行かんねことよ。おら泳がれないし、竜宮城なんて海の下だし、おら行かれねこってや」って。

「その心配ね。おれが連れて行くから、来てくらっしゃい」

「おお、連れてってもらえれば、行ってもいい」。そして、亀が、

「おらが背中に乗ってくれ」。でっこい亀だんだ、背中に乗って、

「竜宮城へ行けばいいが、目をあいてもいいって言うから。それまで目をつぐって（つむって）くれ。いっとき目をあかんでくれ」。しっかり目をつぐって、

「もう目をあいてもいいで」。亀が言うので目をあいてみたら、ほんとに綺麗なところで。いっぱいご馳走《つつお》あって、踊り見せてもらったり、唄を聞かしてもらったり。浦島太郎は喜んで〳〵。さあさあご馳走《つつお》になって、おもしろい踊り見せてもらったりしたが、ひょっと家のことを思い出して。〈さあて、踊りも見せてもらったし、ご馳走にもなったし、家に戻りたくなったなあ〉と思って、乙姫さまに、

「たいしたご馳走になって、踊りも見せてもらったり楽しませてもらったり。どうも家《いえ》ん衆も心配しているし、家に戻りたくなったんが、戻してもらいて」

「ああ、そんならこれは土産にやるんだんが。この玉手箱やるから、こら絶対《ぜってい》に家に戻っても開けてもらっちゃならんから。この箱おまえにやるども、絶対に開けてくれんな」。そう言って、ちっこの（小さい）箱をくれた。

それを横抱きして、亀の背中に乗って。目をあいちゃならんと思って、目をしっかりつぐって、海の中泳いで、

「ああ、目をあいてもいいよ」って。そして、浦島太郎目をあいたら、むかしの砂浜へまた来てた。

「ああ、よかった。ありがとうさん〳〵」って亀に礼を言って。村へ戻って見たら、確かにこの村だがなと思うども、村の様子も変わったし、行き逢う人が一人もわからんてがな。〈こりゃまあ、どうしたことだ。確かにこ

の村は、おれが村であったども、様子も変わったし、行き逢う人が一人もわからねが。こら、どうしたことだね〉と思って、あちこち捜してみるども、戻っていった家が、いってい（まったく）見つからんね。この辺であったかなと思って行ってみると、家がまるっきりちがう。どうしたかなと思って、年寄りの人に、

「この昔、浦島太郎って男が、住んでいてあったわけだと思うども、村の様子も変わったし、人間も変わったし、まるっきり変わった。これはまあ、どうしたことだろ」って、年寄りに聞いてみたら、

「おまえ、何《なん》だい」

「おら、浦島太郎。竜宮城へ行ってきた」

「そいじゃ浦島太郎って。なんたって、何百年前の話なんだんが、信用なんでぎねなんだんが、その箱開けて見せてくれ」って。

「でも、箱は絶対に開けんなって、乙姫さまからもらってきたんが、開けらんね」

「それ開けらんねくて、浦島太郎、言われてなんていたって。ほんとのこと知らんねことよ」。そう言われたんが、切なすぎて、〈いっそ家も無くなったし、知った人も一人もいないし、ほんにこの箱開けて見ようかしら〉なんて思って。その箱開けたら、パァーと白い煙が出て、浦島太郎にかかったたって。そしたら、浦島太郎はたちまち年寄りになって、腰の曲がった、頭の白い年寄りになった。そら竜宮城の乙姫さまが、浦島太郎の年を取るのを、箱の中へしまっておいて。ほして、三日ぐれいだと浦島太郎は思ったが、三百年も前のこと。三百年の年を、その年を箱の中に隠してしまっておいて、そして、サアーと年寄りになってしまってあったと。

いっちごさっけ申した、鍋ん下ガラガラ。

36　絵猫と鼠

ざっとむかしあったと。

あるとこへ子どもがいて。その子どもがなじょうか（どんなにか）絵を描くのが好きで、猫の絵が特別好きで、一生懸命に猫の絵を描いて。いっぱい猫の絵を描いて、それをしまいに重ねて荷物にくるんで、絵の修業に出てくるからって。ほして、猫の絵を背負って、あちこち絵を描いて歩いて。

ほして、あるところへ行ったら、お寺へ化け物が出て、夜中になると化け物が出て、誰も住んでいられんねで、今は空になっている。そういう話を聞いたんだんが、その子どもが。〈おれが一度、持って行って見ようかな〉と思って。そして、そのお寺へ行ったら、ほんとに誰も住んでいねんだんが。そこへ猫の絵を、お寺の中グルッとありったけ貼って。ほして、何が出てくるやらわからねんが、そう思って見ているども、何にも出てこね。〈ああ、何にも出てこね、何にも出てこねがに〉と思って。夜中になったら、猫がみんな飛び出して、絵から飛び出して、ドタバタ〳〵と、何か出てきたかしらんども、絵の中から出た猫と戦って。ひとしきりドタバタと戦って、そして、かなりなったら、戦いが済んだと見えて、どちらが勝ったやら負けたやら、わからんども静かになって。明るくならんうちは、何でやらわからんねと思って。

そして、明るくなって見たら、猫は絵の中に入っていたて言うし、お寺の中へ、でっこい〳〵鼠が死んでてあったそうだ。それを、絵の中の出た猫と戦って、猫が勝って鼠が負けて。そして、村の衆にそう言ったら、村の衆が来てみたら、でっこい鼠が死んでいて、

「ああ、よかった〳〵。猫から退治してもらってよかった」って、村の衆は大喜び。ほして、褒美《ほうび》だしたり喜んだり。ほして、子どもはまた、お寺の中へ貼った猫の絵を、みんな重ねて、クルクルと巻いて。そして荷物にして、また絵の修業に出たそうです。

いっちごさっけ申した、鍋ん下ガラガラ。

37 塩吹臼

ざっとむかしあったと。

あるとこに兄弟、男の兄弟二人あって。アニ（兄）が気だてがよくなくて、オジ（弟）を山の方の悪い田んぼのとこへいいやって。

「おまえは、ここに居れ」。そして、山の中へオジをやって、てめえは村の中のいい田んぼをみんな取ってしまって。

ほしたら、ある年、寒かったそうで、山の方でいっそ米が穫れなかったと、山の田んぼで。そして、オジは、〈はあ、大事《おおご》った。年神さまへ上げる米もねが、どうしようもねんが。アニのとこへ行って、借りてこようかな〉と思って。アニのとこへ行って、

「米ちょっと貸してくれいや。年神さまへ上げる米もねが」って、そう言って願ったども、アニは、

「ああ、おめに貸す米がいっそなくて、貸さんね」。そう言われたんだん。いっそ米もねえし、おもしろくなくて、どうしようもねんだんが、鎮守さまへ行って腰かけて休んでいたら、トロトロと眠《ねぶ》たくなって、いねむりしたと。ほすと、鎮守さまが夢に出て、

「おまえは気の毒にな。米がいっそねえがんに、アニは貸してくれねんし。どうしようもねえって、心配して。おまえにありがたいものを授《さず》けるから、今この道をずっと行くと、小さい石臼あるから、それをおまえにくれるから。その石臼を、右へ回すとなんでも願えば、おまえが願ったもんが出る。左へ回すとそれが止まる。出ることが止まるから。そういうありがたい石臼を、おまえに授けるから、この道を行ってみれ」。と、そこでパッと目が覚めて、〈ああ、おらまあ、夢見てあったと。この道行ってみようかな〉と思って、そう言った道をドンドンと歩いて行ったら、ほんとに道のわきへちっこな石臼があったと。〈ああ、このこったな。これもらっていこうかな〉。オジ、大喜びで、家へ来て、臼もらっていって。〈臼に、なんかご馳走出してもらおうかな〉と思って、石臼隣の部屋にしまっておいて、そこで願って石臼回すと、ほんとに願った魚《がっか》出てきたってな。〈ああ、よかった〳〵。これはありがたい石臼もらって〉と思って。それから米出して、飯《まんま》炊いて上げたり、ご馳走《つつお》出して、ご馳走《つつお》上げて。てめも食ったりして喜んでいたども、〈おればっか、こうして喜んでいちゃならんが、あたりの衆を呼んでご馳走しようかな〉と思って、あたりの衆を呼んで、アニも呼んで。そして、隣の部屋へ行って、石臼からご馳走いっぱい出してもらって、みんなにそのご馳走食わして、オジは喜んでいた。

　アニは、〈オジが米がいっそなくて、大事《おおご》ったって言いながら、このご馳走どうして出した。みんなに食わした〉と思って、不思議に思っていたら、オジが隣の部屋から、何か出してくる。なんかあるど思って、オジに隠

れて、こっそり覗いてみたら、小さい石臼があった。〈ああ、これだかな〉と思って、オジがいない留守に、その石臼を盗んで、ほして舟に乗って。ほして、いちばん欲しいがん（もの）は塩だから、塩から出してもらいて、塩出してもらいたいと願って、石臼回すと、塩、ボロボロ〳〵〳〵と、ほんとにいっぱい出てくれる。どうも、てまえで止めること知らん。ほして、いつまでたっても、塩がいっぱい出て、舟の中がいっぱいになってしまって。どうも止めること知らんねが、止めらんね。だんだん塩がいっぱいになって、舟と石臼とアニとみんな海の中に、重たすぎて沈んでしまった。それで今でも、その石臼が塩出してるんが、海の水はしょっぱいがんだと。

いっちごさっけ申した、鍋ん下ガラガラ。

38　猿地蔵

ざっとむかしあったと。

猿が山から出てきた。そしたら、地蔵さまがちゃあんとしているんだんが。〈ああ、ありがたい〉、猿、大喜びで、山へ戻って、山の産物いっぱい、葡萄だとか栗だとか、林檎だとか。そういう山の産物いっぺい持ってきて、地蔵さまへ上げてお参りして、猿喜んで山へもどる。ほしと、爺さ、ちょうどその地蔵さまお参りに行って、豪毅《ごうぎ》に山の産物が上がったんが、〈ああ、これは猿が上げたかな〉と思って、喜んでそれをみんな地蔵さまからもらって、家へ運んで。そして、地蔵さまからもらって喜んで。また、その日になると、猿がいっぺい、山の産物持ってくるんだんが、上げるんだ。爺さ、それ地蔵さまからもらっていく。

そして、こったしまいに爺さ、てまえで地蔵さまになって、山の産物上げてもらっていこうかなと思って、地蔵さまを片づけて、てめえでそこへちゃんと座って、手を合わせて地蔵さまになって。また、山の猿がおおぜいきて、また山の産物持ってきて、地蔵さまへいっぺい上げて、そして、

「この地蔵さま、ほんとにありがたいだんが、山へ連れていって、山に祭っておこうじゃねか」って。そして猿が、爺さの地蔵さまを、ほんとの地蔵さまだと思って、おおぜいして地蔵さまを担いで、山へ地蔵さまを持っていって、祭っておこうと思って。山へ行くに、川を越さんばならんねだんが、地蔵さま絶対《ぜってい》よごしちゃならんと思って、川へ入って、

〽猿の尻《けっつ》濡らしても、地蔵の尻《けっつ》濡らすな　猿の尻《けっつ》濡らしても、地蔵の尻《けっつ》尻濡らすな

そう言って、川を渡って。爺さ、地蔵でもねえんが、おかしくておったども、我慢して笑わんでいた。猿、それを地蔵さまだと思って、ありがたいと、いい床こしらえて、そこへ備えて、〈地蔵さま、ああよかった〳〵。地蔵さま近くにできてよかった〉と思って。その地蔵さまへまた、山の産物いっぱいもって上げて、ありがたがってお参りして。そして、夜さり（晩）になると、猿みんな家へ戻って。爺さ、またその産物みんなもらって、家へ山の産物いっぺいもらって、喜んで。

そして、隣の婆さ来て、

「おお、ここの衆は、どうしてこっけ豪毅《ごうぎ》に葡萄や栗や林檎やなどを、どうしてもらったい」。そして、その地蔵

さまの話をしたら、

「それじゃ、おら爺さまも、背中あぶりばっかしておったども、地蔵さまになってもらってくるように、おら爺さも地蔵さまにしょうかな」。婆さ欲かいて（欲を出して）。

「爺さ爺さ、隣の爺さ、こうして地蔵さまから山の産物、いっぱいもらって喜んでいたっけ。そんたも（あなた）地蔵さまになって、山の産物いっぱい上げてもらって、持ってきやれ」。そして、爺さ、

「おら、嫌だと嫌だと。そっけんことするより、背中あぶりしていた方がいいんだ。おら、嫌だじゃ」、言うども、婆さ欲かけて、いってい聞かねんだが、しょうがね。また、村の地蔵さまのいたとこへ行って、ちゃんと座って、手を合わせていたら、また、山の猿来て、

「地蔵さまこっけんとこへ戻っていた。また、山へ行ってもらって、山の地蔵さまになってもらえや。この地蔵さま担《かつ》いで、山へ行こうや。地蔵さま戻ってしまったんが、また、山へ連れていって、祭っておこうや」。猿がおおぜい来て、また、爺さの地蔵さま担いで、喜んで。沢のとこへ来たら、また、川を越さんばならねんだんが、川の中へ地蔵さま、上へ担ぎ上げて、

〽猿の尻《けつっ》濡らしても、地蔵の尻《けつっ》濡らすな　猿の尻《けつっ》濡らしても、地蔵の尻《けつっ》濡らすな
って言いながら、川を漕いで。ほうすっと、地蔵さまおっかしくて〳〵、どうしようもね。川の真ん中ほどへ行ったら、とても我慢ができなくて、アハハハハって笑ったら、猿どもが、

「この奴《やっ》、にせ地蔵であったな」って言って、ボッチャーンって、川の真ん中で爺さ落としてしまった。爺さ、こったどうしようもね、上がりようねんだんが、ブリッコ、チャイッコと流れてしまったと。

いっちごさっけ申した、鍋ん下ガラガラ。

39　金の鉈

ざっとむかしあったと。

爺《じ》さと婆《ば》さがあったと。婆さ年寄りだんだんが、家役《いえやく》して。爺さ暮らさんばなんねんが、毎日《めえにち》山へ木を伐りに行って。ほして、それを売って暮らしていたと。ほしたら、山の湖の端《はた》で、毎日木伐りしていた。

ある日、どうしたはずみだか、鉈《なた》を湖の中へ飛ばしてしまった。〈さあ、大変。あの鉈がねば、おれと婆さと食っていかんね。大事《おおご》った〉と思って、湖に入って一生懸命に探すども、いくら探してもいってい鉈がわからん。〈ああ、これは困ったなあ〉と思って、陸《おか》へ上がって腰かけて考えているども、〈いってい（まったく）見つからんがったんが、どうしょうもね。あの鉈がないば、仕事ができねが、どうしよう〉と思っていたら、湖の女神がきれいな鉈を持ってきて、

「爺さ爺さ、そんた（あなたの）鉈、これだかい」。爺さ見たら、きれいな金《きん》の鉈だ。

「まあ、もったいない。おれんが（おれのものは）、そっけないい鉈じゃない。鉄で作った、古うなって錆《さ》びてもいたし、そっけなきれいな鉈じゃない。おれがんの、ほんの錆びた、古い鉈だんす」

「そうだかい」。そう言って、女神がまた湖に入って、こった爺さの鉈、探し持ってきて、

「爺さ爺さ、そんた鉈、これだかい」

「ああ、それじゃ〳〵。ああ、よかった。それがあれば、また明日から仕事もしられるし。ああ、よかった。ありがとうございます」って、その鉈押しいただいて貰って。そうすっと女神が、

「爺さ爺さ、そんたまあ、正直ないい爺さだ。この金の鉈もおまえにくれるから、家に持っていがっしゃい。これを持っていけば、高い品だんが、銭がいっぱいになるから。この金の鉈もおまえにくれるから持っていがっしゃい」。そう言って貰ったんが。婆さに見せたら、婆さも喜んで、

「ああ、ありがたい〳〵」。それを町へ持っていって売ったら、ほんとに銭いっぺい貰ってきて、お恵比寿《べす》さまに上げて。

　そしたら隣の婆さが、〈なんとなく隣の衆が、銭いっぱいあるのはどういうこったい〉と思って、

「ここん衆は、なんかいいことあったかい」

「いいことてっば、おら爺さ山の湖の端へ行って、毎日木を伐って、そして暮らしていたが。大事な大事な鉈を湖の中に飛ばしてしまって、ああ、大事かいた。あれがねば仕事しらんねかと思って、一生懸命に湖の中探したが見《め》っからんで。そして、陸《おか》へ上がって腰かけて、どうしたらよかろうと思って考えていたら、湖の女神がきれいな鉈持ってきて。爺さ爺さ、そんた鉈これだかい。ああ、もったいない。おれが鉈、そっけなきれいなみごとな鉈でない。鉄でこしゃった、古《ふる》の錆びた、古の鉈だがんに、そっけんきれいな鉈じゃない。そしったらまた、女神が湖の中に入って探して、こんたほんとの爺さの鉈持ってきて。爺さ爺さ、これがそんたの鉈だかい。ああ、それだ〳〵。ああ、よかった〳〵。明日からまた仕事ができる。ありがとうございます、って喜んでてめえの鉈

貰って。そしたら湖の女神が、爺さ爺さ、そんたまあ、ほんとに正直ないい爺さだが、この金の鉈売れば、たくさんで売れるし、銭がいっぱいになるから、これもくれるから持っていけって、金の鉈もくれたので、爺さ喜んで、押しいただいて家へ持ってきて。婆さにそんた話して、ほんとに町へ行って売ったら、豪毅《ごうぎ》に銭貰って、大判小判のいっぺい貰ってきたんだんが、爺さと婆さと喜んで、それを恵比寿《オエベス》さまに上げて喜んでいた」って。

「そうだかい。どうもこの家、このごろ銭がありそうだ。おらの爺さも、それじゃ行って、金の鉈貰ってくらっしゃい。あんまり背中あぶりばかりして、大事《おおご》ったから」なんて言って。

「爺さ爺さ、隣の衆はこういうわけで銭がいっぱいもらったって。そんたも山へ行って木でも伐って、ちょっと稼いでみやれ。背中あぶりばっかしてたって、どうしようもねから」

「おら嫌だ、嫌だと〱。この背中あぶりばかしてる方が、気楽でいいや」。爺さ、なかなか言うこと聞かんども、婆さもまた言うこと聞かんで、

「行ってこい、行ってこい」って言うんで、しょうがねと思って、いちおう鉈もって、山へ行って、伐っていたら、飛びもしねに鉈を湖に投げて。ほっすっとまた、女神が金の鉈持って、

「爺さ爺さ、そんたの無くした鉈はこれだかい」と言って、金の鉈出したら、

「ああ、そいだ〱。おれが鉈そいであった」。嘘言ったんだんが、女神、肝《きも》焼いて、

「この嘘つき爺《じ》さめ」って言って、金の鉈で頭をポカンと叩いて。そしたら頭へ傷がついて、頭から血がダラダラと流れる。爺さ、痛えんだんが、

「痛い〱」って、泣きしまに家に戻って。隣の爺さ、金の鉈で銭儲《もう》がって、隣の爺さ頭叩かれて、血出して、

一生痛ぇ痛ぇって暮らす。一方の爺さと婆さと長者になって仲よく、一生安楽に暮らしてあったと。

いっちごさっけ申した、鍋ん下ガラガラ。

40　樫の木の話

ざっとむかしあったと。

あるところに、いい若い衆の、仲のいい兄弟があったたって。仲のいいども、二人とも仕事嫌いで何にもしね。天気がよくても、家の中でゴロン〳〵としているのが好きで。ほして、毎日飯《まんま》炊いたり、食ったりしているうちに、焚《た》き物《もん》が絶えてしまったんだ。アニ（兄）がオジ（弟）に、

「オジ、オジ。焚き物が絶えて、大事《おおごと》っだが。汝《な》、山へ行って、焚《た》き物《もの》伐ってきてくれや」。オジだんだオジは、

「よしきた」。そやて、でっこいノコギリ担《かつ》いで、山の方へ、テクテク〳〵〳〵、山へ登って行ったら、いくらか平《たいら》みていなところへ、でっこい樫の木が枝をポラーと広げて、いい木があるんだんが、〈これを伐れば、焚き物がいっぺいあるんが、これを伐ろうかな〉と思って、そこへ腰かけて休んで。そして、でっこいノコギリを樫の木の本へ伐ろうと思って、押っつけたら、

「まあまあ、オジ、待ってくれ〳〵」。樫の木が言うんだって。

「なんした？」

「汝《なあ》、おれを伐って何するが」

「おら、焚き物が絶えたんだんが、これを伐れば、焚き物がいっぱいあると思って、焚き物にしようと思って伐るがだ」。言ったら樫の木が、

「まあ伐らんでくれ。焚き物《もん》だら、汝《な》、家《うち》へ戻るまでに、家の前へいっぺい、焚き物を運んでおくから。おれを伐らんでくれ」

「よしきた。焚き物もらえば、すっかんこと（そのようなこと）ありがたいんだんが」伐らんで、でっこいノコギリ担いで、またテクテク〳〵って、家の前へ戻った。ほんとにいい焚き物が、いっぱいあったけど。そしたら、

「アニ、アニ。ほら焚き物、豪毅《ごうぎ》にいっぺいあるや」

「おお、それじゃ、汝、雨の降らんうち、早く家の中へ運び込もう」。二人して、その焚き物を家の中に運びこんで積んで、

「ああ、よかったね。豪毅《ごうぎ》にいい焚き物もらって。楽々燃さしていいあんべいだ」。なんてって、また仕事しねで、ゴロン〳〵として。焚き物燃して、飯《まんま》炊いたり、お汁《つゆ》煮たりして、食ったりしているうちに。こった、いっそ稼がねんだ。銭がねば買われんもしねし、米が絶えた。アニがオジに、

「オジ、オジ。汝《な》、樫の木から、その薪もらったっけ。汝、言うことだい（言うことは）聞くみたいだが、樫の木のとこへ行って、こった米もらってこい」

「よしきた」。オジはまた、でっこいノコギリ担いで、テクテク〳〵と山へ登って。また樫の木のとこで一休

みして、休んでだんだ。そして、そのでっこいノコギリで、樫の木の本へノコギリをつけて、

「オジ、オジ。待ってくれ〳〵。まあ、伐らんでくれ。こった何が欲しい」

「こったな、稼がねで、米が絶えてしまって、飯《まんま》食わいね。こった米が欲しい」

「おれ、伐らんでくれれば、また家の中に、汝が戻る前に、いっぺい運んでおくから。おれ、伐らんでくれ」

「よしきた。ありがたい〳〵」。オジはそれでまた、でっこいノコギリ担いで、家へテクテク〳〵って戻ってみて、座敷見たら、ほんとに米俵《こめだわら》がいっぱい積んであった。

「まあ、ありがたい〳〵」。また、飯炊いて食って。ほしているうちに、こっと銭、稼がねんだんが、銭いっそ無くなって。飯炊いて食われんども、おかずも無《ね》し、野菜も無し、お勝手がなんにも無《ね》。こったの、

「汝《なあ》、言うことだら、樫の木聞くんだんが、こった銭もらってこい」

「よしきた」って、また、ノコギリ担いで、テクテク〳〵って山へ行って。また一休みして、樫の木の本へ、またでっこいノコギリ当て、

「まあ、待ってくれ。オジ、待ってくれ。こった何だ」

「こったな、いっそ稼がねんだんが、米もらって飯炊かれるども、こったおかず買う銭が、いってい無《ね》。そんこった、銭くれ」って申した。

「よしよし、銭ならいくらでもくれん。汝が戻る前に、いっぺ運んでおく」

「ああ、ありがたい〳〵」。オジはまた、でっこいノコギリ担いで、テクテク〳〵と、家《うち》へって戻って、そして座敷見たら、ほんとに銭がいっぱい積まってあった。

「まあ、よかった〳〵。こったぁ、おかずも買われるし、野菜も買われるし。よかった〳〵」って、二人喜んで。

ほしてこったあ、米がいっぺいあって、焚き物がいっぺいあって、銭もいっぺいもらった。こったあ、泥棒に入られて、泥棒に盗られるば大事《おおごと》だって。泥棒がおっ怖《かな》くなって、こんた、

「泥棒に入らんように（入られないように）してもらってこい」って。

「よしきた」。そしてまた、ノコギリ担いで、山の方へ、テクテク〳〵〳〵行って。樫の木のとこへ行って、一休みして。また、でっこいノコギリを樫の木の本へ当てると、

「まあまあ、待ってくれ〳〵。こった何が欲しい」

「こったな、銭もいっぺいもらったり、焚き物などいっぺいもらったり、米いっぺいもらったりして、いっぺいもらった。こったいっぺいもらっちゃっていいども、泥棒がおっ怖《かな》くなり、泥棒に入られては大事だ。泥棒に入らねようにしてもらいて」。そう言った。

「よしきた。泥棒に入らんようにするに、何の雑作《ぞうさ》もね。泥棒に入らんようにしてやるから、家へ行ってみれ」。

オジはまた、ノコギリ担いで、テクテク〳〵〳〵家へ戻ってみたら、アニがでっこい真っ黒な熊になって、家ん中ノシン〳〵と歩いていた。〈ああ、アニがこっけんなったかな〉って思っているうちに、オジも熊になって、でっこい熊がノシン〳〵、二頭して歩いて。こっけんなれば、泥棒も盗られんねえ。村の人は誰も寄りつく人もなくなったと。

いっちごさっけ申した、鍋ん下ガラガラ。

41 極楽を見た婆さ

ざっとむかしあったと。

あるところに、親婆《おやば》さと倅《せがれ》と二人して住んで、きれいに暮らしている家《うち》があったと。そのうちに、倅がだんだん年取って、嫁もらってもいいがん年になって、嫁もらって。嫁もいい嫁で、お母さん〳〵って、三人仲良く暮らして。

したども、嫁が慣れるにしたがって、そこの家《うち》に慣れてくると、婆さが邪魔《じゃま》なって、婆さがいらんようになって、いない方がいいようなって。ほして、てめえの旦那に、

「おら、あの婆さいねたっていいし、いね方がいい。どうかしてもらわんねんだか」と。

「ああ、そんなばか言ってくれんな。おれたった一人の、大事《だいじ》な〳〵親だがに。あんまバカ言ってくれんな。大事に大事にしてくれ」。そん時、しょうがねんだんが、嫁も黙って。また、四、五日たつと、

「おら、あの婆さま、嫌になって、大事《おおごと》だが。どうかしてもらわんねえろか」

「あんまりバカ言ってくれんな。おれには大事な大事な、たった一人の親だがんに、大事に大事にしてくれ」。そう言われ、嫁が何も言うことね。また四、五日経つと、

「あの婆さま、嫌で、どうかしてもらわんやろか」

「あんまりバカ言ってくれんな。たった一人の親だがんに、大事に大事にしてくれ」。そう言うと、嫁が、

「いくら頼んでも、駄目だんじゃ。おれ、実家に戻してもらう」って。そう言ったら、そう言われて何も言うこともない。また、

「それじゃ、実家に戻らしてもらう」。そう言ったら、倅も嫁に実家に戻られても、これも困る。

「それじゃ、婆さどうすればいい」

「どうするって、あの人は極楽が見たい、極楽が見たいと、いつも言ってるから、今日は天気がいいんだんが、極楽見に行ってこようじゃないかって、連れだして」

「したども、年寄りだんが、どこまでも歩けねが、そこどうする？」

「それは、おれ考えていた。向こうに道普請《みちぶしん》があって、あっこで畚《もっこ》使っているんだが、あっこから畚借りてきて。そして婆さ畚乗《の》して、おら二人して担いでいって、山の方へ連れてって、そういうことやんな。借りてこい」。

そして畚借りてきて、畚きれいにして。そして、婆さに、

「婆さ婆さ。今日は天気もいいし、おまえは極楽見たい、極楽見たい、っていつも言っていた人だから、今日は天気もいいし、極楽見に行こうじゃないか」。そう言ったら、

「そうだども。おら、そこまでも行かんねいや」

「そら心配ない。おまえ、これに乗れば、二人して担いで行くから、歩くことない」。そして、婆さ騙《だま》かして、畚に乗せて、二人して担いで行って。いかな（適当な）とこへ行くと、

「婆さ婆さ。極楽見えたかい」。嫁が言う。

「まだ、いっそ極楽見えね」

「そうだかい」。そしてまた、少したつと、

「婆さ婆さ。極楽見えたかい」

「見えねや」。そして、だんだん山の方へ連れてって、かなり山の上へ上がって。そこで、婆さ降ろして、みんなで休んで。その山の下の方、川の縁《ふち》になって、そこへ婆さを突き落とそうと、嫁の考えで。そして、そこへひとしきり休んで、〈まあ、親孝行な子どももねんだ。極楽見に行こうって。極楽まだ見えねども、そげんとこへ行って休んで、楽しんでいた。いい子どもだ〉と思って、婆さは喜んで。ひとしきり休むと、嫁が後ろへ回って、婆さドツーンと突いたら、ゴロゴロ〳〵って、その淵の中へ、嫁が婆さを落とすつもりであったども、淵の中へ行かれねうちに、山にダックリ（窪み）があって、そのダックリのとこに、婆さがつかえたってな、下へ落ちねで。〈ああ、いい子どもだと思ったが、こげんことするつもりであったかしら〉と婆さは、そこで考えて。〈こげんことするつもりであったら、いってい（ぜったい）ここで死んじゃならん。なんとかして、峰まで上がらんばならね〉。子どもは、婆さ突き落としたと思って、喜んで戻った。


そして、婆さは、〈いっていここで死んじゃならん〉と思って、そこら見たら、そんま（すぐに）手の届くようなところに、藤蔓《ふじつる》があって、その藤蔓引っぱって、それにとっつかまって、上へ上がった。上に上がったたって、よくない場所なんだんが、あっこへつっかえ、石につっかえ、切り株とにつっかえて、つっかえれば転ぶ。転べば傷がつく、傷がつけば血が出る。そのうちに血が出たところにゴミがつく、ゴミがついて、枯葉がつき、土《べと》が、青い葉っぱがつく。〈峰までどうにかして上がらんばならん〉と思って、婆さ一生懸命で、あれにつかまり、これにつかまりして、上へ上がる気になってるども。また、つっかえちゃ傷がつき、また傷がつけば血が出る。そ

こへゴミがつく。木の葉がつく、青葉がつく。

ほして、転んだり傷ついたりして、やっと峰まで上がった。〈ああ、よかった〳〵。この峰に上がれば、家《うち》の方の道に出られるんだんが、この峰を真っ直ぐに出てみよう〉と、そう思って。婆さ一生懸命で、藪の中こざいて（掻き分けて）、やっとんのこと歩いて、道の方に出ねばならんと思って、やっと歩いていったら、向こうの方へいれい（たいそうな）火だども、チカッチカッって火が見える。〈ああ、あの火のとこまで行けば、しめたんだんが、あの火のとこへ行こう〉。そう思って、婆さ火を目がけて行った。ほしたら、たったいま風が吹けば飛ぶような、ぼっ壊《こわ》れた障子があるども、紙が一枚貼らってね、ぼっ壊《こわ》れ家《や》のとこへ出たと。その中を覗くも、なに要《い》らね、障子なんにもねんだんが。そん中見たら、中にテーブルみたいなものがあって、そこへご馳走《つつお》いっぱい並べて、そして、その回り、所どころ一升徳利置いて、ほしてご馳走食ったり、酒飲んだりしている。その衆の人相が、悪い人相なんてもんが、満足の人相ではない、悪い人相だ。〈こらまあ、泥棒じゃあるまいか。酒飲んでご馳走《つつお》食ってるし、そして人相は悪いし〉と思って見ていたら、風が吹きもしねで、どうしたやら、ぼっ壊《こわ》れた障子に婆さぶつかって、その人相の悪い、泥棒だがと思うその真ん中へバサーンと飛び込んだってな、障子と一緒に。そしたら、人間のようでなんね、あっこから血が出た、こっちから血が出て、ゴミがついて人間らしくねえが、なんか飛び込んできたら、泥棒だんだんが、悪いことしてるだん、

「ほら、何か出たんが、逃げろ」ってやって。ご馳走《つつお》もかまわんで、風呂敷そこへとっ散らかして、ほしみんな逃げてしまった。婆さ、そこら見たら風呂敷いっぺいある、なんかそこへいっぺある。〈ああ、泥棒であったなあ〉と思って、婆さ、二飯《にはん》（二食）も食わねんだんが、腹が減って〳〵、どうしようもねとこに、ご馳走《つつお》いっぺ

い並べてあるんだんが。美味《うま》げんもんから拾って食って、〈ああ、美味《うめ》ぇ〳〵〉と思って喜んで、腹いっぺい食って。辺り見たら、あの衆戻って来やしねし、風呂敷はあっちこっち散らかってし。そして辺り見たら、銭がいっぺいつまってあるし、その他《ほか》にきれいなんがいっぱいつまっているんだんが。〈ああ、これは泥棒だ。泥棒がこうして分けていこうとやって、風呂敷持ってきたんが、これはよかった〉と思って。婆さご馳走いっぱい食って、腹いっぺいになったし、元気が出て、風呂敷の中の一番強いんな、広いんが敷いて、銭をそこへみんな入れて。ほして、見たら宝物が、きれいなもんがいっぺいあるんだんが、またそれを風呂敷の中に入れて、とても婆さ背負《しょ》ってなんど出られんしねども、婆さも気が張ってるんだんが、〈家へこれ持っていこう〉と思って、背負ってどうにか立ったんだんが、その荷物背負って。

そしてまた、峰伝いにずっと出たら、明るくなる頃になったら、道に出たんだ。〈ああ、これはよかった〉と。道を家の方へ向かって、いかにも重たい荷物背負って、やっとんのこって家の前へ出た。〈おら子ども、なじょしてる〉、子どもの様子、戸の隙間から見ると、二人が火を燃して、そこへ当たっている。〈子どもを魂《たま》がしちゃ（驚かしちゃ）ならん〉って。そしてかなり明るくなったんだが、いつも戸を開けるように、スルスルと戸を開けて。さあ、二人はたまげた〳〵。〈婆さ、淵の中へ落ちた〉と思っていたら、荷物背負ってたんだんが、二人がたまげた〳〵。ほしたら、婆さ、

「ねらねら（おまえたち）。おらな、夕べな極楽行ってあったや。極楽いいとこで、ほして今朝、おらが早く戻るって言ったら、極楽の人がな、土産に呉れた。これまあ見てくれ」。荷物を開けて見せて、

「これ、極楽の衆が土産に呉れたいや」。そしたら嫁がたまげて、〈淵の中へ落ちて、死んだろ〉と思ったから、

極楽から土産なん貰って、しゃあしゃあと来たんだんが、嫁たまげて。ほしたら、その銭や宝物がけなりく（うらやましく）なって。嫁、こっと（今度）旦那に向かって、

「おめも極楽行って、土産貰ってこい」。亭主、

「おら嫌だや、嫌だと〳〵」

「いいかこと、婆さ一人で行って、これくらい貰ってきた。二人して、このくらい貰ってこよう。極楽行って土産貰おう」。嫌がる旦那をけしかけて、矢理無理引っぱり出して。

　ほして、婆さ連れていった山へ向かって、二人行った。かなり明るくなって昼間になる。ほして、婆さ突き落としたとこまで行って、二人が休んで。ほして、

「おらここから二人が飛び込もう。婆さ、ここ落ちて極楽に行って、あんな土産貰って来たんだ。おら、淵の中へ飛び込もう」って。そうやって旦那を矢理無理引っぱって、二人が一緒に淵の中へドボーンと飛び込んだ。ほんとに二人が淵へ飛び込んだんだ。それから、村の衆も辺りの衆も、だれも二人を見ねでしまったと。二人が淵へ飛び込んだっきり、誰も姿を見ない。

　いっちごさっけ申した、鍋ん下ガラガラ。

42　姥捨山（一）

ざっとむかしあったと。

あるところに、倅《せがれ》と婆さと住んでた家《うち》があった。そしたら、春ほんとに雨降らんで天気がよくて、百姓衆は種が蒔《ま》きたくても蒔かんね。照ってばっかりで、梅雨気《つゆけ》がいっそねんだんが。どうしようもなくているうちに、こった降り出したらグシャグシャ〳〵。そして、初めはみんな喜んで、種蒔きしたら、ほうしたら降り出して、植えたんがみんな雨に叩かれて、みんな駄目になる。そして、雨が長く降っているうちに、あんま雨が降ってぃる時蒔いたって、駄目なんだ。蒔かんねうちに、夏になってしまって。遅くなってから、なんか蒔いたって駄目だども、蒔かんでいられねんで、百姓としていられねんだ。百姓蒔いてみたって、米が一粒、野菜がいって（いっこう）穫れね。何にも穫れね。〈ああ大事だ〉、殿様が、

「これはみんな困窮になって、人民を殺してしまっちゃならんねが。どうせ年寄り死ぬばった（だけだ）が、年寄りを、七十以上の年寄りを、それで口数が少なくなれば、なんとか生きる人も生きるんだが。七十《しちじゅう》の年寄りを山に捨ててしまえ。口がちょっと少なくなって、楽になるがと。七十以上の年寄りみんな山へ捨てれ」。そういうお触れ出して、みんなが婆さ山へ置いてきて。食いもんもねがったし、居る所もねがったんが、置いてこいなんて、無理な話だと思うども、殿様の言うことだんだんが、しょうがね。みんなが婆さや爺さを背負《おぶ》って、山へ行って捨ててきたって。

そして、息子と婆さと住んでた家《うち》の倅《せがれ》も、婆さ連れて、山へ連れていかないわけにいがんねんだ。山へ連れ

ていった。婆さ背負って山へ行った。そして、行きしまに、婆さ木の枝をチョッとうち投げて、いかのとこへ（しばらく）行くと木の枝をチョッと折っちゃ投げして、行ったと。〈婆さ、何するやら〉と倅は思って。そして、山へ連れて行った。〈おら、とてもこの婆さ、この山の中に置いて行がんね。冬になれば寒くなる。いまだって夜になれば、寒くなるし、食いもん何一つもないし、寝るところもないし。おらこの婆さ、とても置いて行がんね。でも、昼間には連れて行がんねだ。晩方になって、連れて行こう〉とそう思って、婆さと二人して山へ行って。そして、暗くなりそうになったんだんが、

「婆さ婆さ。おらとてもおまえをここへ置いて行かんねが。おれ、戻ってくる。背負《ぶ》ってまた戻るから」

「あれ、あんまりバッカ言ってくれんな。おら、何とかするつもりで来たし、しられるから（できるから）。いっそ心配しねで、汝《な》、家へ戻ってくれ」

「おら、いくらおまえにそう言われても。おまえを置いて、戻ることはできね」

「あんまバカ言ってくれんな。汝《な》が戻りしまに、道がわからんくなれば大事《おおごと》だと思って。おれ、それを心配して、ここへ来るしまに木の枝を折って、所々《ところどころ》に道しるべに置いてきた。汝、それを目当てにして、家《うち》へ戻ってくれ」

「それを聞けば、しかんこと（なおさらのこと）おめを置いていがんね」。そう言って、いってい聞かんで倅は、婆さん無理矢理背負って、そして家へ戻って。どうも家へ囲んで置かんねんだんが、山の方へ横穴を、そこん衆掘ってあったって。

「おめをおら、横穴の中へ隠れててもらおうと思って、背負《おぶ》って戻ってあったが。あっこへ悪《わり》いども、あっこへ

隠れてくらっしゃい」。そして飯を持ったり、夜具を持ったりして、横穴へ婆さ連れていって、そこへ隠して。そして、飯《まんま》サッサカ〳〵運んで、婆さに食わして。

ほしているうちに、こった殿様から、

「灰《あぐ》で縄なって、それを持ってこい」って触れが出た。〈灰《あく》で縄なえなんて言ったたって、あっけ、ボソボソとした灰で、何なえる。おらまあ、どうしようもねが、人どうするか。おら婆さに行って、聞いてこようかな。婆さなんでも知ってるから〉って思って。横穴に行って、婆さに、

「殿様から、灰《あく》で縄なってこいなんて、触れが出てたんが、どうしたらよかろうな」

「そっけんこと、簡単なこってや。汝、藁よく叩いて、硬く縄なって。その縄の間へ塩をいっぱい塗《ぬ》いつけて、縄の端《はじ》へ火をつけて、そうすっと縄がだんだん燃えていく。燃えていくども、燃えたが崩れね。塩塗《ぬ》りつけたんが、崩れねで縄がそこに残るから。縄に火つけて、その縄燃えるようにしてみれ。それで、いい縄あんで、灰《あぐ》で縄なったのができるから」。そうやって、婆さ教えただんが。そして、よく藁叩《はた》いて、固い縄なって、縄の回り塩塗りつけて、縄の端へ火つけると、それで待っていると、だんだんと燃えて、塩塗りつけてたんだんが、縄が崩れね。そして、灰《あく》で縄なったような縄ができた。そして、それを殿様の所へ持って。それ殿様見たら、ほんとに灰で縄なった。いい縄持ってきたんがたまげて、

「おまえ、どうやってこの縄なったかしらんども、いい一番だ。そして、いっぺい褒美くれるから」

「おら、殿様にお願いがあります。褒美より、おら願いごとがある。褒美はいらんねから、おれが願いを聞いてくれんね」

「ああ、おまえ願いは何でもいいから、言ってみれ」

「おら、この前、爺さ婆さ、山に置いてこいって。殿様の言うこと聞かねば悪かったども、おらとても、婆さ山に置いてこらんねで。婆さ、横穴へ隠して、連れてきて隠していたが。それを許してもらって、婆さを家へ連れてきてこられるように、してもらいてえ」と言って願った。

「ああ、それはいいことをしてくれた。おれまあ、後になって、悪《わり》い触れを出してあった。年寄りがみんな山へ行って死んでしまったらって、大事《おおごと》かいた。おれも、その触れのことは悔やんでいたがったが、おまえはいいことしてくれた。すかん（そうした）ことに褒美いっぺいくれんが」。そして、殿様褒美いっぺいくれたり、婆さを匿《かくま》わんでも、家へ連れてこられるように許可したりして、褒美いっぺいくれたって。そして、倅がその褒美貰って家へ来て、

「婆さ婆さ、殿様から許してもらったから、家へ来て住んでくりゃれ」。婆さ喜んで、家へ来てみたら、豪毅《ごうぎ》に褒美もらったり、婆さを家へ置くことを許してもらったりしたんだんが。二人が喜んで、仲よく一生安楽に暮らしてあったと。

いっちごさっけ申した、鍋ん下ガラガラ。

43　お杉とお玉

ざっと昔あったと。

あるとこへ、いい家があって、嫁もらって、ほして女の子が生まれた。それを、お杉って名前で。ほして、お杉がまだ小さいうちに、その母親が病気になって、死んでしまった。そして、旦那、〈ああ、この小さい子を置いて死なれてしまって、こんな小さいんが、おれが、どうもならんねが。後《あと》（後妻）もらわんばならんと〉思って。後もらって、子どももできないし、仲よく暮らしていたども、またその後家が、女の子を産んだ。ほうするとこった、てめで産んだ子は、お玉って名前にして。お玉、お玉って、お玉がめごくて（かわいくて）、お杉が憎くくてどうしょうもねども。子ども、だんだんでっこくなって、大人になる。ほして、お杉が憎くてどうすることもできね。

そのうち、旦那が用事があって、江戸へ行ってこねばならんね用事ができて、江戸へ行くことになって、ほして、だんな江戸の方へ旅立っていった。ほして、お杉とお玉、大人になっていた。〈このまに、お杉なんとかしねばなね〉、と思って。旦那が江戸へ出た後で、奉公人に、

「ねら（おまえ）の、このお杉を山の中へ、いってい（絶対に）戻らんねほどの遠くの山へ行って、置いてきてくれ。いってい戻らんようにしてくれ」って、そう主人に言われがったんだんが、いっていしたくねども、しょうがね。お杉を駕籠《かご》に乗して出かける。そのとき、出かけねうちに、お玉がでっこい袋の中へ、米の糠《ぬか》をいっぱい詰めて、それをお杉のとこへやって、

「汝《な》、戻るに道がわかんなくなれば悪《わり》いから、この糠を所々《ところどころ》にまいて行きな。道しるべになるから」。そうやって、でっこい袋の中に、糠を入れてくれた。それで、お杉、その糠を所々まいて。ほして、若い衆、山の奥の方へ連れていって、そこへお杉を降ろして、そして駕籠持って家へ戻ってきた。そしてお杉は、そこへまあ、一晩泊まって。そして、糠まいてきたんだ、道はわかる。するだんが手間取って、どうにか家へ戻ってきた。あ～あ、継母《ままはは》、お杉もどって来ねものと思って喜んでいたが、お杉戻ってきた。〈ああ、憎くて憎くて、もとより憎くなった。憎くてどうしようもない〉。お玉、いい子だんだんが、お杉に相談して、

「お杉お杉、おら母《かっか》、悪《わり》い人で、こっけいお杉憎んで大事《おおご》ったんが、二人で家出をしようじゃないか」。相談できて、お杉とお玉、家こっそりと、後家にわからんよに、家飛び出した。

二人がどこぞって行くとこもねんだんが、まあどこへ行ったらよかろがと、ドンドン〳〵と旅続けていった。ほしたらいいでっこい家の前へ出た。

「こっけんとこへ、おら二人が使ってもらいてんが、家入って願ってみようか」。そう言って、そこの家行ったら、奥さんがたった一人あるばっかりの家だけど、

「ああ、なんじょも〳〵（どうぞどうぞ）。おれたった一人いるところだったんが、なんじょうもおら家へいてくれ」って。そして、奥さんが気持ちよく、お杉お玉、使ってくれる。ほして、

「お杉、お玉」って。てめえに子どもないて言うし、みじょうがって（可愛いがって）大事にして使ってくれる。

そして、お杉お玉喜んで、そこで一生懸命働いて。

ほして、どのくらい経ったか、いいかげん経ってから、旦那が家へ戻ってきた。ほして、お杉お玉がいね、

「どうなった。お杉お玉がいねが、これは大事《おおご》ったいが。いっか（いくら）経っても戻ってこねが、どうなったろ」って、嬶《かっか》に聞くども、嬶わからん。そして、あんまし切なくなって、旦那あんま泣いたら、目が飛び出てしまって見えねたって。〈ああ、こうなってしまっちゃ、どうしようもね。お杉お玉を捜すこともできないし、どうしたらよかろ〉と思って考えて。〈なにしろお杉お玉を捜すんでねばならんね。目見えなくなったどもしょうがね。捜しに出てこよう〉と思って。カンカンカンって鉦《かね》叩きしまに、

〽お杉とお玉がいたならば、どうしてこの鉦たたこうば　カンカンカンカンカン

って叩きしまに、どこへ行ったらわからねんだんが鉦叩いて。ほして、

〽お杉とお玉がいたならば、どうしてこの鉦たたこうば　カンカンカン

と、方々《ほうぼう》へ捜し行ったども、〈どこへ行っても、お杉お玉いてくんね。どうしたかな〉と思って。だんだんと捜し捜し行ったら、ちょうどお杉お玉がいる家の前へ行って、

〽お杉とお玉がいたならば、どうしてこの鉦たたこうば　カンカンカン

と鉦叩いていたら、奥さまちょうど玄関に出て、その音聞いて、

「なあ、お杉お玉、出てみれや。おもしぇ人が来たから」って。そう言うんで、なんだやらと思って、お杉お玉出てみたら、

「まあ、おら父《とうと》だいや。おら、父《とうと》が鉦叩いて、ここん家《うち》へ来たい」、なんて聞いていたら、

〽お杉とお玉がいたならば、どうしてこの鉦たたこうば　カンカンカン

って鉦叩いているんだ。二人はたまげて〳〵。喜んで〳〵。

「お杉お玉、ここにいたじ」って、でっこい音出したら、父《とっと》もお杉お玉の声聞いたんだんが、あんまり嬉しくて、目がポカアンと明いてしまい。ほして、お杉お玉も喜び、父も喜びして、

「さあ、家へ入って休んでくらっしゃい」。奥さまは、父親もお杉お玉も家へ入れて、もてなして。

「ああ、よかった〳〵。お父さんに行き逢って、よかった〳〵」って、奥さんもてなして。お杉お玉は父《とっと》にくっついて、家へ戻る。ほして、悪《わり》い母《かっか》であったども、あんまり父が切ながって、お杉お玉捜して出て、見《め》っけてきたんだんが。後家嬶《かか》も、それから心改めていい人になって、みんなが仲よく暮らしてあったと。

いっちごさっけ申した、鍋ん下ガラガラ。

44 弥三郎婆さ

ざっと昔あったと。

あるとこへ、なんにも財産もない、仲のいい夫婦があって、それに倅《せがれ》が一人あった。倅、子どもであった。

ほして、なんにも田も畑もねんだんが、何するってこともねんだんが、天気のいい時はいつも鉄砲担《かつ》いで山へ入って、猟をして暮らして。ほして、倅と母《かっか》は、ちいっと自家用につくる畑がちっとあるんだんが、その畑をきれいにして、きれいな野菜を作って自家用に。

そして、山へ入るだんが、晩方いつでも早くあがるんだが、天気のいい日入るだんが、早く夕飯したり、風呂

立ったりして、弥三郎待って、毎日その繰り返して。母《かっか》と倅は畑をきれいにして、いい野菜作って。ほして、早く夕飯して、風呂立って待ってる。ほうすっと弥三郎、早く戻ってくる。毎日、その繰り返しで、天気がよければ、その日の繰り返しで、あったども。

あるとき、いつもん通り、畑の手入れしてきて、早く夕飯して風呂立って待っているも、いつも早く待ってるんが、その日いくら待っても戻ってこんねで。暗くなったども、まだ戻ってこね。〈あ～あ、どうしたろ。こげんことはなかった〉と思って、待つ待つして、夜中まで待ったども、まだ戻ってこね。〈ああ、大事《おおご》った〉と思ったども、どうすることもない。山なんだんだ、どっち行ったやらわからん。捜し出られん。そして、〈朝げ、早くに戻ってくれるかな〉と思って。しょうがねんだ、夜中になって、夕飯食って寝て。朝げまた早く起きて、朝飯作って待っているども、またいつまで経っても戻ってきてくれね。お昼になっても戻ってこね。その繰り返しをして、しまいにしょうがねえんだ。あきらめて、倅と二人して野菜作りしてでもいいと思って、野菜作りしてあきらめて。そして、きれいな生活をして、そして、仲よく暮らしていたと。

ほして、倅もだんだん大人になって、仲よくきれいな生活しているんだんが、人が嫁の仲人してくれて、いい嫁もらって。嫁もらったら賑やかになって、よかったと思って喜んで。ほして弥三郎、代々弥三郎を継いでいたんだ。また、弥三郎になって、その人だって、何の財産もないし、どうしようもねえんだ。また、鉄砲担いで。嫁貰ったども、鉄砲担いで、天気いいば猟に出かける。それより仕事が無《ね》。何かしねば暮らしていらんね。そして、嫁と婆さ、こった畑の手入れして、仲よくみんなが、賑やかに暮らしていた。

ほして、何年か経つうちに、子どもが生まれて、女ん子が生まれて。まあって、子どもめごくて（かわいくて）

〱賑やかで、みんなが喜んで。ほして、弥三郎、いつも早く戻って来るが、早く夕飯して、風呂炊いて待っているども、戻って来ない。〈どうしたらよいかと思っているども、夜中になっても戻って来ね。ああ、困ったな〉と思ったども、朝げに早く戻ってくれるかと思って、夕飯食って寝て。朝げ早く起きて、朝飯して待っているども、戻って来ね。お昼になっても戻らね。晩方になっても戻らね。どうしても、いつまで経っても戻って来ね。ほうしたら、あんまり心配して、嫁が病気になってしまって。嫁に、この子どもをおいて死なれちゃならんと思って、一生懸命看病して、大事にして看病したども、嫁の病気がだんだん重くなって、しまいには死んでしまった。婆さ、〈こらまた大変、この小《ちい》せい子ども置いて死なれてしまって、どうしよう〉と思って考えたども、もらい乳《ちち》、昔、何にもねがったんが、〈乳《ちち》のある人のところへ、もらい乳《ちち》するより仕方がない〉と思って。婆さあきらめて孫連れてもらい乳、もらい乳して歩いていた。初めのうちは、みんながいいよく、乳呉れたども、中に、あんまりいつも、いい人いねとこだってあるんだんが。婆さあんまり孫めごくて、ほっぺ押っつけしたり、頬《ほほ》舐めたりしているのを見て、あの婆さ、子ども舐めずったり、頬噛《かじ》ったりしてるのを見て、「あっけん婆さに、乳なんて呉られんね。おっかなくて」。なんて言う人が出てきて。ほしたら、そういう話は早く広まるんだ。村中広まって。ほして、子どもが腹減らして泣くの、いつも通り乳もらえればいいども、誰も乳呉れてくね。さあて大変、なんにも食《か》っしぇねかったんが、もらい乳して歩いて。ほして、もらい乳してでも、誰もだんだん呉《く》んなくなって、子どもは腹減らして泣く。婆さ、切なくて、子どもに頬ずりしたり、舐めたりして、めごがっているに、人はそれを子どもの頬、これは噛っているんだって、悪《わり》い話してしまって。誰も、乳呉れてくんね。婆さあっち行き、こっち行きするども、誰も呉れてくんね。赤子腹減らして泣く。赤子腹減らして、だんだん痩《や》せてしまって。乳貰わねんで、痩せ痩せして、死んでしまった。

婆さ切なくて、〈悔しくて〳〵、どうしようもねども、死んでしまったんだしょうがねども。この悔しい思いを、村衆に何かで仕返しすねばならん〉と思って、〈どうしてくれたらよかろ〉と思って。子どもが遊んでいれば、子どもいじめてみたり、村の衆が何したら困るかと思って、村で一番困ることしてみたり、暴れて悪い婆さになってしまって。あの婆さ、ほんとに鬼になったなんて言われて、悪い婆さになってしまって。

ほうすると、あの全国を回って、そういうような悪いような人や、不幸の続いているとこへ行って慰めたり、お経を上げたりして、全国回って歩く坊《ぼん》さまがあったって。その坊《ぼん》さまが隣り村で、弥三郎婆さの話聞いて、〈ああ、この人こそ助けてやらんばならん〉と思って。坊さまが村に来て話聞いたら、その話の通りだんだんが。婆さの家へ来て、〈婆さどうしているか。これを治して、救ってやらんばならねが〉と思って、覗いてみると、婆さ火も燃《も》さんで、たった一人、ボーとして、火の端《はた》へ座って。魂《たま》がさん（驚かさない）ように、そっと戸を開けて、

「今晩は。今夜ひと晩、泊めてもらいたい」。婆さ喜んで、〈坊さまだんだんが、仏壇にお経あげてもらわれるか〉と思って、喜んで〳〵、泊まって貰って。

ほうして、いろいろな話をして。飯《まんま》食って、風呂入っているうちに、

「仏壇にお経あげてもらいてが、お経が上げたいども、おれはわからねんだんが。いっそ上げね。切なくて大事《おおご》ったんだんが、お経上げてくらっしゃい」。ほして、そのほんとの坊さまだんだんが、仏壇の前に行って座って、ありがたいお経、一生懸命にお経上げて。婆さも喜んで。そのお経まだ覚えられもしねども、お参りして喜んで。

朝げになって、坊さま他所《よそ》行がんで、また、朝、お経を上げたり。そのお経の後で、婆さにいいお話して聴かしたり。ほしてまた、お経を上げたり、いいお話して聴かせたり。何十日も泊まって、婆さ慰めて。

ほして、婆さ、だんだん気持ち落ち着いてきて、だんだんよくなってくる。よくお経を上げるんだんが、婆さもだんだんお経を覚えてきて、お経を上げられるようになったし。ほして、いいお話聴かしてもらうんだんが、だんだん気持ちがよくなって。何十日も泊まって、そうして婆さも気持ちが落ち着いて、いい案配になったんだんが。

「婆さ婆さ、おまえに一番ありがたい名前を上げるから。その名前に恥じない行いを、これからはいい婆さになって、いい行いして、村のためになるなるように。おれがありがたい名前を呉れるから、いい婆さになってくれ」って。そう言って、妙多羅天《みょうたらてん》という名前、婆さにくれたって。ほして、「これはありがたい名前だから、この名前に恥じないような行いをして、村のためになってくれ」って。そう言って、坊さんまた次の国へ行って。

ほして婆さまも、いいお経上げたりして、村のためになろうと思って、子どもが遊んでいれば、子どもとおもしろげに遊んでやり、〈今日はあこの仏さまの命日だが、お経上げようかな〉と思って、行ってありがたいお経を上げ、そのあとでいいお話をして、家の衆に聴かせる。そして、どこへ行ってもいいこととして、子どもに遊んでやったりいい婆さになった。いい生涯送ってやったと。

いっちごさっけ申した、鍋ん下ガラガラ。

45 お杉とお玉（お銀小銀）（一）

　ざっとむかしあったと。

　あるところに、仲のいい夫婦があって。そのうちに、子どもが生まれて、女子《おんなこ》が生まれて。そして、お杉って名前つけて。そして、お杉、お杉ってめごがって、育ててるうちに、母《かっか》が病気になって。〈これは大変だ〉と思っているうちに、だんだん病気が重くなって、母親死んでしまった。〈さあ大変。子ども小さい子を置いて、死なれてしまえば、どうしようもね。後妻《あと》もらわんばならん〉と思って、また後妻《あと》もらって。そしてまた、女の子が生まれて、こっとお玉って名前つけて。そして、お杉お玉ってめごがっていたども。大人になるにしたがって、お杉が憎くなって、どうしようもね。うちん人（夫）に隠れて、お杉いじめたりして。

　そして、お杉お玉がでこく（大きく）なって、「ねらねら（おまえたち）、栗拾い、行ってこい」って。そして、お杉には、穴のあいた袋をやる。お玉には、いい袋やる。そして、お玉に、「ねらねら、お杉の後ろから行けば、栗がいっぺえあるから。お杉の後ろから行け」。そう言って、母《かっか》が二人を出した。お杉が拾った栗が、穴から落ちてしまうんだ。それをお玉が拾って。どっちも気がつかんで。お玉もお杉が落としたってこともわからんで。そして、お玉が袋いっぺいになって。いっぺえならんうち、戻るんなって言ったんだんが。お玉は、

「おら、いっぺえになったが」。そう言うんが、

「そら、お前戻れ。おら、いま一つ拾って行くだんが」って。そして、お玉戻って。お杉いくら拾ってもたまらんで。そのうち暗くなって、〈さあ、暗くなってしまったども、いつもいじめられているし。袋いっぺえにならんし、戻らんね〉っているうちに、暗くなって。〈どうしたらいいだろう〉と思っていたら、向こうの方へポカーン〱って、灯《ひ》が見える。〈なにしろ、あっこに火があるんが、誰かいたろが、あっこに行って泊めてもらおう〉と思って、行って、

「今晩は」と、戸を開けてみたら、女の人が一人いた。

「おらあの、栗拾いに来たども。栗がいっぺえ拾わねで、袋にたまらねで、暗くなってしまったが。今夜ひと晩、泊めてもらいて」

「ああ、なじょうに（どうぞ）泊まってくらっしゃい。おら一人で何にもいいものねども、なじょうに泊まってください」。そして、お杉そこに入って、泊めてもらって。そして、そんうちにしてもらったことないような、栗だの、アケビだの、リンゴだの、ハジカミ[1]だの、いろいろ秋の産物出して、

「みんな、何でも好きなもの食え」って、もてなしてくれて。

「こっけな、もてなしして貰ったことは、初めてだ」って喜んで。それを貰って食って。ほして、寝る時になったら、女の人が、

「おれが膝枕にして、寝れや」って。さらに膝枕にして、喜んで。いっぺえご馳走もらって食って、気持ちよく寝たって。そして、女の人が、お杉に、

「お前の袋は、穴があいてるんだが。それでたまらんかったから。おれがそれを、繕《つくろ》ってくれるから、出してみろ」って。出してみたら、ほんとにでっこい穴が開いて。その穴をつぎ（布きれ）つけて、繕ってくれて。そして、「おれがなあ、あんたにいい宝物くれっから。これ家へ持っていって、何でも欲しいもの言って、この箱開けてみると、汝《な》が欲しいんが出るから。これ大事に家へ持っていって」。そして、夢みたいに、半分寝たみたいな時に、こう言ってもらって、気持ちよく寝て。

そして、朝げになって、明るくなってみたら、いっそ家なんて無《ね》くて。切り株《かぶと》を枕にして寝てて。〈さあてな、どういったことやろ。あっけんして、膝枕さしてもらって寝たと思ったら〉と。そして辺り見たら、その宝の箱があってんがな。〈これがほんとに、あの人からもらってあったんが、ありがてえ〉と思って。何が欲しいかって言えば、栗がいっち欲しいんだんが、

「いい栗いっぱい出てくれ」ってそう言うと、ボロボロ〳〵って、栗がいっぱい、いい栗が出て。〈ああ、よかったよかった。ああこれで、家へ戻られる〉と思って。その袋の中に、いっぺえいい栗入れて、それ持って、そして家へ戻って。ほうすっと、戻らんかと思って。母《かか》、〈よかったよかった〉と思うところに、お杉が戻ってきて、

「なあ、どういうこって。お玉、昨日うちにあっけにいっぺえ栗拾ってきたが。おまえ、今までかかったが」って、またいじめるども、お杉何とも言わんで、その栗出して。毎日それでも、お杉もお玉も働いて。

そしているうちに、祭りになった。祭りになったら芝居がある。芝居があったって、お玉と母は、ご馳走《つつお》こしやって、いい着物着て。そしてお杉に、

「この石臼《いしす》でぜんぶ挽《ひ》いて粉にして、通して（篩《ふるい》に掛けて）。家《うち》うちきれいに掃除して。晩方、おらが来るまでに、

ご馳走《つつお》して、湯を沸かして、なしていな（しておけ）」。そう言って、仕事いっぺえ言いつけて。お杉、芝居見に行かんね（行かれない）。いっぱい仕事言いつけて。そうすっと、お杉の友だちが、

「お杉、芝居に行こうや」

「おら、行かんねや。仕事いっぱいあって、行がんねや」

「それを、おらなみんな、仕事手伝ってやるから、支度してこいや」って。友だち言うんだが、お杉喜んで。友だち石臼《いしす》挽いて、みに粉にして、篩《ふる》いに掛けて、きれいにしておいた。そして、お杉喜んで、その宝の箱からいい着物で、いい帯で、いい足袋で、いい下駄で、いっぱい宝の箱から出して、きれいになって二階から降りてきて。そして、友だちも喜んで、それまでにみんな掃除したり、石臼《いしす》挽いたり、風呂つぎこんだり、米研いだり、みんな友だちみんなしてくれて。

そして友だちと一緒に喜んで、お杉も芝居に行った。お杉も宝の箱からご馳走出したりして、それ持って友だちと行って。お玉がいたところに、ご馳走投げてくれる。

「あれ、お杉みていだども、お杉あっけいい着物持ってなんがったが、どういうこったやろ」と、お玉見て。

「お杉みていでね。お杉にはいっぺえ仕事言いつけてきた。芝居なんか来れね」って、母《かっか》そう言って。そして、芝居がまだ終わらんうちに、早くお杉気をもんで（慌《あわ》てて）、戻ってくる。そして、片方の下駄飛ばしてしまったと。でも、それ拾ってな、いらんね。気がもめて、早く家に戻らんば、拾っていらんねで、家に戻って。ほして、そのみんな、宝の箱に閉まって。ほして、汚《きた》ね面《つら》して、母とお玉、戻るんがの待って。

「どうした、仕事できたか」

「ああ、みんなできた。ご馳走もできたし、風呂もできたし、掃除もできたし、粉もできたし、あああみんなできたんで」なんて。

ほすと、その芝居、村でいちばんの旦那さまの家の若旦那が、お杉を見ててあったたって。お杉よけいにきれいで、品がよくて、いい娘だんで。それを若旦那が嫁に欲しくて。そしてその、下駄はんぺた（片方）拾ってあったって。そして、村いちばんの若旦那が、〈どうしてもあの娘が嫁に欲しい。貰いに行ってみよう〉って、貰いに行ったた。この下駄履いてた人が欲しかった。そうすっと、母が、村いちばんの旦那さんだんだんが、お玉くれたくて、

「この娘だか」って、お玉を出して。

「いや、これじゃねえと思うがの。下駄を飛ばして、拾わんで戻ったんがあって。その下駄拾ってきたんだんが、この下駄履いてみて、足にぴったし合う人を欲しかった」って。そして、お玉にその下駄履かしてみて、そすと足がでっこすぎて合わねんだんが。合うようにちっと切ったり、そっけんことまでして。そしてこった、お杉に履かしてみて、お杉履くと、ぴったりちょうどいい。

「ああ、この人だ。この人が欲しい」って、お杉が行くことになって。母《かっか》、お杉の支度何にもしてくんねども、宝の箱からあれもこれも出して、いい支度して、村いちばんのとこへ、お杉嫁に行ったと。いい嫁になって、一生そこで安楽に暮らしてあったたっと。

いっちごさっけ申した、鍋ん下ガラガラ

（1）ツクネイモのことか

46　化物退治

ざっとむかしあったと。

あるところへ、化物が出てどうしようもね、みんなが怖《おっかな》がってどうしようもね。屈強《くっきょう》の若い衆が退治に行くども、一人でも生きて戻ったのは無《ね》。そして、いい兄弟があって、アニ（兄）が、

「おれが行ってみようかな」って、アニがその化物退治に行ったと。そしたども、アニはもどって来ね。こっと、オジ（弟）が行かんばね。オジも鉄砲持って、化物退治に行った。そして、夜になると、向こうの方に、家みたいな小屋があって、そこへきれいな姉《あね》さが苧桶《おおけ》（糸を入れる桶）って、ガバ糸(1)を入れる苧桶があって。そこへガバ糸取って、ためてんの。ガバ糸取りにいて、きれいな姉さがいて。オジはそれを見て、〈はあて、どうしてくれたらよかべ〉と思って考えみたら、〈昔の人は化物は本人より付属物にしてから、品物にためて（狙いをつけて）鉄砲撃てって。そういうこと言ったんで、桶に鉄砲撃《ぶ》ってみようかな〉と思って、桶にためてドーンと鉄砲撃ったら、それに当たってキャーとでっこい音出したけ。そのきれいな姉さどこへ行ったやら、どこかへ行ってしもったたってがんな。桶に当たったんか。それで、ほんとに昔の人が言うように、付属物に当たったのがいいがって。まあ、あの姉さどこへ行ったと思ったが、暗いうちはどうしようもねんだんが、明るくなってからそこへ行って見たら、ボーと血を流して、血を点々と流しながら、下の林の中へ入った跡があるんだんが。そこへ血を追っかけてみたら、でっこいムジナが死んでたと。やっぱしその人は、桶ためたら、本人に当たったたって。そこで、化物退治できてよかったたって。

いっちごさっけ申した、鍋ん下ガラガラ。

（1）木綿の太い縫い糸のことか

47 おタバの話

ざっとむかしあったと。

ある村の若旦那が道を歩いていたら、「一目《ひとめ》千両」って、立札が立っていたって。〈一目千両ってなんだろう。たいしたことだんが、なんだろう〉と思って考えて。家の蔵《くら》へ行って、千両箱一つ横抱きに持ってきて、

「一目千両、見せてください」って。そしたら、

「ハアーイ」って。そして、静かに衣擦《きぬず》れの音をさして、静かに歩いてくるような音がした。ほしてみると、どっけん（どんな）ものが出てくるんが見ていたら、ほんとにこの世のものとも思われないほどの、きれいな女の人が静々《しずしず》と出てきて、若旦那の前へきて、ちょこっと頭を下げて。また、静々と奥へ入っていった。それ一目千両。千両箱一つ持って行って、女の人、スル〳〵〳〵と、あんまりきれいな人で、〈もう一目見ていな〉と思って。

次の日また、蔵から千両箱横抱きにして、

「一目見せてください」って。

「ハアーイ」って。スル〳〵〳〵って衣擦れの音させて静かに、まあこの世の人と思われない、きれいな人が若

旦那の前へ出てきて、ちょこっと頭一つ下げて。またスル〳〵っと奥へ入っていって。〈ああ、きれいだな〉と思って見て。そして、また次の日も見たくて、蔵へ行って、千両箱一つ横抱きにして、

「一目見せてください」

「ハアーイ」。またそのきれいな人が、静々と出てきた。若旦那の前へ来て、ちょこっと頭を下げて、奥へ入っていく。〈ああ、きれいだなあ〉と思って見る。また次の日も、その千両箱一つ横抱きにして、

「一目見せてください」

「ハアーイ」。またその女の人が出てきて、頭ちょこんと頭を下げて、若旦那に、

「いくらお金があったとして、毎日《めえにち》千両箱一つずつ、おれがために持ってきてもらって。ほんとに大変だから、おれと同じ姿形《すがたかたち》描いてやるんだんが、それを見ておれだと思って見てもらえば。毎日千両箱もらったって大事《おおごと》だから」と奥へ入って、扇子一本持ってきて、

「この中に、おれと同じ絵が描いてあるから。これをおれだと思って、見てもらいてえ」と言って、扇子持ってきたんが。その扇子もらって家で見たら、ほんとに小さいだけで、生き写しだってがんな。話かけると、今にもしゃべりだすようだけど。〈ああ、これはよかった〉と思って、箪笥《たんす》の中に大事に閉まって。ほいでこれ出して話しかけて、返事するかと思うと、どうも返事はしね。でもまた箪笥の中に閉まっておいて、またいかいなころ（しばらくして）出して話しかけて。ほして、アネサが、〈おらの旦那さん、あの箪笥中に何しまっておくが（おいてるのか）〉と思って、アネサが箪笥引き出してみたら、扇子一本入ってた。それをこう開いてみたら、ほんとに話しかければ、返事するかと思うほど、生き生きした女の人が一人いた。〈ああ、これであったな〉と思って。

――昔、よくこう髪丸めたんだんが、そこへ針いっとき刺すことあるが――その針抜いて、その扇子の絵の喉《のど》のとこへ、チクッと刺すと、それを刺すとドーと死なれでしまったって。〈はあて、これはまあ、大事《おおごと》かいた〉って思ったども、死なれしまったって。生き生きしていなくなって。ほしてアンサ（若旦那）、家に入ってくると、その箪笥の引き出し開けてみたら、あれほど生き生きして、話しかければ返事するかと思ったのが、みな死なれてしまって、いっそ生きたとこなくなって。〈こら大変だ、また行って描いてもらってこう（こよう）〉と思って、扇子一本持って、千両箱横抱きにして、

「一目見せてください」って。そして家の衆、

「ああ、見てもらいてども。あのおタバ、飯《まま》、頂戴《ちょうだい》って呼ばったら、ハーイ言って出てくるところ、廊下に来ると、キャーと言って、後ろへ倒れたまんま、それっきりになってしまって。見てもらいてども、見てもらわんね」

「ああ」っと、アンサもすごすごと家に戻って。ほうすると家ん衆、いくら一目千両の人だって、死んでしまえば始末しねばなんねんが、墓へ持っていって埋めてもどってきたって。ほして、少し経つと、おタバ埋めた墓の上へ、何か青いんがちょこっと芽を出して、それがズンズンズンと太って、でっこい葉っぱが次々と出てきて、ほんとに青々としたきれいなでっこい葉っぱになって。それをこう揉《も》んで嗅《か》いでみると、いい匂いがして、〈まあこれは、いい匂いするな〉って。それを乾《ほ》して嗅いでみると、しかもいい匂いだ。そしてそのうちに、種が成る。そしてみんなが、きれいな葉っぱなんて無《ね》んだんが、あっちこっちへ種蒔《ま》いて。また種取っちゃ、蒔き蒔きして、いっぺえ作るようになって。それを乾して揉んで匂いがして、火をつけると、しかもいい匂いだって。み

んな作って、いっぺえ作るようになって。でっこい葉が生き生きと、いい按配になって出るだんが。また種取っちゃ蒔き、でっこい葉がいっぱいになって。それを乾して揉んで、火つけていい匂いがする。なんとおタバの墓にできたから、タバコってことにしよう。それからタバコと付けるようになったって。

いっちごさっけ申した、鍋ん下ガラガラ

48 蛸《たこ》と猿

ざっとむかしあったと。

川へ蛸が寝てたって。そうすっと、山の猿が、その蛸めっけて、山の方からホーイホーイって鳴きながら下へ降りてきて、川原に下りて、蛸の手を一本もいで食った。蛸が目を覚まして、

「いま一本、食え食え」

「その手は食わん。追いできやれ。食わん食わん」って。

いっちごさっけ申した、鍋ん下ガラガラ。

49　昔は語らん

ざっとむかしあったと。

長い橋の上を、めごいアネサが、高い足駄《あしだ》下駄履いて、カタランカタラン〳〵〳〵って。長い橋の上を渡ったと。

いっちごさっけ申した、鍋ん下ガラガラ。

50　果てなし話（胡桃《くるみ》の木）

ざっとむかしあったと。

川の傍《はた》へ、胡桃《くるみ》の木があって、胡桃が熟《い》んでくると、胡桃は、

カラカラポッチャーン、プーイコセ、〳〵って。

胡桃は軽いんだんが、中に沈まんで、浮いて流れがったなが。そんなわけで、

カラカラポッチャーン、プーイコセ、〳〵って。

いっちごさっけ申した、鍋ん下ガラガラ。

51 化物寺

ざっとむかしあったと。

ある古いお寺に、夜中になると化物が出てきて、ガタン〳〵〳〵〳〵と、何かが出てくる。お寺に誰も住む気がない。お寺の住職も住んでいられんねって話で、人がいっそいなくなって。ほしてみんなが、あんなとこに住んでいらんね、ってするんだんが、ある旅の人が聞いて、

「それじゃ、おれが確かめてこようかな」って、お寺に行って。昼間うちはなんともねいんだんが、夜泊まっていたら、夜中になると、ガタン〳〵〳〵〳〵〳〵って。ガタン〳〵って、歩くような感じがする。〈でも、なんでやら〉と思って、確かめようとして出てみたら、下駄が、朴《ほお》の下駄が、大勢して寺の中へ、ガタン〳〵〳〵、下駄が入っていく。〈ああ、これは下駄の置きもんだろ〉と思って。明るくなって起きてきて見たら、またみんなそこへ戻って。お寺の軒場へ、朴の下駄をいっぱい積んでおいたと。それが夜になると、お寺の中へ入ってきて、ガタン〳〵〳〵〳〵であったと。そのことがわかって、村の衆が、その下駄を始末したら、こっと化物が出なくなったたって。

いっちごさっけ申した、鍋ん下ガラガラ。

52　尻尾の釣り

ざっと昔あったと
あるところに狐が棲んでいて、〈ああ、何してもつまらねんが、下の川獺《かわうそ》どんのとこへ、遊びに行ってくるかな〉と思って。暗くなると、トコトコ〳〵と、山から下りて、川端の川獺どんの岩穴に行って、

「川獺どん、居たかい」

「ああ、居た居た。誰じゃい」

「山の狐だ」

「ああ、それは珍しい。おらとこ寄ってくりやれ」。ほして、山の狐、川獺どんの家に入ってみたら、川獺どんが豪儀《ごうぎ》に魚を獲って、串に刺して火をドンドンと燃《も》して、ほの火の回りに、グルンと串刺して焼いたと。

「おお、そんた（おまえ）豪儀に魚を獲って、いいんだな」

「ああ、おれはこれが仕事で、これより他に仕事がねえんだんが。昼間は魚を獲って、夜はいつもこうして焼いて食ってるんだ」

「いいんだなあ」なんて、狐どんがけないがって（うらやましがって）、

「そいじゃそんた、焼けたげん魚から、食っくやれ」

「ああ、それは幸せだ」。狐どん喜んで、焼けたげんやから、串から抜いちゃ食い、焼けたげんから串から抜いちゃ食い、腹いっぺえご馳走《つつお》になって。

「ああ、よかった〱。楽々と魚もらって食って。おればっか一人ご馳走なっちゃなんねが、明日の晩には、鶏を煮て食んだ。そんた、こっと（今度）鶏食いにきてくれ」

「まあ、それはご馳走だ。そういうの絶対におら、獲れねんだ。それじゃ、呼ばれて行くじゃ」

狐喜んで、戻りしまに、あこの玄関に入って、鶏取ろうとすると、コッコッコー、バタバタバターと鶏が鳴いて飛び立つと、家ん衆、

「ほら、何か来たから、出てみれえ」。家ん衆、出てみると、

「ほら狐がいて、狐鶏取る」って追い出されて。また次の日、家へ寄って、ちょっと行って、鶏取ろうとすると、また、コッコッコー、バタバタバターって鶏が逃げ出すんだんが、また家ん衆が、

「ほら、何か来たぞ、出てみれ」。どこへ行っても、鶏取ろうと思うが逃げられ、家の衆が出ちゃ追い出され。仕舞いにゃ、どうにかして一羽取って、家へ戻って。〈ああ、よかった〱。一羽でも取った〉って。

ほして、明るくなって、毛むしって皮剝《は》いで。そして、切って鍋ん中へ入れて煮たてんが。そうすると、煮るときのいい匂いがして、旨《うめ》え匂いがして。〈ああ、これはまあ、旨げで我慢がならんね。[1]毒気《どっけ》の一切れだ。一切れ、按配《あんべえ》みてみようかな〉って思って。一切れ食ってみたら、その旨《うめ》こと旨こと。〈いま一切れ按配みてみよう、一切れ按配〉って、みな食ってしまった。〈さあ、これは大変。川獺どんが来てくれても、出す鶏がねえ。おれがみんな按配みてしまった。どうしたらよかろ〉と考えてみたら、〈なんだろ（なんでも）、[2]天井守《てんこまぶ》りってことがあるんだんが。天井守りにするしか、しょうがねえな〉って。天井守りにし、晩方になったんだんが、川獺どんが来る頃になって、横座《よこざ》に狐が座って、じっと眼をつぶったまま、てっちょ（天井）向いたまま、コトリと

もしねで、天井向いて眼をつぶって動《いご》かんね。

　そうすっと川獺が、土産にでっこい魚持って、

「狐どん、居たかい」って言うに、灯《あかり》もついてね、火も燃えてね。真っ暗なとこに音もしない。〈はあて、どうしたろ〉、

「狐どん、居たかい」。中へ入ってみたら、もう真っ暗なとこに、灯もつけねで火も燃さね。横座にちゃんと座って、天井向《てっちょ》いたまんま、もうコトリともしね、動かんね。〈ああ、狐に騙《だま》されたって話がある。これほんに狐に騙されたってことだろう〉と思って。〈どらどら、家へ戻って、魚でも焼いて食おう〉って、川獺どんが持っていった魚を持って、下へ降りていったら。さあ狐どんが、〈はあ、よかった〳〵。川獺どんが戻って〉と思って。

　次の日、そこんにまた、狐が川獺どんとこへ行ったたって。

「川獺どん、居たかい」

「ああ、居た居た。誰じゃい」

「裏の狐だ」

「まあ、寄ってくれ」

「まあ、昨夜《よっぺ》な、そんた来てくれたがんわがるんども、どうしようもね。音も出さんねし、動かれもしねんし。そこに鶏煮てあるから、そんたそれ食ってくやれ、っても言われねえし。おらみたいに、位《くらい》のいい狐になると、時々天井守《てんこまぶ》りって役は、当《あ》たわってくるんだんが。そこに煮てあるから、そんたに食ってくやれって、言いてども言われんし。申し訳なかった」

「まあ、そっけんことがあるんだか」

「ああ、おらみたいに位がよくなると、時々そういうことがあるんが。申し訳なかった」

「まあ、そんた。魚焼けたげんから、取って食やれ」。ほして、狐どん喜んで、その魚、串から抜いちゃ食い、串から抜いちゃ食いって、いっぺえもらって食って、

「あ〜あ、昨夜《よっぺな》はそんたに申し訳なかった。こった時に、猫煮ておくんが、猫食いに来てくれ」って。

「まあ、それはよかった。おら猫なんて食うことない」。狐はまた戻りしまに、猫押さえつけようと思うと逃げられる。また、押さえつけようとすると、逃げられるし、やっとのこって、猫一匹押さえつけて家戻って。ほして明るくなって、また皮剥いで、切って骨からとって切ってみたら、また煮ておきたくなって、細かく切って、鍋ん中へ入れて煮たら、また煮る匂いがいいこと。〈ああ、一切れいいこと案配《あんべえ》みるかな。また一切れ按配みるかな。まあうまくしてこってやら（できている）〉って、また一切れって、またみんな按配みてしまって。〈やっはいやっはい（やあまいった〳〵）、これは大事《おおごと》かいた。川獺きたって雑魚《ざっこ》出すようもねえ。こった、どうしてくれたらよかろう。昨夜《きんな》天井守りであったども、こった地守《じまぶ》りしてやろうかな〉と思って。暗くなったったんだんが、灯《あか》りをつけねで、火を燃さんねで、横座にちゃんと座って。こった地守りだんが、下向いてちゃんと座って下向いて。そうすっと川獺どんが魚いっぺえ獲って、それ土産に持って狐とこへ来たら、また灯もつけねし、火も燃えてねし、コトリともする音がしねえし。どうしたろと思って、

「狐どん、居たかい。下の川獺だんが、狐どん、居たかい」って。狐どん、いっそ音もしねえし入ってみたら、また横座にちゃんと座って。この間は上向いたが、こった下向いて、下向いたまんま、動《いご》こもしねんし、音も出

さんし、ちゃんと下向いて。

「やっはい〱。また狐どんに騙《だま》かさいてしまった。家へ行って魚でも焼いて食おう〉なんて。狐どん、その魚欲しくておったが、地守《じまぶ》りってことにしたんが、音も出さんね。ほして、川獺どんが下へ降りて。

そしてまた、次の晩になると、狐どんが川獺どんとこへ下りて、

「川獺どん居たかい」

「居た居た。誰《だ》いじゃい」

「おら、裏の狐だい」。そうか、寄ってくれいとも言わんども、ノシノシ中へ入って、

「おお、おまえ豪儀に魚獲れたんな。昨夜《ゆっぺな》も猫煮ておいたから、それを食ってもらいたいと思って、それ食ってくれと言いたいども、俺みたいに位が良くなると、役が当たわってくるが。こった地守りが当たわってきて、そういう時、音も出さんねし、動《いご》かんね。おらみたいに位が良くなると、大事だい」、言うもんだども、こった川獺どん呆れてしまって。そんたも魚食ってくれ、なんても言わんてえがな。狐、〈ああ、けなじい（うらやましい）〉と思ったども、食えっても言わんねし、てめ騙がしていたんだんが、食えっても言わないし、〈けなじい〉と思ってもどうしようもね。ほしてこんだ、

「おめえ毎日《めいにち》こうして魚獲られて。おら魚獲ってが、おれだって獲られるがな」

「そうそう。そんたみていなでっこい尻尾《しっぽ》あれば、いくらでも魚なんて獲れる」

「そうだかい。どうせば獲れる」

「そんた戻りしまに、下の玄関へ入って、沓《くつ》の切れたんが、馬の沓が切れたんや、草履や草鞋《わらんじ》の切れたがんがい

っぱい拾っておいて、明日の晩に、みんなそんた持ってきやれ。そうすんと魚なんていくらでも獲れっから」

「おお、そっけんこって獲れるんが」って。そう言われたんが、人の玄関へ入って、こった黙って持って行かれる。沓の切れたがんや、馬の沓の切れたんが、草履《ぞうり》や草鞋《わらんじ》の切れたがんが、いっぱい拾っておいて、家へ戻って。そしてその晩になって、その拾ったのみんな持って、川獺んとこへ行って、

「川獺どん居たかい」

「居た居た」

「おらいっぺい拾ってきたい」

「ああ、そんたのでっこい尻尾にそれを付けちゃってば（付ければ）、魚なんていくらでも獲れる。そんた尻尾出してみやれ」って。尻尾出すと、切れた草鞋や、沓の切れたがん、馬の沓の切れたがんが、それみんな狐の尻尾に付けてくれて、

「これをそんたなあ、川端へ行って、ぜえ（薄氷）が張ってあるから、そのぜえを足で突っついて、穴開けて。その穴の中へ、この尻尾入れておきやれ。そうすんと朝げになろうもんたら、重たくて持たれんねくらい、魚くっ付くから」

「そうだかい。そげん獲れんかい」

「ああ、それくらい、いっぺい獲れるや」。ほして狐喜んで、川端へ行って、ドスンドスン穴開けて、そこへ尻尾入れて、じっとしてた。

そして、夜中になって、こう引いてみたら、また動《いご》く。〈まだ動くんが、動《いご》かんねくなるまで待ってみようか

な〉と思って。明け方、夜が明けるかなと思う頃、引っ張ってみたら、いっそ動かんてんがな。〈いっそ魚がついて、いっそ動かんで。ああ、よかった〳〵。いっぺえ魚がついたが〉と思って、うんと引っ張ったら、いっそ動かんで。またうんと引っ張ったら動かんで。〈ああ、困った。あんま魚が食っ付いて動かんが。そいじゃどうする〉と思って、またうんと引っ張り、びくともしないで、〈ああ、困った〉。そしたら明るくなって、子どもが大勢して、しみ渡り[3]して、川端の方へ向かってくる。〈ああ、困った。子どもに見つけられっちゃならんね〉と思って、ウ〜ンと引っ張るども、いってえ離れねんだんが。子ども聞きつけて、ああ、大事《おおごと》なって鳴き始めたら、でっこい音がして、

　大魚《おおよ》も小魚《こおよ》も離れてくれ　カイカイ〳〵　コンコンコン

　大魚も小魚も離れてくれ　カイカイ〳〵　コンコンコン

　そして、鳴くんだんが、子ども聞きつけて、

「ああ、狐の音がする。行ってみようや」って。なんて音がするんだんが、ますます大事になって、

　大魚も小魚も離れてくれ　カイカイ〳〵　コンコンコン

なんって、引っ張るども、凍《しみ》ついていっそ尻尾も取れね。子どもがドンドンと、こうしてもって、狐どん方へ向かってくる。〈ああ、困った。子どもに見《め》っけられちゃならん〉と思う。狐がでっこい音して鳴いているんだんが、わかるんが。でも、そういうよりするしょうがねえ、

　大魚も小魚も離れてくれ　カイカイ〳〵　コンコンコン

　大魚も小魚も離れてくれ　カイカイ〳〵　コンコンコン

鳴いているんだんが、子ども面白がって、

「ああ、あの狐動けないでいるよ」。飛んできて、こしき(4)でもって、狐の頭叩いて、ガッキン、ガッキンと叩いて、とうとう狐、音出さんで死んでしまった。子どもが見たら、尻尾が凍ついて、動かんで。そして、そこもって突いて、狐殺したんが、いっそだめなこってや、凍ついてだめなわけだ。ズルズルと引きずって、どこかの家へ持って行って食うかって。狐の尻尾から沓の切れたの、狐にくっ付いてあったのを離して、食ったたって。

いっちごさっけ申した、鍋ん下ガラガラ。

（1）毒気の試し。毒見のこと　（2）天井の見張り　（3）春の雪が凍った上を渡る遊び　（4）雪下ろしに使った木でできた鍬《くわ》、鋤《すき》

53　猿蟹合戦

ざっとむかしあったと。

あるとき猿は、柿の種拾う。蟹どんは握り飯拾う。したら猿が、蟹の拾った握り飯が食いたくて。柿の種蒔いても、木から生えて、柿がでっこくならんば柿が食えねえんが、蟹に、

「その柿の種と、握り飯とを替えてくれ」と言うが、蟹もなかなか替えてくんね。ども、むりやり替えてもらって。猿その握り飯食ってしまって。そして、蟹どん、その種蒔いて、水一生懸命くれて、

「芽を出せ、芽を出せ、芽を出さんとハサミで切るぞ」なんて言って、水くれて。ドンドン〱柿の種もっら(芽)出して。水をくいたり、肥料くれたりしてるだんが、早くでっこくならんと切るぞ、ハサミ広げて、そうやってるだんが。柿もおっかなくて、ドンドン〱と太って。そしてかなりいっぺい柿の実がなって、赤くなって旨《うま》げになったども。蟹どんは、その木に上がってもぎたいんだんが、ムザムザと這《は》っても、身は横這《よこば》いなんだんが、かなり上がれば落ちてしまい。またあの柿が欲しいんだんが、ムザムザと木に登ってみるども落ってしまい。

「あ〜あ、あの柿もぎていども、あれもいでくれれば、この柿ちっと食ってもらってもいいが」って。蟹どんがそう言ったら、猿がそれを聞きつけて、山からホイホイホイって下りてきて、

「蟹どん蟹どん、いまそんたなんて言った」

「おら、なんとも言わんで」

「いいや、汝《うな》、なんとか言った言った。なんと言った」

「なんも言わんじゃ」

「言わんと、踏みつぶすぞ」なんて言うんだんが、蟹どんはおっかねんだんが、

「あの柿もいでくれたんにゃ(のに)、柿いっぺい食わせるがな」、そう言った。

「そいじゃ、俺もいでくれる。俺にいっぺえくれ」。猿は木の上に、スルスルっと上がって、旨《うま》げに赤くなっているのを、ポトンともいでは食い。旨げになっているのを、ポトンともいでは食い。蟹どんには、いってい旨《うめ》がんのは取ってはくんねんだ。

「猿どん猿どん。俺にもちょっと旨げなもん、もいでくやれ」。そして、旨げんなものもいで、赤いとこ尻にキリッと、尻拭《ふ》いて

「それー」って、投げてくれる。

「そっけんことしないで。旨んがとこ、もいでくりゃれ」

「ああ、めんどくせえことば言って」。またもいで、赤いとこに洟《はな》プンと拭いて、

「それ」って。

「そっけんことしたって、旨くないから、旨《うめ》がもいでくりゃれ」

「あんまりめんどくせぇことばっかり言って、なんのまねだ」って。青い柿の硬いがんの（ものを）、てっちょ（木の上）からもいで、蟹どんの背中に、ぐしゃっと投げた。蟹どんつぶれてしまって。そして蟹どんのつぶれたら、蟹どんの腹の中へ、蟹の子いっぺえ詰まってあるんだんが、それがモゾ〳〵といっぺい這い出して。猿どんがそれを見て、〈まあ豪儀に子どもが出た。あれみんな潰《つぶ》してしまわんと恐《おっか》ねから、潰してくんね（くれよう）。蟹の、猿のばんば（棲家《すみか》）に、猿のばんばが敵討《かたきう》ちって話があるだんが。敵討ちってや、しられっちゃかなわないが、下へ降りて、ビショ〳〵って。みんな潰して、蟹の子をみんな潰してしまったって。

葉っぱの陰に、たった一匹残っていたって。それがでっこくなって。そして、〈蟹の子って話はあるだんも、蟹の親って話はどうなら。親はどうなった〉って思って、年寄りに聞いてみたら、

「蟹の子って話はあるけど、蟹の親って話は聞いたことがね。俺の親はどうなったろ」

「汝《うな》の親はなあ、猿どんにあって、青い柿を投げられてつぶれてしまって。汝《うな》が一人、そこに残ったばかりで、

みんな蟹の子は、猿どんに潰されてしまってあったけど」。そうやって聞かしたんだんが。そうしたら蟹どんは切ながって、

「親の敵は取らんばならん」。そして、年寄り頼んで黍団子《きびだんご》こしゃってもらって、団子腰につけて、ムザ〳〵と出たら栗がジチバチ〳〵、

「蟹どん蟹どん、どこへ行きなさる」

「おら、猿のばんば、親の敵取りに行く」

「それはいいが、腰のものなんでござる」

「これ日本一の旨《うめ》え団子」

「そいじゃ俺に、その団子くれてくやれ。俺も手伝いに行くから」。あと少し行くと、ミソッチ（ミソサザエ）がキヤン〳〵〳〵って、

「蟹どん蟹どん、どこへ行きなさる」

「おら、猿のばんばへ、親の敵取りに行く」

「ああそれなら、おれも手伝いに行く。その団子俺にもくれてくやれ」。そしてミソッチに出して、団子くれて、そして手伝いに行くことになって、ミソッチくっ付いて。そすと、ちっと行くと、畳刺し針がジクモク〳〵と来て、

「蟹どん蟹どん、どこへ行きなさる」

「おら、猿のばんばへ、親の敵取りに行く」

「それはいいが、腰のものなんでござる」

「これ日本一の旨《うめ》え団子」

「俺も手伝いに行くが、俺にもその団子くれてくやれ」。そして、畳刺し針がくっ付いて。少し行くと、戸ばしんぼ（戸締り棒）がビチバチ〳〵、

「蟹どん蟹どん、どこへ行きなさる」

「おら、猿のばんばへ、親の敵取りに行く」

「それはいいが、腰のものなんでござる」

「これ日本一の旨《うめ》え団子」

「俺も手伝いに行くが、俺にもその団子くれてくやれ」。そして、戸ばしんぼももらって。そして、もちっと行くと、蜂がブン〳〵〳〵と、飛んできて、

「蟹どん蟹どん、どこへ行きなさる」

「おら、猿のばんばへ、親の敵取りに行く」

「それはいいが、腰のものなんでござる」

「これ日本一の旨《うめ》え団子」

「俺も手伝いに行くんが、俺にもそれをくれ」。そして、蜂もついて。いま少し行くと、牛のくそがベッタリ〳〵〳〵とやってきて、

「蟹どん蟹どん、どこへ行きなさる」

「おら、猿のばんばへ、親の敵取りに行く」

「それはいいが、腰のものなんでござる」

「これ日本一の旨《うめ》え団子」

「俺も手伝いに行くんが、俺にもそれをくやれ」。そして、牛のくそもついて。いま少し行くと、臼がゴロン〳〵と転んできて、

「蟹どん蟹どん、どこへ行きなさる」

「おら、猿のばんばへ、親の敵取りに行く」

「それはいいが、腰のものなんでござる」

「これ日本一の旨《うめ》え団子」

「それじゃ、俺も手伝いに行くんが、俺にもそれをくやれ」。そして、みんなが旨い団子もらって食って。

　そして猿の家に行ってみたら、猿がちょうど留守やったと。留守のところで、

「こりゃいい按配《あんべい》だ。みんな手前《てめえ》の持ち場に、猿が来ねうちに、持ち場へ行っていよう」。そして栗は炉《ほど》の中、ミソッチは味噌《みそ》甕《がめ》の中、蟹どんは水甕《みずがめ》の中、畳刺し針は畳の上、戸ばしんぼは戸口ばた、蜂は窓のとこ、牛のくそは玄関、臼どんはガッキ（玄関の庇《ひさし》）の上。これみんなが持ち場に陣取って、そこに黙っていた。

　そこに猿が来て、

「おお、寒《さぶ》、寒《さぶ》、寒《さぶ》。火でも燃してあたろ」。そして、火を燃してドンドンとすると、栗が焼けてきて、パチーンと皮の中からはじけ出して、猿のキンタマへ飛びついたって。

「ああ、熱《あっ》ちっち。ああ痛い痛い。早く行って水の中に突っ込も」と、水甕の中に突っ込むと、蟹どんがムザムザと出て、バシンと鋏《はさ》んで。

「ああ、痛い痛い。ああこれは、かなわない」

「味噌でんつけて」—火傷《やけど》は味噌って言うだんが—、味噌つけようとしたら、ミソッチがチュンチュン〳〵と、猿のキンタマ突っつく。

「ああ、痛い痛い。ああこれは痛くて、畳積んでたんが、畳の上に行って寝よう」って行ったら、ジクモク〳〵、畳刺し針がなじょうに（遠慮なく）突っつく。

「ああ、痛い痛い。ああこれはかなわね。戸を開けて逃げよう」と思ったら、戸がしんぼがビチバチ〳〵はねて。

「ああ、痛い痛い。これはかなわん。戸を開けることもかなわね。上の窓から逃げ出そう」と窓開けよう思ったら、蜂がブンブン〳〵と刺して。

「ああ、痛い痛い。痛くてかなわね。これは玄関から逃げていこう」と、玄関の出るところにベタッ〳〵といた牛のくそで転んで、それにガッキの上にいた臼がドッシンと降りてきて。猿どんをビショ〳〵とつぶしてしまったと。みんなが手分けして、蟹どんの手伝いして、親の敵取りしたって。

いっちごさっけ申した、鍋ん下ガラガラ。

54　舌切雀

ざっとむかしあったと。

あるとこへ爺さと婆さとあったと。爺さ毎日《めいにち》畑へ行って、畑見回りして、婆さ家にいて。そして爺さが、一生懸命畑をなって。そして、ちょこっと腰掛けて休んだ。そすと、めごい、まだ子どもらしい雀がチュンチュン〳〵と来て、爺さの回りまわって、爺さと遊んだり。そして爺さの手の上に乗ったり、喜んで遊んだり。一日爺さと遊んでいたと。ほして、晩方、爺さを離れねんだんが、爺さめごがって（かわいがって）、めごくて〳〵、家へ連れてきて、

「婆さ婆さ、あんまりめごげな雀がいたから、連れてきただんが。大事《だいじ》にしてくれんな」。婆さ、〈嫌だ、めんどくせ〉なんて思ったども。

そして、爺さ山に行くて、

「婆さ婆さ、この雀、大事にしてくれんな」って、そして山に行った。婆さは窓貼りしようと思って、糊《のり》煮て、

「雀、雀、おらこれに糊煮たから。汝《な》、糊の番してくれ。隣へ行ってくるから」。そして婆さ出た。その糊はなじように旨《うま》げであったてんがな。〈ああ、これはなじょうに旨げだな〉と思って、雀がペロンと舐《な》めてみたら、その旨めごど、また舐め、また舐めして、そのうちみんな舐めてしまったって。

そして、婆さ来たら、糊いっそねえ。

「どうした？」

「あんま旨げなので、舐めてみたら旨くて〳〵、我慢がならん。みんな舐めてしまった」

「なあんだって、おれが糊の番して大事にしていろって、舐めてしまった。ベロ（舌）出してみれ」。婆さ、雀憎かったんだんが、ハサミ持ってきて、雀の舌をチョキンと切ってしまった。そして、雀血を流しながら、山の方へ飛んで行ってしまった。婆さ、〈よかったよかった、雀がいなくなってしまったもんだ〉。そして、晩方になって、爺さが山から上がってきて、

「婆さ婆さ、雀は元気であるかね」

「あの雀は、まあ憎いんだんが。おら糊煮たら、みんな舐めてしまって。あんまり憎いだんが、ベロ出せったらベロ出したんが、ベロ、チョンと切ってしまった。ほして、山の方へ逃げて行った」

「まあ、婆さのような。糊舐めれば、また煮れば同じ糊ができるがんに。ベロ切ってしまうって、なあしてなんだろ。バカばっかりして」。爺さ切なくて〳〵、どうしようもねども、雀が逃げてしまって。

　そして次の日、爺さ、

「婆さ婆さ、雀捜しに行ってくるから」

「あんた、捜しに行くんか」って。婆さ肝焼いているんだんが、爺さ切なくてどうしようもねんだん。山の方へ向かって、杖をついて、

「雀のお宿はどこだ、雀のお宿はどこだ」って、山の方へ向かって、雀捜しに行った。そしたら、いっかんとこへ（どのくらいか）行くと、山の方へ行くと、なんだかでっこい家があって、その家の中で、チョンチョン〳〵って、雀の音がにぎやかにして。〈雀の家はあっこだな。ああ、よかった〳〵〉と思って、そこへ行って、

「こんにちは、こんにちは」。ほして、母《かっか》みていな人が出て、

「おら雀、ここの家に来てねえやろかな」

「ああ、おらの子が行って世話になって。爺さ世話になって、有難うございます。まあまあ、家にいるんだんが」

「なじょうだい、ベロ切ったあと。少しいいかい」

「ああ、だいぶ楽になって。いい按配になった」、言うんで。雀の親が言うだんが、爺さ、〈それでよかった〳〵〉と思って、中へ入って。ほうすっと、雀が出てきて、

「爺さ爺さ、おめえ来てくれて、よかったな」。雀も喜んで。

「今夜ひと晩、どうしてもおらとこに、泊まってくらっしゃい」

「ああ、おら婆さバカでね。糊なんて舐めたかって、また煮れば同じがんに（なのに）。ベロ切ってしまって、悪かったね。なじょうだね」

「楽になった」

「そうだけ。それはまあ、よかった」ってまあ、爺さ喜んで。雀も爺さが来てくれたんが、喜んで。そして、爺さご馳走《つつお》なって、泊めてもらって。ほして、風呂入れって言うだんが、爺さ風呂入っていたら、その舌切られた雀が来て、

「爺さ爺さ、おら衆はなんにもないんだんが、おめえ来てくれてほんとによかった。土産《みやげ》に葛篭《つづら》出すだんが、でっこい葛篭がいいか、小さい葛篭がいいかい、って聞くから小さい葛篭もらってくらっしゃい」

「ああ、そうだかね」。爺さ、風呂から上がって、いい寝床こしゃってもらって、よく寝て。朝げに目を覚まして

起きて、またご馳走してもらって、爺さ喜んで。戻るって言ったら、

「爺さ爺さ、おらとこには何にもねえんだんが、土産に葛篭やりたいと思うが、でっこい葛篭がいいやら、小さい葛篭がいいやら、おまえはどっちがいいのかい」

「そうだな。おら年がいって、でっこいがんの持って行がんねんだんが。そっけなご馳走くれるなら、小さい方くれてくらっしゃい」。そして、小さい葛篭もらって、家の人に暇乞《いとまご》いして、

「ならなら（おまえ）、今によくなったら来てくれな」って。爺さ喜んで、小さい葛篭もらって家へ戻ってきて、

「婆さ婆さ、いま戻った」

「なんであったい。泊まったかい」

「んん。雀のお宿が見《め》っかってな。雀のお家に泊めてもらって、ご馳走《つつお》になって。今朝戻るって言ったら、葛篭やるから、でっこい方がいいやら、小さい方がいいやら、って言うんだんが。おら年取って、でっこいがんは背負《しょ》っていがんねんだんが、小さい方をもらっていこうかなって。ほして、小さい方もらってきたいや。開けてみてくれいや」って。婆さ葛篭開けてみたら、大判小判がいっぱい入って。その他に、いろいろの宝物がいっぱい入っていたと。爺さ、

「まあまあ、こっけないいがんのもらってきたんね。舌切って痛かったろ、悪かったがん。こったにもらってきて、爺さ悪かった」。そして、婆さ欲《よく》かいて（出して）、

「おれも行って、泊めてもらって。おらまあ、そっけん小さい方のでなし、でっこい方もらってくる」って。〈バカ婆さが、雀の舌切って逃がしておいて、おれも行ってくるなんて、出かけたんが。婆さ、バカで大事《おおごと》だな〉と

思っていたが。婆さ、欲かいて出かけた。

「雀のお宿はどこだ〳〵」って言いながら、杖ついて行ったら。ほんとにでっこい家があって、チョンチョン〳〵って、にぎやかな音がしてた。そして、そこの家の戸を開けて、

「おらまあ、申し訳なかった。雀の舌なんか切ってしまって、申し訳なかったんし」

「まあ、おら子が行って、面倒なって」

「なじょうに、その切った舌、いいかな」

「ああ、こんなに良くなったし。まあ、中に入ってくらっしゃい」って。婆さ、寄せてもらって、またやっぱりご馳走もらって食って、

「風呂に入れ」って。風呂に入ったたども、雀いっそ婆さとこへ来ねって。ほして、風呂から上がって、いい寝床に入れてもらって、朝げ起きたら、

「まあ、おらとこに何もねんだんが。お前の土産に、何にもねんだんが、葛篭を土産にやりてと思うだんが、小さいがんと、でっこいがんとあるが、お前どっちいいよな」

「おら、あいだし、でっこい方がいいんし」。婆さ欲かけて、でっこい方もらって。

　ほして、婆さでっこい葛篭もらって。やっとのこって背負《しょ》って、重たくて〳〵、どうしようもねほど重たくて。

〈これまあ、とっても家まで背負って行がんね（行かれない）。どっかで開けて、半分も道の奥の方へ、宝物ちょっと置いてこうかしら。とても家まで持って行かれんね〉なんて思って、道の傍で、そのでっこい葛篭を開けてみたら、大判小判のどころじゃない、でっこい蛇《へっぴ》は出るや、狸は出るは。おっかねんがいっぱい出てきて、婆

さを巻いたり、苛《いじ》めたりするんが出てきて。婆さ、〈こらまあ、大事《おおご》った。なんとかして逃げていかんばならん〉、葛篭そこへ放《お》っぱなして、家にやっとのこって、家へ逃げてきたって。ほして、爺さにその話したら、「そうだことや、なあみていにバカみたいに、雀のベロなんか切ってしまって。そこへ向かって、また行ってくるが。そして、でっこいがんのもらえば、重てえこて、それに生き物がいっぱい入っていれば、重たくてどうしようもねえが。あんま欲かいたり、バカになったりしたらならん。こったから、気つけれ」。爺さにあって、婆さおれが悪かったと思ってあったと。

いっちごさっけ申した、鍋ん下ガラガラ。

55 狐の婚礼

ざっとむかしあったと。

峠へいつも行くと、行った人が狐に騙《だま》かされて、大目にあったという話があるだんが。ある爺さが、「おらいってい狐になんて騙《だま》されないど」って、峠へ向かって行ったら。隣村のシトウチの娘が来て、「爺さ爺さ、おめはまめでいい按配《あんべい》でいだんか。おら爺さ死んでしまって。おらたった一人で、どうしょうもねが。おらこれから町へ行って来てがったが(行きたいが)、おまえそのうちの爺さと連れであったし、留守居(留守番)してくれっしゃい」と言うんだんが、

「よしよし。おらなんも忙しくないも、おれが行って留守居してこってや（くれる）」。そして娘の家へ。娘送って来て、家へ入って、

「あの、どこ見でも悪いってことはねども、この部屋だけはいってい（絶対）戸を開けてならねし、見てもらってもならねから。この部屋に入ってくれんな」って。娘が爺さに願って、町へ向かって行った。

　ほすと爺さ、そこに居ることなって、留守居してみたども、おれに見せたくねんだんだがや。入ってみたくてどうしようもそこへ入ってみたくて。〈どういうことあって、ここ絶対に入るな、見るなって言われたたら、どうもね〉。少したって〈何があるんだろ〉と思って、中へ入ってみたら、でっこい鏡があったって。その鏡の中に爺さ映って見えた。その鏡に映った爺さは、爺さには爺さだども、まだ若々しくて、きれいな爺さが映っていた。〈おら、まだこっけに若々しくてきれいだがな〉ってと思っていると、その鏡の中に、娘が帰って来るのが見えたんだって。〈ああ、これだ。これ見んなって、おら見てしまった。早く出て戸を閉めておこう〉。娘戻らんうちに、その部屋を出て、戸から出で知らんふりして。すると娘戻ってきて、

「爺さ爺さ。おまえあの、留守居を頼んで、ここは絶対開けてくれんなって言ったがんな。おれが留守にこの部屋に開けて見たんか」

「おら絶対に開けねよ。見たりしね」

「見た見た、おらわかった。おら見たし、まだおめが若々しくて、爺さなんていうもんじゃねし、するんだんが。おらたった一人で大事《おおご》ったし。うちの爺さおらんで、おらとこ婿になってくらっしゃい」。爺さ、てめえでまた、婿になってもいいような気がして。あんまりきれいな、若々しい爺さが映って鏡に見えたんだんが、

「そいじゃ婿になろうかな」なんて言ったら、娘が、

「おら親類衆回って、婿取りの振る舞え《め》しなばなんねんだんが。親類衆回ってくるから、おまえ留守居してらっしゃい」。そして、娘、親類回りして。どうしてご馳走《つっお》こしぇらったか、ご馳走いっぱいこしぇらえて並べて。親類衆、大勢来て、

「いや、よかった〳〵。婿もらってよかった〳〵」。みな喜んで、ご馳走食ったり、酒飲んだり。爺さにも酒飲ませて、爺さいっそきれいな男だと思って、喜んで婿になって、酒飲んだり、ご馳走食ったりして。親類衆、夜中になったんだんが、家に戻ったって。爺さ、床の間の床柱にたくりついて（しがみついて）、

「ああ、酔うた〳〵〳〵」って喜んで、床柱にしがみついて、喜んであったと。

そして、家ん衆、爺さ夜さりになって戻らん。そこらうち捜したども、ちっともわからん。ほして、林の方に向かっていったら、爺さでっこい杉の木にたくりついて、何とか言ってるだんが。そこのとこまで行ってみたら、

「ああ、酔うた〳〵」なんて言いしまに、でっこい杉の木にしがみついて。

「爺さ爺さ、おまえどうしたえ？　昨夜《よっぺな》戻らんでしまったんだ。昨夜捜していたで」。そしたら爺さ、ポカンと目が覚めて。したら杉の木にしがみついて、酔うた〳〵って。いい気持ちで、杉の木にしがみついて。やっぱり狐に騙《だま》かされてがんであったと。

　いっちごさっけ申した、鍋ん下ガラガラ。

56　山伏狐

ざっとむかしあったと。

あるとき、山伏がでっこい法螺の貝背負《しょ》って、天気がいいんだんが、隣村へ行って来ようかなと思って、峠掛かったら、道の下ところに、でっこい狐が気持ちよげにして、よく寝てたんだんが。〈あの狐を、この法螺の貝吹いて騙《だま》かしたら、なじょうに面白いだろう、騙《だま》かしてみよう〉と思って、法螺の貝背中からおろして、そっと狐のとこに行って、狐の耳のとこまで、法螺の貝で、ボオ〜と吹いたって。ほうすると、狐たまげて、ムクッと起きて、ようく山伏の面《つら》見ていたけど。ほして、山の方へピョンコ〳〵と逃げて行ったと。

山伏、〈ああ、おもしぇかった。狐があんまたまげておもしぇかった〉と思って、峠に向かって、まだそっけん（そんなに）夜になると思わんが、何か暗くなりそうな気がして、〈こらまあ、どうってこったら〉と思ったども、だんだん暗くなって、ほんとに暗くなってしまった。〈さあ、大変。峠のとこで暗くなってしまえば、真っ暗で、隣村まで行かれんし、どうしたらよかろ。困った〳〵〉と思って、遠くを見たら灯りがポカン〳〵ってするんだんが、〈あの灯りのとこへ行って、泊めてもらおう〉と思って、そこまで行ってみたら、なんか家の中が、人が大勢いるような感じで、家に入り戸を開けて、

「ここに一晩、泊めてもらいてが」

「ああ、なじょに泊まってくらっしゃれ。泊まってもらいてえども、ここの家はいまここの婆さが死んで、、ごったがえしておるが。この家は泊められんれねが、あのお薬師さまのお堂に行って、泊まってもらいてえ。そこへお

らが案内してやるんが」。そう言って家ん衆が、山伏を連れてお薬師さまへ行って。小っこいお堂の中に、

「おまえ、ここに泊まってくりゃっしゃれ」

「ああ、何も泊めてもらうとこあれば、それでいい」って。そしてお薬師さまの中に入って、いい気持ちになって寝て。ほして夜中になると、なんかガヤガヤって、人の音がする。〈はあて、なんだろ〉と思って目覚ましたら、ほしたらお薬師さまの中に、湯灌《ゆかん》降ろして、

「どうも、みんな衆。ごくろうで」。して、みんな戻って。湯灌置放《おっぱな》して、みんな戻ると、棺のふたパクッと開いて、青い面《つら》した人が棺の中から出てきて、

「坊《ぼう》～ん、居たか」。坊さま、

「居《い》ね居《い》ね」。また、

「坊《ぼう》～ん、居たか」

「居ね居ね」。だんだん、坊さまに向かってくる。〈ああ、おっかねくて、どうしようもね〉、

「坊～ん、居たか」

「居ね居ね」。だんだん坊さまに向かってくる。しまいにお薬師さまの板を踏みはずして、外まで逃げて、

「坊～ん、居たか」

「居ね居ね」って、きりもなく追いかけられて。外に逃げて、木にしがみついて。

そして朝げになってみて、お薬師さまの下へ、若い衆が草刈りに来た。草刈りに来たども、この上の方で、なんでやらなんか音がする。〈なんだろか、行ってみるか〉と思って、若い衆が上がってみたら、ほうしたら山伏

がタラの木にしがみついて、

「居ね居ね、〱」って。タラ[1]の木にしがみついて、

「居ね居ね、〱」って言ってるんだんが。〈これはおかしい〉と思って、若い衆が、

「坊《ぼ》んさま、坊んさま。明るくなったで、坊んさまどうしたい」って言ったら、坊んさまポカッと目が覚めて、

「ああ、恐《おっか》なかった〱」と。タラの木に刺《とげ》がいっぺいあるが、そこらじゅう血流して、血だら真っ赤になってあったって。坊んさまが狐に騙《だま》かされて、恐《おっか》ない目にあったたって。

いっちごさっけ申した、鍋ん下ガラガラ。

(1) ウコギ科の落葉小高木。茎にとげがある。春の若芽（タラの芽）は食用

57　蝉屋長者

ざっとむかしあったと。

あるとこへ、いいアンサ（兄）が住んでいてあったと。気立てのいい、親切で働き手の、人によくするいいアンサが住んでいたって。〈おらまあ、一生懸命働いて、どうにか銭たまったら、あんまり年取らんうちに、伊勢参り行きてえ〉と思って。一生懸命働いたら、どうにか伊勢参りに行けるぐらいの、金が貯まったんだんが。隣の年寄り頼んで、新しい山着物《ヤマギモン》（野良着）を作ってもらって。その着物《きもん》ができたんが。〈出かけようかな〉と思っ

て、いっぺい握り飯にぎってようく焼いて。新しい山着物着て、その握り飯風呂敷にくるんで、隣の婆さに、「おら、これから伊勢参りに行ってくるだんが、お前とこに着物こしぁてもらって、ありがとうございます」と、隣の婆さに挨拶して出かけた。

別に急ぐんでもないし、あっちこっち眺めて楽しみながら、〈ああ、この村は活気がいい村だな。ああ、この山は木立がいい木が立って、いい山だなあ〉と思って。あっち見ちゃ楽しみ、こっち見ちゃ楽しみして、暗くなれば泊まり、明るくなればまた歩き出し。そげんして伊勢の近い方まで行って。ふっと気がついたら、めごげなきれいなアネサ（姉）が、アンサの後になったり、先になったりして、一緒になっていてたって。いっそ気がつかないでいた。どっちらから言葉をかけるともなく、

「おまえ、どこへ行く?」

「おら、伊勢参りに行ってこようと思って、出てきた。おまえ、どこへ行く?」

「まあよかった。おれも伊勢参りに行こうと思って、出てきた」。それから話が合って、いろいろ話しながら、伊勢参りして。ほして〈よかった、よかった〉と思って。それからどっちが言い出したともなく、

「これで別れてしまえば、ほんとにただの道連れであったことで、他人になってしまうんが。ここらできれいな小さな家でも借りて、いっとき暮らしてみようじゃないか?」。どっちからともなく言い出して、そういう話に決まって。

そして、あるところに、きれいな見よげな家があって、そこを借りて暮らすことになった。暮らすってことになれば、アンサ、稼がんばならん。昼飯こしゃってもらって、毎日《めいにち》働きに出て、晩方あんまり遅《おせ》くならんうちに

「いま戻ったでえ」

戻って、

「まあ、早くてよかったな」。アネサ家の中きれいにして、洗濯したり、早く上がってくるんな、早く夕飯にして待ってる。そして飯《まんま》食ったり、風呂入ったり、毎日《めいにち》その繰り返し。

ひとしきりそうして働いて、暮らしてみたって。アネサ考えてみて、〈いつまでも、こうして暮らしてるたって、家ん衆におら黙って出てきたが。家ん衆心配しているし、いっそ家へ戻ってみようかしら〉と思ったども、アンサがいねし、留守の時なんだんが、〈どうなったってわからんで、悪いんだんが、書き置きして置こう〉思って、墨刷って書き置きして。それ風に飛ばないように、何か載せて、残った飯《まんま》みんな握り飯にぎってよく焼いて。家戻りの仕度して、アンサ留守に出たって。

アンサ晩方になって、

「いま戻ったでえ」。たいてい迎えに出てくれがったども、音がしね。どこへ行った様子もねども、どうなったろ〉と思って、見たら硯箱《すずりばこ》に紙がある。そしたらそこに、書き置きらしいがあるが、それ読んで、〈こうなれば、おれも一人で暮らしたってつまらんし、おれも行ってみようかな〉と思って。その握り飯背負って、家主に話をつけて、そして家を出て、〈おらこの書き置き見ても、よくわからんとこがあるが、こういうことよく知った人があるんだんが、どこかにそういう人があるだんが〉、そう思いながら行ったら、目の見えね人が杖をついていた人がある。〈こういう人が、いろんなことを知っているだんが、聞いてみようかな〉と思って、目の見えない人の傍に行って、

「おまえのことに判じてもらいてんが」

「書き置きがあったんだんが、おらわからんとこがあるんだんが、おまえのことに判じてもらいてんが」

「何だい」

「ものをお尋ねしますが」


「書き置きがあったんだんが、おらわからんとこがあるんだんが、おまえのことに判じてもらいてんが」

「おれはあの盲《めくら》で、字が読まんねんだんが、おまえ読んでみてくれ」

「はい。恋しくば訪ねきてみよせんだいの国の腐らぬ橋の夏の虫、と書いてある。恋しくば尋ねきてみよせんだいの国、まではわかるが、腐らぬ橋の夏の虫ってことはなんし（何ということか）」

「せんだいの国に、蝉屋長者といって、でっこい長者のお屋敷がある。腐らぬ橋ってことは、そのお屋敷の入り口に、でっこい石の橋が架かってる。腐らぬ橋ってことは、石橋のことだ。夏の虫とは、長者は蝉屋長者って長者だんだんが、蝉は夏の虫だんだんが、蝉のこと書いて、蝉屋長者ってこと書いたが」

「どうもありがとうございます」って、礼を言って、せんだいの国の方に向かって、せんだいの国に入って。したら腰掛ける茶屋があったんが、そこの茶屋へ腰掛けて休んで、いろいろの話をしているうちに、

「蝉屋長者なんて、この辺にあるかい」

「ああ、蝉屋長者って、でっこいお屋敷があるんが」

「そこの入り口に、でっこい石橋があるかい」

「おお、めったにね、でっこい橋が架かってる」

「そこの長者の名前は」

「蝉屋長者。そこの長者のお嬢さまが独りなんだんが、どこに出たこともないんだんが。黙って家を出て、何十

日経っても、戻らんねんだんが。これは死んだに相違ねんが、これは空茶毘《からだび》しねばならんねがと、親類衆が言って、空茶毘の相談のとこへ、お嬢さんがひょっこり戻ってきた。ああ、よかった〳〵。死んだと思って、空茶毘の相談のとこへ、(1)嬢《じょう》じょが戻ってくれたんが、こった快気《かいき》祝いしねばなんね、いま快気祝いする。いま盛りだえ」。そして、その茶屋の人が話してくれた。そのアンサが考えてみれば、〈乞食が行けば乞食をもてなし、村の衆にもご馳走《つっお》出してもてなすって言うだんが、乞食みていになっていってみようかな〉と思って。その人は、

「この家の、いちばんボロの着物見つけて、おれがいま着た着物と、取っ替えてもらわんねやろか」

「そげんことは、わけもね」。そして、内々探してボロボロの着物見つけて、その人が着た着物と取っ替えてもらって。その人は礼したりして、行ってみようと思って、

「ありがとうございます」と言って、石橋を渡って、蝉屋長者の家に行って、

「こんにちは」って戸を開けて、敷居のとこへ腰掛けていれば、乞食だんが酒出したり、ご馳走出したりもてなしてくれると言うんが、長者の人が酒出したり、ご馳走出したり、その人に食わしたり飲ましたり。酒飲んだりご馳走食ったりしているうちに、いってえその人が動かん。〈ああ、あの人はどっかへ行ってもいい頃だが、いっそ動かんね〉って。みんなこそこそ話するども、いっそ動かんね。

「おまえ、どうしたい」

「おらこの家に、使えてもらいてんだんが、こうして動かんでいる」

「そうだかい。それじゃ旦那さまに聞いてみるだんが、おめえそこへ休んでいてくらっしゃい」って。一の番頭が旦那さまのとこへ行って、

「こういう人が来て、使ってもらわんねろかって言うとるが、どうしたらよかろ」

「そういう人があったんやら、なじょうに使ってやれや。何か仕事があるろ」。それで、一の番頭が考えて、

「ああ、そうだ〱。ああ、ちょうどいいところに来た。飯炊きの爺さが暇取り、飯炊きいねで不自由していたが、おめ、明日から飯炊きしてくらっしゃい」

「ああ、よかった〱。使ってもらえば何でもいいだんが、使ってくらっしゃい」

「それにしても、そのボロげもんじゃ、汚なげでどうにもならねが。おれさっぱりした着物見つけて代えてくらっしゃれ」。そう言って、さっぱりした山着物《やまぎもの》見つけて、汚なげな着物と取っ替えて、次の日から飯炊きをしたり、暇があれば掃除したりして、一生懸命働いて。たまにお嬢さま声でも聞かれんかと思っていたが、いっそ声も聞かれもしねし、姿も見られもしねし、と思って一生懸命働いていた。

そしたらそのうちに、お嬢さんが病気になったって。これはまあ、大変だ。家ん衆、嬢《じょう》じょ、やっと戻ってよかったと思うがんに（思っていたのに）、病気なつて大事《おおごと》なったんが、医者頼んだり、八卦見頼んだり、祈祷師頼んだりして、一生懸命看病しても、いっこよくならんで、だんだん頭上げねようになってしまって。〈さあ困った〉と思って、また八卦見が来たんだんが、八卦見頼んでみてもらったら、

「この人の病気はのんし（病気だけど）、思う人があって、その人がくればそのまま治るし、その人が来ねうちは治らん」って。この八卦見診てくれて、〈さあ、それじゃ思う人たっても、いっそわからねんだんが、家の中から先に嬢じょとこへ見てもらおう〉と思って。一の番頭呼んで、

「おら嬢じょ、こういう病気だって。おめぇみんなに、それを伝えて、嬢じょとこ見舞いに行ってくれ。家から

先に調べねばなんねんだんが」。そしたら、一の番頭大喜びで、〈このお嬢さま気に入った人なんて、おれよりほかにある訳がね。おれがまあ、この娘の婿になられる〉なんて思って。一の番頭が第一番に風呂に入って、きれいにして、いい着物着てお嬢さまのとこへ行って、

「お嬢さま〳〵。よか茶でももってこようかな」って。お嬢さま、一の番頭が言ったども、一の番頭は、〈はあ、てめえがここの婿になれる〉と思って行ったら、お嬢さま下向いて呻《うな》って、頭も上げねし、目も開かんね。

「やっはい〳〵（いや、参った）。おれでなかったら、誰も行ってみる必要もねども、みんなが行ってくれてと旦那さまが言うたんが。みんな順々に、お嬢さまの見舞いに行ってみてもらわんばならん。次に誰だれ。みんながきれいになって、お嬢さんの見舞いに行ってくれ」言うんだんが。みんなが順々にきれいになって、きれい着物きて、お嬢さんとこに見舞い行くども、誰が行ったって目も開かねし、頭も上げねし、いっそだめ。

「ああ、みんなが行ったでねえやろか。これで終わったじゃねえろか」と言ったら、一人の人が、

「ああ、まだ一人いるよ。この間来た、飯炊き爺さがまだいるよ」。一の番頭が、

「ああ、そっけな者が行がんね（行かれない）。お嬢さん目回らがして、死んでしまう。あっけな者、いっそやっちゃならん。それでも、みんな行ってくれってあったが、行ってみてもらわんばならん」。そして、その飯炊き爺さにそう言ったら、飯炊き爺さ風呂に入ったらきれいになって。いい着物出してもらって、着物着てみたら、なじょうか（どんなにか）いいい男になって、品があって。

「まあ馬子にも衣装ってことがあるんだんが、まあ品があってきれいなったことになった見れ」。なんてって、みんなこそこそ話して、

「だいじょうぶかい」って。その人がお嬢さまのとこへ行って、

「お嬢さま〳〵、よか茶でも持ってこようかな」って言ったら。その人の声聞いたら、お嬢さんがパチッと目を開けて、

「まあ、よかった。おめが来てくれっかと、いくらも思うども、いつまで経ってもきて来んねし。おら、こっけん病気になった。おめえが来てくれれば、おら病気になったんが、まあ、お粥でも食わしてくらっしゃい」。まあ、旦那さまも奥さまも大喜びで、嬢じょの気に入ったなんて。なじょうな（どのような）者だって、病気治してもらえんれんが、

「よかった〳〵」喜んで。そのうちお嬢さんも、お粥食ったり飯食ったりして元気が出てきたって。そして、こった親類衆呼んで、

「こういうわけで、おらとこに婿になってくれる人が出てきたんが。こった結婚式しねばなんねんが、おまえがたみんな来てくらっしゃれ。そして、婿取りの話が決まって。お嬢さまもいい着物着て出る。その飯炊き爺さもいい着物着て、きれいになって出た。ほんとに何とも言わんね、品があったりきれいで、いい男で。

「ああ、これはいい婿が決まって、よかった〳〵」って、親類衆もみな喜んで。ほしていい祭りになって、女中、奉公人、みんな家ん衆、ご馳走《つつお》出して、みんな喜んで、いい婿取りがあって。

そして、ご馳走になって、酒もらくらく飲ましてもらって。親類衆も夜中になったんだんが戻って、奉公人もみんな寝た。静かになってアンサとアネサと、てめの部屋へ入って。今までのいろいろな話をして、二人が話して。夜中になったら、なんでやら、どっかの方から、ミシッ、ミシッとだれか歩いてくる。〈この夜中に歩いて

くるってことは、どういうこったろう〉と思って、恐《おっか》ねえと思って、二人が黙っていたら。だんだん二人の部屋の方に向かって来る、なんだろうと思って、二人が恐ねども目を開いてみたら、ほしたら有難げな神々しい人が、アンサとアネサの部屋の前に来て、

「おまえがな、こけにいいとこに、おさまれる身分じゃねんがんだども。あんまり気立てがよくて、やさしくていい人だんが、こげんことにおきされるようになったんだから、今まで通りいい気持ちで親孝行して、夫婦仲良くして、村の衆にもよく、奉公人もよく、いい婿になれ」。そう言うと、ポカンと見えなくなった。ああ、アンサとアネサの二人は、〈ああ、有難い〳〵〉と思って、手合わせて有難がって。その通りに今まで以上に、その人もいい人になって。親孝行して、親類衆よくして、奉公人によくして夫婦仲良く、一生仲良く安楽に暮らしてあったと。


　いっちごさっけ申した、鍋ん下ガラガラ。

（1）上流家庭の娘の呼称。妹のことを言う所が多いが、ここでは姉のこと

58　蛙報恩（姥皮型）（二）

　ざっとむかしあったと。

　あるとこへ、爺さと娘があって。爺さ畑に行って、でっこいヘッピ（蛇）が蛙をくっつまいて（くわえて）、蛙

は大事《おおごと》がって、切ながってるんが、蛙を助けたいで、

「ヘッピ〳〵、その蛙を放してくれ。おらとこに娘があるが、おまえにその娘を呉れるんだんが、蛙を助けて、放してくれ」ったら、そのヘッピがでっこい蛙呑みそうになったんが、ポターンと落として。そしたら蛙喜んで、草原《くさわら》に潜りこんで。そしたらヘッピは、

「おら、いつ嫁もらい行ったらいいかな」

「そうだな、三日も経《た》ったらきてくれ」って。そう言ったんが、ヘッピどっかへ潜りこんで。

ほして家へきて、爺さ〈ああ、これは大事かいた。たった一人の娘を、ヘッピに嫁に呉れるなんて言ってしまったが、どうしたらよかろ。娘、言うこと聞いてくれればいいども、言うごと聞いてくれねこともあるし、どうしたらよかろ〉と思ったら、心配で〳〵どうしようもなくて、寝床に潜りこんで寝てるんが、娘心配して、

「爺さ爺さ、どうしたい。よか茶でも持ってこようかい」

「おらな、湯も茶もいらねども、いまこの家の畑で、でっこいヘッピが、蛙を呑みそうになっていて、蛙切ながっているんだんが。蛙助けようと思って、娘んこ持ったが、その蛙助けてくれれば、娘嫁にくれるがって、ヘッピにそう言うと、ヘッピ蛙放したがね。蛙喜んで、草の中に潜りこんで。そしたらヘッピ、いつ嫁もらいに行ったらよかろ。そうだい、おらとんでもねえこと言ってしまったと思ったども、それじゃ三日も経ったら来てくりゃれって、おらそう言ってきたんが、ヘッピのとこ嫁に行ってくれ」って。

「ああ、爺さの言うことだ、ヘッピのとこでもどこへでも行くで」。そして爺さま、〈よかった〳〵〉と思って、
それから、

「三日経ってば、行ってくねばならんね。嫁に行く買い物に、町に行ってこねばならんね。ヘッピのとこ嫁行くのに、何に持って行くんだ」って。

「何にも要らんね。じゃ、その話は、瓢箪に針千本を入れて、嫁入り道具に買ってくらっしゃい」

「よしよし。そっけんこと簡単だ」。そして、瓢箪に針千本入れたんが買ってきていたら、ヘッピいい男になって迎えにきて。ほして、娘その瓢箪持って、ヘッピにくっ付いて。ほして、山に向かって行ったら、でっこい湖があって、

「おれが家はここだ。ここに入ってくれ」

「ああ、どこへでも入るけど、この瓢箪を沈めてもらわんば行けんから」

「そっけんことといっそ簡単だいが。沈めることなんか」。そう言って、瓢箪を水の中に入れて沈めようとするが、瓢箪なんだから、なかなか沈まんね。ヘッピのし上がって（上からおさえつけて）バターンとするども、いってい沈んでくれんね。そのうち瓢箪の中から針が出て、あっち刺され、こっち刺されして刺さって。ヘッピそのうち血だら真っ赤なって、死んでしまった。〈ああ、よかった〳〵〉と思って、〈どっか行こうかな〉と思って。したら蛙がこった、

「おらとこに泊まってくらっしゃい」。助けてもらった蛙が出て、

「おらとこ泊まってくらっしゃい」。そして蛙のとこ泊めてもらって、朝げになって出ようと思ったら、

「おまえ、そのきれいな格好して、この山下《お》りようなんとすれば、山賊がそこらじゅうに居るんだんが。おらとこ婆皮《ばばかわ》ってもんがあって、これ着ると、年寄りの汚なげな婆さになるから」って。蛙の家の衆は、婆皮っての出

してくれて、それを着たら、ほんとにあのきれいな人が、汚なげな婆さになって。

「ああ、それでいいから」って、山からそれ着て下りて。そしたら、「困った人、誰でも助けるから、おら家へ来てくれ」って立て札あって、でっこい家があって。そこへ入って、「おらなんでもいいから、この家で働かしてもらいてえ」。ほして、旦那さまに聞いてみたら、「なじょうも働いてくらっしゃい」。そこの家で働かしてもらって、婆皮って、汚げな婆さになって、風呂焚きしたり、飯《まんま》焚きしたりして、そこで働いて。ほすと、夜になると部屋もらっていた部屋に入って、灯《あかし》つけて婆皮脱いで、ほして本読んで勉強して、毎晩そうして勉強して。

ほして、夜勉強していたら、若旦那が〈あの婆さの部屋、いつも明かりがついているんが、何してる?〉って覗いてみたら、婆皮脱いだんが、きれいなアネサ（姉）になって。〈あの人、こげんなきれいな人であったか〉って見て。次の晩も、勉強して明かしついてる。また覗いてみると、きれいないいアネサが本読んでる、勉強してる。〈あっけな人と思ったら、毎晩いつ行っても、あっけんきれいな人で、嫁にもらいてえが〉って、家ん衆に話してみたら。家ん衆が、アネサに話聞いたら、

「おら、ほんとはこういうこって」

「じゃ、おらとこの嫁になってもらいてえ」。そして、そこのとこの、いいとこの嫁になって。そして、爺さある話して、爺さもここに来て、暮らしてもらわんばなんねんだんがって。その嫁も駕籠に乗って、爺さ迎えに行ったら、爺さ喜んで。また爺さ駕籠に乗って、そこの家に来て、一緒に暮らして一生安楽に暮らしてあったと。

いっちごさっけ申した、鍋ん下ガラガラ。

59　危ない危ない

ざっとむかしあったと。

ある爺さに子どもがなくて。二人があんまり、暮らしが楽で無《ね》え家で、正月の年取りの晩に、「たった二人じゃ、遅くならんうちに年取りしようね」って。夕飯食って、まだお休みしねでいたら、雪の降るところであったと見えて、雪が家より高いようになったところで、小さい子どもが来て、「危ない〳〵。危ない〳〵」って。やかましくてと思ったんだんが、外に出て、「やめれ〳〵」って言うのに、いっていやめないで、「危ない〳〵。危ない〳〵」って言って。小さい子どもが来て、どこの子か知らんども、怒鳴っているんだんが。「やめれ〳〵」って言うのに、いっていやめないで。こんだ、鎌持って追っかけたら、山の方にどんどん飛んで行くんだんが。〈どこへ行くんだ〉と思って追っかけてきたら、山の横に穴があって、ちょろっと子どもが潜《もぐ》りこんだ。〈ああ、おれもあと追っかけて行こうかな〉と思ったども、ちょっと見たらでっこい甕《かめ》が、藤蔓《ふじつる》にからまって、ほんとに危なくて、落ちるかと思うようになって下がっていた。〈これを降《お》ろして入ろうかな〉と思って。やっとのこって、危ねんだんが気をつけて、落とせば甕だんだが壊れてしまうし、ちっと持って重かったんだども、やっと下へ降ろして。

そして、蓋《ふた》はいでみたら、中に大判小判がびっしり入ってあって。〈ああ、これだら重たいわけだし、これ落ちたら、人に危なかったんだんが。あの子がおれに教えてくれたったな。おれに授けたな〉と思って。〈家へ持って行こうかな〉と思って。やっとのこって重かったけんど、やっとのこって持ってきて、

「婆さ婆さ、オベスサマ（恵比寿さま）に薄べり(1)敷いて」、婆さがオベスサマに薄べり敷くと、その甕持ってきて、ジャラジャラと大判小判いっぺいあけて。その人たち暮らしあまり楽でなくて。それで暮らし楽になっていったら、隣の衆が、

「おめがた、なんとなくお金があるよな気がするが、どうした」って。そこで、その話した。

「小さい子が来て、危ない危ないって言うんだんが、危ない危ないって。そのあと追っかけて行ってみたら、この甕がぶら下がって、危なくてあったんだんが、降ろしてみたら、その甕の中に大判小判がいっぺえ入ってあった。そのおかげで楽になった」

「そいじゃ、おらも爺さまをやって」と。そして、爺さが嫌がるんだんが、むりやり穴の方に向かって、爺さをやって。同しように穴の口に、また甕が下がっていたって。〈ああ、このことだな。これをおれも降ろしてみる〉。重てかったども、やっとのこって降ろしてみた。そいで、大判小判が入っていると思ったら、その甕の中に大判小判では無《ね》、石ころだの茶碗欠けだ、いっぺえ入ってた。〈ああ、おもしろくね。おれにこんなもの授けて、隣の人には大判小判授けて〉と、言わったどもどうしようもね、その人は授かねかったど。

いっちごさっけ申した、鍋ん下ガラガラ。

（1）薄いゴザ

60　隠れ里

ざっとむかしあったと。

あるところに、年取って百姓してる人があって。山の中に花があり、そこへ行く途中に畑があって、毎日牛を連れてそこへ行って。そこの畑へ行って、ほしてあるとき休んだら眠くなって、トロトロと眠ったって。目が覚めてみたら、蟻《あり》ゴが何千だんが何万匹やら、豪儀《ごうぎ》な蟻ゴが出ていて、その牛を山に穴が開《あ》いてて、その穴の中へ牛を引っ張りこもうと。〈さあ、大変だ。牛を蟻ゴに連れて行かれてしまう。連れて行かれちゃならん〉と思って、手をしっかり押さえて引っ張ってみるども、蟻ゴの力が強すぎて、ズズー〳〵と穴の中に引っ張り込まれて、〈さあ、大変だど〉と思って行ってみたら、穴の中の外が、広いきれいな畑があるとこであったって。誰も、何も知らんとこで。

そしたら、そこの村の衆は畑もうなう（耕やす）し、牛が行ったら喜んで、〈牛が、来た来た。牛を使って耕せば簡単だなす〉と思っていたら。その牛の持ち主が行って、

「ああ、その牛はおれが牛だ」って言ったら、

「ああ、おまえの牛であったかい。この広い畑を、牛を使えば簡単にうなえるんだんが、この畑を耕すときだけ、これ貸してもらいたい」。

そして、その村の衆、一生懸命広い畑うなって、たちまちに広い畑うなって、その広い畑を耕して。「ああ、ありがたかった。おまえのおかげで牛を貸してもらって。簡単に畑ができて、よかった〳〵」って喜んで。銭いっぺい、大判小判いっぺい呉《く》れて、大喜びでその金もらって、牛引っ張って、家戻ったども、「おめ、ここへ来て畑を牛がうなってくれて、お金いっぺえもらってきたなんて、村へ行って絶対に話してくれんな。それで、おめ、銭がなくなって、そっけいっぺいはやらんねども、ちっとならいつでも、この穴の外に出しておくんが。おまえそっと来ると、小遣い出してやるんだんが、村へ行って、その話絶対にしくれんな」って。ほして、話して。

そしたら友だちが、〈そこの衆、このところなんとなし、金があるようだ〉って、その人に聞いてみたら、その人、その話絶対にしんなってがんに、話ぜんぶ聞かしたって。そうしたら、「そいじゃ金がなくなれば、ちっとでもやるからって言われたんが、いままでおらもらっていた。こった二人して穴の外に行ってみよう」。ほして金を見に行ったら、山の穴、ピタッと横閉めて、金いっそ出しておがんかったって。話すんなってやがんに、話たんが、それっきりであったと。

いっちごさっけ申した、鍋ん下ガラガラ。

61　二反の白

ざっと昔あったと。

嫁と姑婆《ばば》さまが、仲よく暮らしてててって。婆さが五月人形飾って、「おめ、これなあ八幡太郎《はちまんたろう》って人形だよ」って。そしたら嫁、よく見てたら、「これ八幡太郎じゃない。田原籐太《たわらとうた》だ」

「そうじゃねこったってや。これは昔から八幡太郎だって、飾っていたんだって。八幡太郎だ」って。いくらそう言っても、

「いやこれは田原籐太だ」って。争ってみたども、どっちも負げねで、争っていたんだんが。

「それじゃ、明日朝げ食ったら、二人してお寺の和尚さまのとこへ行って、決めてもらおう」って、そう言って、二人話して。

そして、夕飯食って。嫁が夕飯の後かたづけしているうちに、婆さが、〈ああ、これはどうしても嫁に勝ちたいだんが、嫁が後かたづけしている。嫁が知らんまに、お寺へ行って、おれに勝たせてもらえてって、願ってこようかな〉って。婆さ嫁に隠れて、奥の方から白い生地《きじ》を一反持って、風呂敷にくるんで、お寺の和尚さまのとこへ行って、

「おれと嫁と、今日五月人形飾ったら、おれが八幡太郎だろうて言うと、嫁はよく見ていて、これは田原籐太だって。そうじゃねこったえ、八幡太郎だこってえ。いや田原籐太だって。そしていつまで争っていたって、いっ

たい決まりがつかねんだんが、明日朝げ、お寺の方丈《ほうじょう》さまのとこへ行って、決めてもらおうって相談になった。おれにどうして八幡太郎と言って、おれに勝たしてもらいてえ」。そう言って、その白い生地一反、和尚さまのとこに出して。そして家にもどって、知らんふりして。

そして嫁も、こった考えて、〈どうしてもおれが勝ちたいが、お寺の和尚さまに、婆さ知らんまに、おらお寺に願ってこようかな〉と思って。そしてやっぱり、奥の方から白い生地を一反持ってきて、そして風呂敷にくるんで、お寺に行って、

「こういう話で、婆さは八幡太郎だって、おれは田原籐太だってこと言う。そして争ったども、どっちも負けねで、明日朝げ、方丈さまのとこへ来て、決めてもらうことになって、明日二人して来るんだんが、これは田原籐太だってことや、そう言っておれに勝たしてもらいてえ」って。嫁もまた白い生地を一反出して、家へもどって知らんふりして。

次の朝、朝げ食って、二人してお寺へ行って、お寺の方丈さまに、

「おれが八幡太郎って言うし、嫁が田原籐太だって言うし。争ったども、どっちも決まりがつかんでしまって。朝げ起きて、方丈さまから決めてもらおうって話になっていた。八幡太郎だのし（だね）」。ほしと、嫁は、

「田原籐太だのし」。そして方丈さま、黙って聞いていたけ、ほして、

「あれは八幡太郎でもないし、田原籐太でもないし。白い生地忠度《ただのり》なんだから」。そう言って、和尚さま教えたと。

白い生地二反忠度であった。

いっちごさっけ申した、鍋ん下ガラガラ。

62　小僧田楽

ざっと昔あったと。

ある時、寒《さぶ》い日があって。和尚さまが豆腐田楽《とうふでんがく》が好きな人で、〈今日はあんまり寒いしするんだんが、豆腐田楽でもしようかな〉と思って。豆腐屋に行って、いっぺい豆腐田楽買ってきて、そして食おうかなと思って、小僧に教えねで。小僧どこへ行ってあったか居ねかったし、豆腐屋から豆腐田楽三十個、買って来たって。ほして、火をどんどん燃して。火の燃えるがに（のに）、ぐるりと豆腐田楽を串に刺しておくんだんが。並べて焼いて、ほして片ぺた（片方）焼けると、焼けた方に味噌をツーと塗って。どんどん燃して、いまちっとに焼けそうになったなと思うと、小僧が二人して、ワサワサ出てきて。〈いやはや、おらみんな食おうと思ってたら、小僧が出てきてしまったんが。おれがみんな食おうてわけにはいかんね。あれしょうかな、みんなして歌を作って、その歌によって、豆腐田楽を食おうかな〉と思って。ほして、

「小僧小僧、今日はあんまり寒いんだんが、豆腐田楽を買って来て、みんなで食おうて。でも、ただ食ってみたって、おもしぇことがないが、歌を作って豆腐田楽食おうじゃないか」。そしたら和尚さま、

「おれがまあ、一番最初、歌を作るか」って。そして和尚さま、

「小僧二人は憎《にく》し」って歌作って、二串。そしてこった、

「おれが番だ」って、でっこい方の小僧が、

「小僧は釈迦の前の薬師」って、八串食ったと。そしてこった、小さい小僧が、何言おうかと思ったら、

「小僧がよければ和尚徳す」って、十串。二串に八串、末の小僧は十串食った。

いっちごさっけ申した、鍋ん下ガラガラ。

63　一休の虎退治

ざっと昔あったと。

一休さんは頓知《とんち》がいいんだんが、みんなが試そうとして、

「おまえ、この虎を、掛け軸に描いた虎を捕《つか》まえてくれ」ったら、

「おお、捕まえるから、その虎を追い出してください。追い出せば捕まえる」って、そう言ったって。追い出さんば、捕まらね。

いっちごさっけ申した、鍋ん下ガラガラ。

64　三枚のお札

　ざっと昔あったと。

　秋になって、彼岸もくるし、小僧に和尚さんが、

「今日は天気がいいし、山に花採りに行ってきてくれ」。小僧は、

「はい」って。山へ行って花採ってみるけど、いい花がなくて、だんだん奥の方へ入っていってしまう。なんとも思わなくて、一生懸命に花探しているうちに、暗くなるようになって、あんまり一生懸命に探したもんで、暗くなってしまった。もっとあちこち見たら、火がポカン、ポカンと向こうの方に見えるんだんが。〈いいよ、お寺に戻るよりは、あこへ行って泊めてもらおうかな〉と思って、火をめがけて行って、

「今晩は、今晩は」

「おお」って音がする。

「今夜ひと晩、泊めてくらっしゃれ」

「ああ、よかったら、何にもねえども泊れ」。恐《おっか》ねい声がして、戸を開けてみたら、鬼婆《おにばば》が火をともしてあたっていた。〈さあ、大事《おおごと》かいた〉と思ったども、逃げるわけにいかねんだんが、

「泊めてもらわれねか」

「ああ、よかったら泊れ」。中に入って隅っこに、恐《おっか》ねんだんが、小さくなっていたら、

「まっと火のあたるところで、あたれ」。こんた小僧、恐ねだんが、出ていった。

「今夜はな、おれが汝《なあ》を抱いて寝るから、わしと寝る。一人で寝るな。抱いて寝るから」。ほしたら鬼婆さに抱かれて寝て、〈なんとかして、こら、逃げねばなんね〉と思って、

「婆さ婆さ、小便が出たくなった。便所へやってくれ」

「小便なんか便所いらんから、おらの手の中にしれ」

「婆さんの手の中なんて、もったいないなくてしらいね。便所やってくれ」

「ほいじゃ、汝が足に紐《ひも》つけるから、紐つけていけ」。ほして、婆さに紐つけらいて、便所へ行って。そうすっと、

「小僧小僧、ええか」。小僧、

「まだ、まだ」

「小僧小僧、ええか」

「まだ、まだ」

「そうだ、いたらんとこに神様がいる、便所の神様さ願っていこうかな」。便所の戸にその紐結いつけて。何とかして逃げられるように、返事してもらえって、便所の神様に願って、

「小僧小僧、ええか」

「まだ、まだ」。こって（こんど）便所の神様返事して。ドンドン逃げて、

「小僧小僧、ええか」

「まだ、まだ」。〈いつまでたっても、まだまだって言うんが、これはおかしいな〉と思って、婆さ出てみたら、便所の戸につながってて、小僧いなかった。

「この野郎、小僧逃げたな。逃げるたって、逃がさんぞ」って。ほしてドンドン、ドンドン追っかけ、婆さ山慣れてるし、小僧慣れてねんだんが、追いつかれそうになった。そして、お寺から出るとき、和尚さまから札《ふだ》三枚もらって来たんだんども、〈ああ、おっ恐《か》ね〳〵、使おう〉と思って、

大山になあれ！

一枚投げると、そこへ大きなでっこい山ができて。「なにする、こんたもの出して。小僧なんか負けねど」。まきから、まきから山に登って。ほしてまた、ズンズンと下へ降りて。小僧も一生懸命逃げるども、婆さ山なんてなんとも思わんねから。また越えてきて、小僧に近づくようになったんだんが。小僧どんどん逃げるども、〈どうしようもね〉と思って、また一枚札を出して、

大川になあれ！

投げたら、ドンドンと水いっぱい、川幅の広いでっこい川ができたんだ。〈ああ、よかった〳〵〉と思って、ドンドン〳〵と、小僧一生懸命逃げる。婆さ、〈なあに、こんな川、苦にもしねが〉。ゴショゴショ〳〵と川越えて。また小僧にドンドン追いかけてきて、また近づいてきたんだ。いま一枚あるがだんだ。

大火事になあれ！

ほうしたら、ドンドン〳〵豪儀な火の粉《こ》が出てくる。婆さが〈なあに、なあに火の粉〉。また、その火の中を、ドンドン〳〵と飛び越えてきて、小僧ドンドン逃げる。〈ああ、お寺のそこにきた。ああ、よかった〳〵〉。また追いつくようになったんが、お寺の後ろに縦《たて》井戸があって、縦井戸の上に木がガサッとなっていて。〈この木に登って隠れようかな〉と思って、スルスルと木に小僧が登って隠れて。水がついているそこへ小僧が映って見え

る。ほして、婆さそこへ飛び越えて、「あっ、こげんとこ井戸がある」。覗いてみたら、婆さ火事のとこ飛び越えて来る時、頭の毛も燃えたので、覗いてみたら、(1)道心坊《どうしんぼう》がそこに映ったんが、「この野郎、ここんとこ隠れたんだ」。ボーンと飛び込んで、こんど縦井戸だったんで、おかげさまで小僧は助かったって。

いっちごさっけ申した、鍋ん下ガラガラ。

(1) 乞食坊主のこと

65 姥捨山（福運型）

ざっと昔あったと。

あるとこに婆さと倅《せがれ》と住んでいた。倅が小さかったけど、だんだん大人になって、嫁もらってもいいようになって、仲人《なこうど》してくれる人あって、嫁もらった。嫁もらった頃には、三人が仲よく、嫁も、お母さんお母さんって言って、なついてするども、嫁が家《うち》に慣れてくるにしたがって、婆さが嫌になって、〈婆さを何とかしてして〉と思って、旦那どんに、

「おらまあ、婆さが嫌になってどうしようもねが、なんとかしてもらえんねろか」

「あんまりバカ言ってくれんな。おれのたった一人の親だがに（なのに）、大事にしてくれんが」。そう言われると、ほんとだんだんが。またしばらくたつと、婆さ見てるのか、嫌で嫌で、どうしようもねえんだんが、旦那にまた、「おら、あの婆さ嫌で、どうかしてもらわんねろか」

「あんまバカ言ってくれんな。あれはおれがたった一人の親で、大事に大事にしてくれ」、そう言うんだんが、いくら願っても、そうばっか言ってるんだんが。

「それじゃ、おいらしょうがねえんだんが、実家へ今日は戻らしてもらわんだんが」。そう言うだんが、婆さもほんとに大事で大事だども、嫁も大事で大事で。どうしようもねえんだんが、嫁に実家へ戻られれば、これも困るんだ。

「それじゃ、婆さ山の方へ連れていくか」って。ほして婆さに、

「今日は天気もいいし、山に遊びに行って来ようじゃねえかい」

「それは、ありがたい。おれも、天気がいいんだが、どっか行くべと思ったけに、なじょうに山へ連れていってくれ」。婆さ、そう言って喜んで、子どもに付いて、山へ行った。だんだん山の奥へ行って、山にいっかい登ったとこで、

「おまえ、ここへ一緒にならんども、ここへ小屋掛けていてもらわんばなんねんだんが。おら、これから萱《かや》を刈って、小屋掛けるんだんが、萱小屋を。萱被せた小屋こしらって、おまえ一人して、ここで暮らしてくらっしゃい」。そう言って、子ども戻った。小屋へ火をつけて、子ども戻ったい。

　婆さ、小屋を出て、〈こっけんとこで、殺されちゃならんね〉ど思って、外へ逃げ出して。ほして、火にあ

たって考えて。ほうすっと、鬼が、火が燃えてんが見つけて、婆さのとこへ来て、

「婆さ婆さ、そのでっこい口開《あ》いてんが、それ何する口だい」

「これはな、鬼を食う口だ。鬼食ってしまうが」

「ほんに怖いこった。それ隠してくんねえかい」

「これは隠さいね、まっと広《ひっ》ろげて見せようか」。なんだい、でっこい口開けて、

「婆さ婆さ、おれ食う口なら、奥に閉まってくれ」

「これ、しまわんね」。鬼は、その口、ほんとにおっ恐《か》なくなっておった。

「おら、大事な宝物、お前にくれんだんが。その口おっけて（押さえつけて）くらっしゃい」

「大事な宝物もんくれるなら、奥へしまってみる」

「これは大事な宝物くれる。これは何でも欲しいもの出てくれって言えば、何でもお前が望むものが出てくる。そういう宝物だから、これをおまえにくれる」。婆さは喜んで、それもらって、でっこい口しまって。ほして、鬼は安心して、また山にもどって。

　婆さ、〈こういういい宝物もらって、ここへこうして居たってつまらんから、最初からいい家、でっこい家こしらってもらおうかな〉と思って、ほして宝物に、

「でっこい、お城みていな家出てくれ」。そう言ったら、いい家ばっか（だけ）出てきた。〈家ばっか出たってどうしようもねんが、町作ってもらおう〉と、

「ここへ、でっこい町を作って」。そして、そこへいい町ができて、米屋もあり、味噌屋もあり、酒屋もありする

ようないい町ができた。〈ああ、よかった。〉。そこへお城みたいな、でっこい家ができたんが、そこへ入って、「家来も出してくれ」って、そして家来も出してもらって。婆さ、殿様になって、家来も出して、いい身分になったと。

子どもたち家へもどって、だんだん暮らしが大事《おおごと》になって、毎日山へ行って、焚き物取って、それを売って暮らすようなみじめな暮らしになって。そして、毎日仕度して山へ行って、薪を伐って、売って暮らす。また、〈焚き物伐って、あの町へ行って売ってこよう〉って。ほして、その町へ来て、

「買ってくれ」って。

「おら、そんなもん買ってやれねんだんが。あのお城へ行けば、女の殿様がいて、情け深くて、何でも町の人が言うことは聞いてくれるだんが。あそこへ行って買ってもらっしゃい。あそこへ行けば、親切な殿様が、女の殿様がいた」

「ありがとうございます」。そして二人が、お城へ向かって薪背負《しょ》って、

「こんちは、こんちは」。出てみたら、殿様出てみたら、〈ほんに女の人で、どうもおらとこの婆さに、似ているようだかな〉と思ったども、

「買ってくれ」ったものを買ってくれた。ほして、こた家へもどって、

「おら婆さま、あっけなでっこい殿様になっていた。おれも山へ行って、小屋掛けてもらって、火をつけてもらって、殿様になりていいんだんが」。嫁がそう言うんだんが、嫁の言うことは何でも聞いて上がった（あげた）。倅も嫁を連れて、小屋掛けて、ほして、

「そっけん小さな小屋じゃダメだな。まっと萱いっぺいっつけて、でっけえ小屋掛けてくれ」って。ほして、倅が萱いっぺえ刈って、でっこい小屋掛けて、

「おれ、ここに入るんだんが、火つけて、おまえもどってくらっしゃい」。そう言われたんだんが、嫁が小屋の中に入って、火をつけて、倅家へもどってしまった。ほして、ドンドン〳〵〳〵と火が燃えて熱くなるんだんが、熱くなるども、〈おれも、その殿様になるがったんが〔なるのだから〕、我慢しいならん。我慢に我慢して、火の燃える小屋の中に入って、そのうちおれも殿様になられる〉と思って、小屋から出ねでいるうちに、丸焦げになって、嫁が殿様にならんで焦げてしまったど。

いっちごさっけ申した、鍋ん下ガラガラ。

66 姥捨山 (二)

ざっと昔あったと。

ある年、春先はいい天気で〳〵、何かの種、蒔こうと思っても、〈とってもこれじゃ芽を出さんねんが、種を蒔かんねえ〉と思って、蒔かんでいるうちに、だんだん日は経っていくし。しるうちに、こった梅雨がきたら、雨が降って〳〵、雨が降りやんだら、種蒔こうと思って種蒔いた。芽は出したども、なかなか芽ば出した作物の、根が腐ってしまって、〈こらまあ、大事だ〉と思って、雨降り続きであって、何にも穫れね、食いもんがなくな

って。殿様考えてみて、年寄りはあ、始末しがったんず。

「一人口、減った方がいいんだんが。年寄り七十以上ぐれえの年寄りみんな、山へ連れてって置いて来い。一人口食わんでも、みんな助かる人は助かるんだんが、置いて来い」って。みんな山へ連れてって、置いて来るんだんが、しょうもね、孝行するっても、それはならんといった。山へ置いて来られねんだんが、山へ連れてってみるども、親婆さ背負《ぶ》って、山に向かっていったら、婆さ、チョイ〳〵木の枝折って、またちっと行くと、木の枝を折って、婆さそのままの枝を折ったら、順々に道々落として山へ行った。山へ連れて行ったら、

「みんなが山へ置いて来いって言うし、おれがおまえを連れてきたども、おらとても、これから寒くなるし、こっけんどこ暮らしていがねんわけだ。置いて戻らんねから、暗くなれば、おめ、背負《ぶ》って戻るから、承知してくらっしゃい」

「あんまりバカ言ってくれんな。年寄り山に置いていくべし、年寄り山に置いて来いって、お触れが出たし。おればっか戻るなんていがね」

「おれにはおれの考えがあるから、安心して戻ってくれ」。ほして、

「戻る時、道がわからんくなれば、悪いんだんが。枝折ってきたが、道迷わんねように戻ってくれ」。ほして、

「おめんとこ、その話聞けば、いっそのこと、山へ置いて行かんね。暗くなってから背負って戻る」

「あんま、バカ言うな」。争ってみたども、婆さ倅になんて、どして力じゃかなわんだんが、それなり背負ってもらって、家へ戻って。家へ戻ってみたども、のうのうと家の中で暮らしていかねんだんが、

「裏の方へ横穴があるんだんが、悪いどもそこさ行って暮らしてください」。飯折《ままおり》運ぶんだんが、そして、横穴へ

隠して、寒《さぶ》くねように。そして、こっそり飯運んで、婆さ隠して。

そのうち、殿様から、

「灰《はく》で縄なって、持ってこい」って、お触れが出て。〈灰で縄なるなんて、灰ぼそぼそしたんで、縄なんてわがねが、婆さに聞いてみようがな〉と思って。倅、婆さのとこへ行って、

「殿様から、灰《はく》で縄なえってお触れが出たが、おら、あっけなもんで縄なえる方法が無《ね》が、どうしたらいいか」って。婆さに聞いたら、婆さ、

「そっけんなこと、簡単だ。縄よく叩いて、固《かって》え縄なって、それをこう丸めて、藁の間へ塩いっぺい吸いつけて、縄に火をつけると、固い縄だんが、もうたつと萎《しお》れねから」。固え縄なって塩つけて、ほして縄燃して灰縄いれで、そうしたんだんが、よかった〳〵と思って、藁をよく叩いて、固え縄なって、ほして縄に火をつけてみたら、いい灰縄ができた。それもって殿様に持っていった。

「これはいい灰縄ができたんだ。汝《んな》が一番だ。どうしてなった。それよりほうび呉れてやった」

「それより前《めえ》に、許してもらわんばならんね。年寄り山に背負って置いてこいって、婆さ山に置かれねんだが、連れてきて隠して、飯運んで婆さに食《か》しておいて。その婆さがこれを教えてくれて、このいい縄できたんだ。婆さをかくまって隠しておいたことを、第一番に許してもらわんば、褒美もらわんね。許してもらわんばならね」って。そしたら殿様、喜んで、

「よかった〳〵。おれ後になって、年寄り山に置いて来いなって、無理に話してやった。下手なこと考えてあった。ああ、よかった〳〵」と喜んでくれて。

「それ、もっと褒美なさんばなんね」。そう言って、殿様からいっぺい褒美もらって、婆さ隠していたことも許してもらって。いい縄できたことをほめてもらって、家へ戻って、

「婆さ婆さ、よかったじゃ。そんた（あなた）隠していたも、許してもらったし、いい縄できたといって、褒美いっぺいもらってきたから、おめもこった、家へ戻ってきて暮らされるから、出てきてくだされ」。ほして、出いってもらって、銭もいっぺいもらったんが、二人が一生安楽に暮らしてあったと。

いっちごさっけ申した、鍋ん下ガラガラ。

67　お銀小銀

（二）

ざっと昔あったと。

あるとこに、嫁もらったら、嫁に子どもができて、女の子どもが生まれて、その子にお銀という名前つけて。ほして、母親がお銀が小さいうちに死んでしまって。〈ああ、この小さい子を置いて死んでしまわれて、おらどうしようもねえんだ。あと貰わんばならん〉と思って、あとまた、人に頼んで後（後妻）貰って。そして、後貰った人も女の子を産んで、それに、先にお銀って名前なんだんが、小銀って名前にして、お銀小銀って、お父さん大事に育てだんが。継母だんが、先の子どもがめごく（可愛いく）なくて。だんだん子どもでっこくなって、憎くなって。〈憎くてどうしようもねんだんが、なんとかしねばならん〉と思って。子どもに袋二つ縫って、

「ねらねら（おまえたち）、これ持って、山へ栗拾いに行ってくれ。この袋にいっぱいならんうちは、戻っちゃならんからな」って言うたんが。ほして二人して山にやって。小銀に、

「お銀が後行けば、栗がいっぱい落ちている。その栗拾って、いっぱいなったら戻ってこい」。そして、その袋もたしてやった。そして、山へ行ったら、栗いっぺい落ちていて、二人一生懸命袋ん中に拾い込むけんど、お銀が袋に、いっていいいっぱいにならん。そのうちに小銀の袋がいっぺいになって、

「なあ、お銀お銀。いっぺいならんうち、戻んなってあったども、おれ袋いっぱいになったや」

「おめ先に戻ってくれ。おらいっぱいになるまで、拾っていくから」。そして、小銀ないっぱいなったので、家へ戻って。お銀、一生懸命拾うんどもたまらんで、〈どうしてだろう〉と思って、そのうちいっぱいならんうちに暗くなってくる。〈こら、たいへん〉と思って、じきに暗くなって、そしたら向こうの方に、トロトロって光って見えるんだんが。〈あこへ行って泊めてもらおうかな〉と思って、そこへ行って、

「今晩は、今晩は。今夜ひと晩、泊めてもらわんねやろか」

「ああ、よかったら泊ってくらっしゃれ」。戸開けてみたら、母《かっか》みていな人が火燃して、火にあたってったって。そして、そこに寄って、夕飯食わしてもらったり。そして、夕飯食ってから、一生懸命にお銀をもてなしてくれて、山の産物の、アケビだとか、栗だとか、ブドウだとか、ハジカミ[1]だとか、いろいろ山の産物出して、一生懸命食え食えって、もてなしてくれた。〈ああ、こっけんもてなしてもらったことねえんが、ありがたい〳〵〉と思って、お銀がそれもらって喜んで。そして、かなり夜が深くなったんだんが、

「ねら、おら膝枕して寝れ」って。そして、母みていな人に膝枕して、お銀寝た。ほうすっと、夜さり夢みたい

に、

「なになに。この袋、穴が開いたんだんが、いっていたまらんかって。おらがこの穴をおっけて（縫って）くれっから。明日ゆっくり拾って戻れな」。ほして、薄ら夢みたいで、それ聞いて、

「ああ、穴があいてあったかね。おらいっそ知らんかった」。申すげんな、夢でやれ本当であるか、わからんようで。ほして、楽々と眠って、〈気持ちよくしてもらったことなかった、よかった〉。ようく寝て、朝目が覚めてみたら、家もねえし、母もいねえし、切っ株《かぶ》を枕にして、寝てたけど。〈あれ、打出の小槌貰わんかったろかな。夢で授かったんような気がする〉なって、〈それでも、もらわんかったような気がするな。そいで宝物《たからもん》くれっかって言ったが、ほんとにもらっていたろか〉と思って、辺《あた》り見たら、ほんとに打出の小槌ってもんが、そこにあったんだんが。〈ああ、よかった。こげんなものもらって。第一番にそれじゃ、おらそうしたら、栗出してもらおうかな〉っと思って、

「いい栗、いっぱい出てくれ」。そうすっと、いい栗がどっと出てきて。袋に穴があいていて、穴おっけてくれてたんが、持って見たら、ほんとに穴が開いたそこに、つぎ（布きれ）をつけて縫ってた。〈ああ、よかった。このためにたまらんかったかな〉。栗みんな入れたら、その袋にいっぱいになったんが、〈ああ、家へ戻られる〉と思って、その栗もって宝物見えねようにして戻って。その母《かっか》は、〈お銀が戻って来ねえだろう〉と思ったども、戻ってきたんだ。

「汝《んな》、どういうこったい。小銀はいっぺい拾って昨日のうちに戻ったが、汝、今朝までかかったかい」って、皮肉なことを言う。お銀は黙ってた。

そのうち、村に祭りの日がきて、芝居がある。そして、母、いっぱいご馳走《つつお》こしらって、ほして、小銀にいい着物着せて、芝居見に行く。ほして、お銀には、

「んな、この臼で粉して、篩《ふる》ってきれいにして。家をきれいに掃除して、晩方になったら、風呂立てたり、夕飯したりしておけ」って。一日かかったってできるかできないみたいな仕事、いっぱい言いつけて、ほして、小銀連れて芝居に行った。ほして、お銀一生懸命臼取り、ほすっと友達が来て、

「お銀、芝居見に行こうや」

「おらなあ、仕事いっぱいで、行がいねや」

「それなら、おら、してくれるや」。ほして、友達もおおぜいして手助けして、篩《ふるい》で粉をとおして、掃除もして、風呂もついで、きれいにして、

「みんなできたから、仕度《したく》してこいや」

「そら、めでたいに」。お銀喜んで、宝物もらってきたんが、その中から、

「いい下駄出れ、いい足袋出れ、いい着物出れ、いい帯出れ」って。みんなその宝物から出して、いい着物着て、仕度して友達と一緒に、ご馳走《つつお》も出したりして、ご馳走《つつお》もって、芝居見に友達と一緒に行った。ほしてお銀は、小銀を見つけて、ミカン投げてくれたり、ご馳走《つつお》投げてくれたりして。小銀な、〈ああ、おらとこのお銀みたいな〉と思って、ご馳走もらって食って。戻りしまにお銀、晩方になったなって、〈早く戻って夕飯したり、風呂立てたりして、おかんばならん〉と思って、気をもんで(慌てて)、下駄を片足飛んだんだんが、拾っていらんね。その下駄拾わんで、片足飛ばしたまんま家に戻って。その着物はみんな宝物に入れてくれて、その中にしまって。

ほして飯《まんま》炊いたり、風呂たいたりして待ってた。ほして、母と小銀連れてきて、まだできねやしねえやろと思って、家きれいにして粉とおして、風呂たって夕飯して待ってたんや。

　ほして、次の日になったら、村一番の旦那さまの家から、使いが来た。

「ここの家の娘を、おら家の若旦那が見て、嫁に欲しいって言う。その願いに行って来いって言うんが、おら来たがったんが」。母喜んで、〈小銀を呉れよう〉と思って、

「この子だと思うか」って。そう言ったら、〈その人じゃねえと思うがな〉と、使いの者が思ったども、

「その下駄拾っていてあったんだ。この下駄履いて、下駄にちょうどいい足の人もらいに来たが」。小銀に履かしてみたら、足がでっこすぎて下駄に入らん。ほして、お銀に履かしてみたら、ちょうどよく入った。ほしたら、この母、

「この子だって、履げばちょうどよくなるんに」と言って、小銀の踵《かかと》切って履かしたら、先小さくなったんだども、履いだども血が付いてどうしようもね。お銀が履げばちょうどよく履く。この子だということになって、お銀がそこへもらわれていくことになった。でも母、お銀に仕度ないして言うが、お銀はきれいな着物出したり、いい下駄出したり、いい足袋出したり、いっぱい嫁入り道具出したりして、若旦那さまのとこへ嫁に行った。お銀ないい嫁になって、一生安楽に暮らしたって。

　いっちごさっけ申した、鍋ん下ガラガラ。

（1）ツクネイモのことか

68 鼠浄土

ざっと昔あったと。

爺さが山から、晩方なって上がってきたら、子どもが鼠を持って、わさかいて（いたずらして）おったんが、ネズミだんがにくくと思うども、その爺さ、あんま小さいだんが、いじめてるのを見て、みぞげだ（かわいそう）で、

「ねらねら（おまえ）、その鼠、おれに売ってくれ」

「おうおう、売ろいや〳〵」なんて、子どもが爺さに売ってくれて。爺さ、ちった山の入り口に出たんだんが、〈何に、こんだ子どもに捕まえられるようなとこへ出くわしんな。早く家へ戻って、子どもに押さえられないように〉って放して。ほして、〈ああ、これはよかった。みぞげだんだんが放してくれて〉って。

また、二、三日たって、山から上がってきたら、みそまわりな（幼い）女の子が出てきて、

「爺さ爺さ。今晩《こんにゃ》ひと晩、来てくんね」

「おら、婆さがいるんが、家に戻らんばならん」

「いいこと、ひと晩泊りきてくらっしゃい」

「ねら家、どこだい」

「おら家、ちっと奥の方だい」

「じゃ行って、珍しいとこに泊めてもらおうかな」って行ったら、でっこい家があって、そこは賑やかな音がしていて、嬶《かっか》が出てきて、

「爺さ爺さ。おらのねら（娘）が助けてもらって、ありがとうございました。おら、ねらに爺さを案内させたんで」って。家へ入ってもてなしてもらって、ご馳走してもらったり。ほしてご馳走になって、風呂入って、鼠の子ばり（だけ）出てきて、

「爺さ爺さ。おら衆は明日、何にも手土産がないんだんが、土産に葛籠《つづら》呉れんだんが、葛籠でっこい方、もらっちゃならんから、小っちゃい方もらってくらっしゃれ」って、爺さに教《お》せて。

「よしよし」って。ほして、爺さ、その晩にいい寝床とってもらって、らくらく休ましてもらって。

　ほしてその夜中になると、賑やかな音がする、〈なんだろう〉思ったら、米搗き始まって、トントン〳〵って。六人搗きっていうと、なかなかいい音がする、賑やかないい音がする。ほして餅搗き歌に、

　〽ネコとイタチがなきゃよかろう　トントン　トントン

また、

　〽ネコとイタチがなきゃよかろう　トントン　トントン

〈ネコとイタチがないといい、なんて米搗くがな〉と思って、爺さ聞いてて。ほして、爺さ、朝げになって、またご馳走してもらって、爺さ、〈まあ、よかった〳〵。あんまりご馳走してもらったり、いい寝床に寝せてもらって、よかったな〉って喜んで。ほして、鼠の嬶が出てきて、

「爺さ爺さ。おらとこ何にもねども、でっこい葛籠と小さい葛籠があるんが、おまえどっちがいいやろ」。手土産なんで、葛籠土産にやるってやい。

「おら年取って力がねんだんが、小さい方もらって行こうかな」って。爺さ喜んで、それ持って、危ないどご出

れねようにして、子どもど二人して。ほして、開げでみたら、大判小判がいっぺい入っていて、宝もんみていなきれいなもんが入っていて、

「おら婆さ、早く恵比寿《おえべす》さまさうすべり⑴敷いてくれ。恵比寿《おえべす》さまに上げるから」って。ほして婆さがうすべり敷くと、そこへ、ジャラジャラって、大判小判を恵比寿《おえべす》さまに上げて、爺さと婆さは喜んで、これが鼠の小さい土産だか、と喜んでいた。

　ほして、隣の婆さが遊びに来て、

「おっころ〳〵（おやまあ）。ここん衆は、どうして金儲けしたい。いっぺい金がある。どうして手に入れたんが」。鼠助けた話から、その山へ泊ってご馳走もらって、土産もらってきたって、話した。

「ほうだったか。おら爺さ、毎日《めえにち》、横座で背中あぶり⑵して、あたってばかりいる。おら爺さもそこへやって、もらってこようかな」って。なんて隣の婆さ欲言って、隣の婆さが家へ戻って、爺さにその話して、

「そんたも、行ってきやれ」

「おら嫌だと嫌だと。こうして背中あぶりが一番いいで」

「まあ、そげんこと言って。隣の衆みたいに、貰ってこい」。しょうがない、爺さ出かけたとも、鼠助けて出ていがんね。それでも、〈山の方へ向かって行ってみようかな〉と思って、向かって行ったら、でっこい家があって、賑やかな音がする。そこへ行って、

「今夜《こんにゃ》ひと晩、泊めてもらおうかな」

「ああ、なじょうに泊めてもらってくらっしゃい」。なんて言うんだんが、ちっともてなしてくれたり、風呂に入

れてくれたりするども、鼠助けてもらわいね。鼠土産の話もしね。それでもいい寝床取って、寝せてくれたんが。そこへ寝て、賑やかな音がして目が覚めて。やっぱり米搗きして、トントン〱と米搗きして、

　〽ネコとイタチがなきゃよかろう　トントン　トントン

〈ああ、鼠だんなんが（だから）、ネコとイタチがねばいいって言うが、宝物もらっていこう。この鼠の家の宝物、みんな貰っていこう〉と思って、ニャオー〱ってネコの真似したら、

「ほうら、ネコ出た」って。おおって言っているうちに、真っ暗になって、あっちにドンドンみんな逃げて、家真っ暗になってどうしようもね。ほして、いい寝床だと思ったが、なお狭い床になって動きがとねらんね。〈さあ、困った、暗いとこに行くしかね〉と思って、バタンバタン〱と縁の下みたいなとこ暴れたら、家ん衆が出てきたら、

「おお、ここんとこ何かいたや」。ほして、板剥《は》がしてみたら、爺さがいた。

「この爺さたば、金をどこかへ持っていった。宝物みな持っていった」って。若い衆が出てきて、打擲《ちょうちゃく》して、

「この爺さ悪い爺さで、蔵の中みんな持って出た」なんて、怒っていじめて。爺さ金も土産ももらわなかったし、たらっと（たくさん）いじめられて、痛くなって、痛え痛えって泣きしまになって、戻ってきたと。

　いっちごさっけ申した、鍋ん下ガラガラ。

（1）薄いゴザ　（2）イロリの火にあたって、ごろごろ休んでばかりいること

69　狐の宝生《ほうしょう》の玉

ざっと昔あったと。

ある時、お寺に小僧がいて、和尚さまがいた。和尚さま、用事があって出てしまって、小僧ばかりになって。小僧つまらんだんが、〈裏の山の狐のとこに遊びに行こうかな〉なんて、雨が降った中、唐傘《からかさ》差して、

「狐、居たかい」

「居た居た。誰だい」

「お寺の小僧」

「まあ、寄ってくりゃれ」。狐の家に小僧が寄って、いろいろ話しているうちに、

「うちとそんた（あなた）と、化けくらべしようよ」。と小僧が言い出して、

「ああ、それはおもしろい」

「それじゃ、おれが先に化けようか」って、小僧が唐傘広げて、

「ほおら、始まった」。狐の方に向かって傘向けて、こっちへ向かえばまた差し、そっち向かえば差し。小僧の姿が、狐にいって見えねようにして、小僧が気が効いて、唐傘広げて、

「どうだ、見えたか」

「いっそ、見えなかった」

「こんた、そんた化けてみやれ」。クルリと回って、見よげな（きれいな）姉さに化けて。

「ダメダメ、ほらほら、その尻尾が隠れね」

「そうだか」。またクルリと回って、こった爺さに化けて、

「そんた、下手でダメだ。その尻尾がいっこ隠れね」

「そうだけ」。いま一つ、クルリと回って、和尚さまに化けて、

「ダメダメ。尻尾が隠れね。どうしても、そんた尻尾が隠れね。そんたの宝生《ほうしょう》の玉と、おれの唐傘と取っ替えよう。おれの方の化け方が上手だ」

「よし」って。狐の宝生の玉、小僧のとこにやって、狐唐傘もらって。ほして、家もどったら、和尚が居たんだんが、

「おめ、どうした」

「おら、狐の宝生の玉取ってきたから、これいってい誰にも取られねように、大事《だいじ》に大事にしまってくらっしゃい」

「よし」。和尚さま喜んで、狐の宝生の玉を、大事に大事にしまっておいた。

　ほうすると、狐は〈あっこらで（あそこで）化けて、アブラゲ取って食おうかな〉って店へ行って、唐傘広げて、こうして見て。すると、

「ほら、狐が来た、狐が来た」なんて言われて。恐《おっか》ねんだんが、唐傘すぼめて逃げ出して。また次の家へ行って、アブラゲ取ろうと思って、唐傘広げて、店の方に向かって、アブラゲ取ろうと思ってたら、また、

「狐来た、何か取られんな」って。〈いくら店替えて行っても、どうしてもおれが狐だこと、みんな見はらかして

（見破って）ダメだ。これは小僧に化かされたかしら、こら、下手《へた》した〉って思ってた。

そして、いくらか経つうちに、思いつけねで（思いもかけず）、お寺に向かって、大本山の大僧正さまがお寺に来るって。〈大本山から来るなんて、一ヶ月も前に知らせがあるんだに、今日来るなんて、どういうことやろ〉思って。和尚さま魂消《たまげ》て、辺りの人頼んで、あちこちご馳走《つつお》集めて、大本山の大僧正さまが来ねうちに、ご馳走《つつお》こしらえねばなんねって。一生懸命で辺りの人頼んで、ご馳走《つつお》作って。ほうすると、本山から大勢人もついて、大僧正さまが来た。〈まああ、ほんとに来たいや〉と思って魂消て、本堂へ上がってもらって。〈どういうことやろ〉と思ったども、〈そっけん（そのようなこと）あったねいや（あったことないが）〉と思ったども、ほんとに来たんだんが、ご馳走出してもてなしているうちに、大僧正さまが、

「この小僧は、機転が効いて、狐の宝生《ほうしょう》の玉を取ったって話聞いたんが。おら、それが見せてもらいたくて来たがったんが。宝生の玉見せてもらいて」って。ほうしたら、本山の大僧正さまなんが（なので）、和尚さま魂消て、〈ああ、小僧がこの前、宝生の玉取ってきてあったん〉と思って、〈見せねばならん〉と思って。小僧にあって（小僧には）、大事にしまっておけと言われてあったども、出して見せたら、本山から来た人が、

「ああ、なるほど。これが狐の宝生の玉って言うだんが」と言って。あっち見こっち見して、手間とってよく見てた。そうすると、いかによく見て、

「これは、おれが宝生の玉だ」って、狐になって宝生の玉取って、逃げてしまったと。〈ああ、狐にあって取り返された〉と思って、和尚さまポーポーとしてたら、小僧が来て、

「だからおれが大事に大事にしまって置けってがんに（のに）。おまえついに取られてしまった。苦心して取った

がんに、ほんとに取られてしまったって」。もう、どうしようもなかったって。

いっちごさっけ申した、鍋ん下ガラガラ。

70 蛇聟入（英雄型）

ざっと昔あったと。

あるとこへいい娘んこがあって。そこへ毎晩、いい男の人が通ってきて、どこのどういう人だって聞くども、いっていその話は言って聞かせねって。そのうち、うちの衆が気がついて、

「おまえのとこ、毎晩通ってくる人がある。どこの人だい」

「どこの人でやわからん。いってい名のってくんねし、教えてくんねえ。でもいい男が来る」

「それなんだ。今度来たら、長げ〜え糸を針につけて裾《すそ》へ、いってい針が取れねえように縫いつけておけ」。その糸を、長げえ糸を針で裾に縫いつけ、朝げになって、その糸をたどっていったら、ほんとに山奥入って。ほして糸のとこへ、でっこい池があって、その中で話している音がする。

「なあ、おめえバカんことをして、人間とこに通ったから、その針縫いつけられたって、こんた命とられることや」って。親らしい人がそう言って。その話聞いて、池の中であるかと思って、娘が、毎晩来る人に、

「そこに居たら、いま一度、顔を見せてもらいてえ」

「おれが顔を見ればたまげるから。見ねでもどれ」「どうしても見せてもらいて」。そして、きじょうに（気丈に）も言ったら、あれだけ豪儀な面《つら》したヘッピ（蛇）が、面出して、

「ああ」と魂消て。ほして面出したヘッピが、

「なあ、おまえの腹の中へ子どもが一人いる。ほんとに後《のち》には偉い人になるから、大事に大事に育ててくれ」。そう言ったんだ。魂消《たまげ》て家へもどって、その話して。ほしてほんとに男の子が生まれて、大事に育ててくれ、そう言ったら、ほんとに末にはどういうふうに偉い人になったか、そこはわからんが、偉い人になってあったと。

いっちごさっけ申した、鍋ん下ガラガラ。

71 蛙女房（蛙の法事）

ざっと昔あったと。

あるとこに、一人者《もん》の人があって。いってい嫁もらわんで、一人者でいたとこへ、ある日、晩方になってから、若い女の人が来て、

「今夜《こんにゃ》ひと晩、泊めてくらっしゃれ」

「ああ、一人者で何にもないが、よかったら泊ってくらっしゃい」。中へ入って、一生懸命働いて、うちの掃除したり、夕飯したりして、一生懸命働いて。また次の日も、どこかへ戻るかと思ったら戻らんで。一生懸命働いて

くれる人がいると、うちがきれいになるし、飯《まんま》してもらえるし。

「おめ、おらんとこの嫁になってくれ」

「なじょうにも（どうぞ）嫁にしてくらっしゃい」。ほして嫁になって、一生懸命に働いているうちに。ある日、嫁が、

「今日は、おら衆は親の法事するから、晩方になったら、来てくれ」って、行ってみようか
「ああ、なじょうも行ってきてくれ。ああ、それじゃアカ銭[1]くるんだり、米持って行ってきてくれ」

「おら、何にもいらねから。その心配しないでくれ」って。

　ほして、晩方になったら、どこへ行くやら出て行った。そこで、そのとっちゃ（父）、一人なんで、一人で早く寝てだども。夜中になったら、カエルが賑やかに鳴いて、ギャグギャグ〳〵。〈とても一匹や二匹のカエルじゃね。ああ、やかましくて大事《おおごと》だ〉と思って。〈あんまりギャグ〳〵〳〵〳〵がなりて（騒がしくて）、やかましい〉と思って。まだ炉に火があったんだ、火のついているボタ（薪《たきぎ》）を一番やかましいとこに、こうやってグーンと投げたって。ほうしたら、シーンとカエルの音が止まって、朝げになったたって。

　いっちごさっけ申した、鍋ん下ガラガラ。

（1）銅銭のことか

72　蓬と菖蒲（二）

ざっと昔あったと。

あるところに、一人者《もん》のとっつぁ（父）があって、いってい嫁もらわんが。どういうことでもらわんかと思ったら、あんまりけちんぼで、嫁もらえば嫁に飯《まんま》食《か》せねばなんね。その飯食わするのが嫌だったもんで、嫁もらわんで、いたがったど。

ほして、嫁もらわんでいたら、ある時、晩方になったら、若《わけ》え女の人が、

「ここん衆、ひと晩泊めてくらっしゃい」

「おら、一人者で、何にもないけど。よかったら泊まってくらっしゃい」

「何にもないたって、いいんだんが」。ほして、そこに泊まることにして。一生懸命掃除から始めて、そのうち夕飯して、一生懸命稼いでくれる。とっつぁ、〈まあ、こんなに稼ぐ嫁ならいいかな〉って。三日も四日も、そうして働いて、戻りもしないでいるんだんが、

「おめ、おらのとこに嫁になってくらっしゃい」

「ああ、なじょうも（どうぞ）嫁にしてくらっしゃい」。そして、嫁になって、一生懸命働いて。

「おれ、飯《まんま》嫌いで、飯食ったことがない」。とっつぁ、思い通りの嫁だと思って、とっつぁ喜んで。そしたども、〈飯食わねで稼いでばっかりだ。飯食わねで、そうしていられるわけねえ。なじょうな（どんな）ことしてる〉っと思って。山へ行った真似して、後ろへ隠れて見てると。とっつぁ山へ行ったころの時間になると、どうするや

ら、でっこい釜を出して、その釜の中へ豪儀に米を計りこんで、〈まあ、あの米をどうする〉と思って見ていたら、それをへっつ（竈《かまど》）に掛けて、火をどんどん燃して、飯炊いたって。〈豪儀にまあ炊いて、あれをどうする〉と思ってみていたら、それをみんな握り飯握って。ほして握り飯豪儀に握って、米がいっ時になくなって。〈いい嫁と思ったら、あっけんことしてたのか。あの握り飯、何にする〉と思って見ていたら、頭の毛丸めたのをほどいて、みんな毛を下げて、その頭の中へ、一生懸命投げ込むって。〈まあ、よくあれがいっぺえ入る〉。みんな頭の中へ投げ込んで、そうして頭をまた元の通りに丸めて。〈ああ、あっけんことしていれば、家に居てもらわんね〉と思って。晩方なって戻ってきて、

「嬶《かか》、嬶。おらなとこに居でもらわんねが、どこに行くなり、どっかへ行ってくれ」

「ああ、おらいつでも出るから。出るにしても、あの二階にでっこい桶があるが、あの桶をおれに呉れてくれ」

「ああ、あの桶呉れっから、なじょうも持っていってけれ」

「それでは、あの二階上がって、あの桶、下へ下げてくらっしゃい。下で受け取って、貰っていくから」。ほして、とっつぁ桶を下へ下げると、威勢よくドォーンと引っぱって、とっつぁその桶の中へ落としてしまったって。そして、なめけていた、そもそも背負《しょ》ってドンドン〳〵と山の方へ飛んでいく。〈まあ、これは大変だ。山の奥へ連れて行かれる。なじょうのことしられるか、わからんね。逃げ出そう〳〵〉と、そう思っていたが、なかなか逃げ出すにいかない。山のいかんとこ（しばらく）行くと、蓬と菖蒲いっぺいあって、平らなとこがあって。〈おお、蓬と菖蒲の藪ある。これより山へ行けば大目に会うだんが、逃げ出そう〉と思って、威勢よくヒョーと飛び出して、蓬と菖蒲の中に隠れた。ほして、それも知らんで、ドンドン〳〵と山の方へ向かっていった。山へ行っ

てみたら、いなかったんで、後戻りして、また戻ってきた。〈さあ、大変だ。見つかっちゃならん〉と思って、じっと蓬と菖蒲の中に隠れていた。ほして、ついに見っけねで（見つけられないで）、山の方へ飛んでいってしまった。〈ああ、よかった〳〵。この蓬と菖蒲のおかげで、おら助かった〉。ちょうど五月の節供の四日の晩であったと。〈ああ、おら蓬と菖蒲のおかげで助かった〉と思って、毎年家の回りをグルッと蓬と菖蒲飾って、鬼が入らんように飾ってあったと。

いっちごさっけ申した、鍋ん下ガラガラ。

Ⅱ　佐藤フミイの昔話

佐藤フミイさん

1　夕立さまの話

ざっと昔あったてんがなあ。

爺《じ》さと婆《ば》さとあったと。爺さが豆拾う、婆さ穂《ほ》拾うして、

「豆食うか」

「蒔《ま》こうか」って。食うか蒔こうか言って、蒔いたらそれが、ズンズン〳〵ってでっこくなって、空まで続いて行ってまったって。てっこう（天上）まで行ってしまったら、上がってみようかと思って、上がってみたら空まで行って、夕立さまがいて。ほして、

「下じゃいま、雨が降らんで大事ったが」。へて、そして夕立さまに頼んだろ。

「じゃ、雨の振り方教えてやるから」ってかんで。バケツに水を汲んで、ホウキでシュー〳〵って、ホウキに水つけちゃソロ〳〵と掛けて、下の人喜んで。ほしたら爺さ、こんだ面倒くさくなったんだんが、バシャーとあけたってんがな。そしたら下が大水になって、大水になって。ほして、家へ戻ったども、家が無くなったって。

そっけなような話、聞いた覚えがあるがんな。夕立さまの話。夕立さまがヘソの粉のウドン、こしゃってもらって旨《うま》かったたって。

いっちごさっけ申した、鍋の下ガラガラ。

2　ウサギどんとフキどん

ざっと昔あったと。

　ウサギどんとフキどんといて。

「ああ、寒《さぶ》い寒い。寒いだんが、あんま寒いだんが、餅の出し合い[1]でもしようじゃないか」って。

「ああ、おれ米な持って来ねども、後で持って来るんだんが。じゃフキどん米出してくんねか」って。そして、出し合いして、フキどんの嬶《かっか》あに糯米《もちごめ》研《と》がしたり、餅の準備させたりして、ほして、

「搗けるようになったから、搗いてくだされ」ったら、

「ようしてがんな」って、ウサギどんはドンと搗く、フキどんはペチャンと搗く。ドン、ペチャン、ドン、ペチャンと餅搗けたんが。

「やれ、よかった。食おう」ってことにしただんども、ウサギどんは手前《てめ》でもって、いっぺえあれして、嬶あにも食《か》してんだんが。そして、

「手前ばっか食っちゃつまんねから、山へ背負《しょ》っていって、転ばして早い者《もん》勝《が》ちにしようじゃないか」。相談して、

「いん（いいや）、そうじゃこうじゃ」って、フキドンが言うにも、ほして、

「おれがこれ、山へ背負って上がるから、早く拾った人たちが勝ちにしよう。拾ったことにしよう」。そういう相談して。あれ、フキどんは遅いだんが、臼に水掛けておいて。それ知らねで、ウサギドンが背負いあげて、フキドンがてっこう（頂上）へ行かんうちに、

「いいか、転ばすぞ。早い者勝ちだぞ」って、転ばしてしまったてんがの。フキどん〈さあて、困った〉と思ってたが、ウサギどんは、〈臼さえ追っかけていけば、餅は入ってる〉と思って。だども、フキどんは遅いんだんが、水つけてだんが、途中で餅が落ちて、椿の株《かぶっ》へ引っかかっていたってんがの。てっこうまで行かんうちに。

「やれ、よかった〳〵。こげんとこに餅が、落っこちていた。おれが、みんな貰った」って、フキどんは喜んで。そこでパックン〳〵食って。ウサギどん下まで行ったども、餅が無《ね》えだんが、〈さあ、大変。フキどんに拾わんねうちに、上《うえ》行って拾わんばならんと〉思って、ぽっくり返し（引き返し）て、戻ったじ。ほしたら、フキどんはパクラ〳〵って、餅食ってたてんがの。

「フキどんフキどん、垂れた方から食いなされ。フキどんフキどん、垂れた方から食いなされ」って、ウサギどんが心配したら、

「フキがんな（のもの）、フキが好き。どっちから食おうが、好きだがな」。そして、家持って行って、嬶あに食わしたりして、喜んでいたども。

　そして、ウサギどんは家に戻って、どうも面白《おも》しぇくねんだんがの。次の日、フキどんの嬶あ、

「おら、この衆と、昨日《きんな》出し合いしてあいだんだんが、糯米貰いに来たんが、糯米よこしてくんねか」。フキどんの嬶あ、ウサギどんの家へ行ったてんがの。

「この嬶《かっか》あめ、おれな一つも呉んねで、フキどんみんな、手前で食ったくせに、いっそ糯米やらいねから」って、

「出し合いは出し合いで、フキどんが先取ったんが」。そして、フキどんの嬶あ、糯米貰いにいったども、糯米なんて、あるはずないんがな。

「じゃ、なんでもいいから、くれてくんねかい」

「なんでも、おら衆、ねがんで（ないんだ）。ぶっこれ鍋が、ここに一つあるども、それでよかったら、持ってくらっしゃれ」って、そう言うたんだ。そいて、ぶっこれ鍋でいいんだんが、貰ってきて。

ほしたら、ウサギどんが怒って肝焼いて、フキどんの家へ行ったと。

「その、ボロ背中出せ！」(2)って、そう言ったど。フキどんが、恐《おっか》なくて、大事《おおごと》だんが、

「テットウどん、呼んで来い」って、嬶あに。テットウどんが居るがんじゃねども、テットウどんてば、ウサギどんが恐ねがったがんて、鉄砲持った人だろし。そして、

「いいじゃ（いいよ）、いいじゃ。おいどきさまの仲だから、いいじゃ、いいじゃ」って、ウサギどん戻ったと。

ウサギどんの嬶あ、

「おまえばっかじゃ。ほんに餅の出し合いなんしたって、米も無えがんに、そんがことしたたって、どうしようもがんね」

「おら、木の皮でも剥《は》いでくるがら、煮てくれ」って、そう言うたって。

「まあ、おまえのように、煮る鍋、フキどんの嬶あ、持ち帰っていってしまったがんに、煮られもしねがね」って、そう言って怒って。

いっちごさっけ申した、鍋の下ガラガラ。

（1）物を出し合って飲食すること　（2）ヒキガエルの斑《まだら》模様の背中

3　鼠経

ざっと昔あったてんがの。

爺さと婆さといて。仲のいい爺さと婆さだったども、ポックリ爺さが死んでしまった。〈ああ、大事《おおごと》だ〉と思って。婆さは、切なくて〳〵、どうしようもねども、お経あげられもしねし。お経わからねんだが、上げられねんだが。毎日《めえにち》仏さまの前で泣いていたと。

ある日、坊《ぼ》んさまが、

「今晩、ひと晩泊めてもらわんねろか」って、言ったんがの。

「なじょうも泊ってくらっしゃれ。何にも無《ね》ども」って、泊ったがんだと。そしたら、〈坊んさまだんだんが、お経の一つぐらい上げてもらわれろ〉と思って、婆さま喜んで。夕飯食わして、風呂入れて、

「おら爺さ、この間、ポックリ死んでしまったんだんが。お経の一つも上げてもらわんねろか」。坊んさまは、〈泊ってしまってあいだども、おら、お経が読まんねんがんだし〉こと言わんねで、しょうがねんだんが、仏さま前《めえ》に尻《けつ》ついて。〈何て言おうかな〉って思って、考えたっていたら、ネズミが二匹して、チョロチョロと出てきて、そして穴のところからのぞいているってんがの。〈ああ、これお経にしようかな〉と思って、

「オン、チョロ〳〵、穴のぞき、何やらこそこそ話してる」って。二匹して、坊んさまのあれを聞いて、何か話してるんだんが、また、

「オン、チョロ〳〵、穴のぞき、何やらこそこそ話してる。オン、チョロ〳〵、穴のぞき、何やらこそこそ話してる」って、一生懸命したら。婆さ、〈ああ、おれもそっけんことぐらいことだら、覚えられるんだんが、覚えて毎日お経上げようかな〉と思って、喜んで覚えたと。

そして、次の朝げ、飯《まんま》食わして戻して、和尚さんが出て行って。晩方になったんだんが、婆さ毎日、

「オン、チョロ〳〵、穴のぞき、何やらこそこそ話してる。オン、チョロ〳〵、穴のぞき、何やらこそこそ話してる」って、一生懸命、お経上げたってんがな。

ある日、泥棒が夜さり、

「今日は、ここん家《ち》に入ろう」って、二人してこうして覗いていたら、

「オン、チョロ〳〵、穴のぞき、何やらこそこそ話してる。オン、チョロ〳〵、穴のぞき、何やらこそこそ話してる」って。また、

「オン、チョロ〳〵、穴のぞき、何やらこそこそ話してる。オン、チョロ〳〵、穴のぞき、何やらこそこそ話してる」って、言うんの。

「あの婆さ、おらが見てるがんの、わかるのか。おいとおまえと喋ってるのが、わかるのか」

「ああこら、この家は入《へ》いらんね。婆さがそっけんこと言ってわかってるんが、泥棒に入らんね。早く逃げろ逃げろ」って、泥棒はそこん家へ入れなくて、逃げたと。そいで泥棒に入られんで、婆さは喜んだと。

いっちごさっけ申した、鍋の下ガラガラ。

4　五月人形

　ざっとむかしがあったてんがの

　五月節供が、男の節供がくるんだんが、嫁に、

「飾ったから、見に来い」って、婆さがそう言った。そして見に行ったら、

「こら、ちっと違う、これは八幡太郎だ」って、そう言う。

「いや違う。これは田原藤太だ」って言う。そして、言い合っこしたども、なかなか決着がつかないだんが、

「そいじゃ、明日方丈《ほうじょう》さんとこへ行って、お寺に行って聞いてこよう。どっちが正しいか聞いてこよう」と言って。そう言って夕飯《ようはん》食って、嫁は茶碗洗ったり、明日の準備したりしているこま（間）に、婆さはお寺へ、和尚さんとこへ、

「おいが田原藤太だって、そう言うども、おら嫁はそう言わねんだ。どっちがほんとだんか、おいがんが本当だって教えてくれ」って、そう言って反物《たんもの》一反持って、お願い行ったてんがの。

　こった嫁は嫁で、八幡太郎だって、そう言ってこった。婆さ知らんぷりしてから家へきて、寝てるんだん。そのこまに嫁はまた、白い絹一反持って、座敷から持って。そして和尚さんに頼みに行ったと。

「八幡太郎じゃねえ、そう言ってくれ」って。そして、二人が朝飯食って、

「方丈さんとこへ行って、こうお寺へ聞き行こう。どっちが正しいか、よく聞いてこよう」。そう言って、二人し

て言ったがんだと。そしたら、和尚さんが何言ったかと思ったら、

「あれは反物二反だ」って、そう言ったって。二人が、婆さ隠して持っていったけど、嫁に隠して持っていった。

嬶《かっか》反物一反、それぞれ一反ずつ持ってあったって。

いっちごさっけ申した、鍋の下ガラガラ。

5　昔は語らん

話が終って、最後になると、さっと（少しばかり）になって、眠《ねぶ》くなると、カタランカタラン、〳〵〳〵。長《なげ》え橋の上を、めごげな（きれいな）アネサが下駄履いて、カタラン〳〵、〳〵〳〵って。これで終わりだって。

6　極楽を見た婆さ

婆さと若夫婦と。嫁さん貰ってよかったと思って、ひとしきり仲よくしていたども、そのうち、嫁が、

「おら、この婆さ、嫌《や》で、大事《おおご》った。どうか、ならんろか」って、そう言うんだんが、

「そう言わんでくれや。おれの、たった一人の親だんだんが、大事《だいじ》にしてくれや」って。そう言って頼むと、ま

たひとしきり大事にして、大事にしているども、またいいかげんになると、「おら、ほんに母親が嫌で、どうしようもねが。なんとかならんろか」って、そう言うんだんが、「たった一人の親だから、そう言わんでくれや」って、なだめなだめして暮らしていたが。こったあ、婆さ、「極楽が見たい、極楽が見たい」って、言うようになったてんがの。だんだんが、極楽見に連れて行がんばならんねがら、

「行こうじゃないか」って。嫁が旦那に相談したら、

「どのようにして、極楽な、見に連《つ》いて行く」って、

「あの山の頂上《てっこう》へまで連いていって、極楽見せる」って、そう言うんが。

「山の頂上《てっこう》へなんど、どうして連いていく」ってたんが、

「畚《もっこ》持ってきて、婆さを乗せて、今日極楽見に連いて行く」ったんが。ほして、二人して畚担《かつ》めで、休み休みして、

「いい子どもだ。極楽見せに連いていくなんて。おれをこうして運んでくれる。いい嫁と、いい倅《せがれ》だ」って、婆さ喜んで乗してもらって、山の頂上まで行ったと。ほしたら嫁が、頂上へ行って、こって見てあれだら、後ろから落としたてんがの。押しこかされて（押し倒されて）落とされて。

「ああ、よかった〳〵」って、嫁は喜んで。倅は切ねえども、嫁がするがんだんしかたねんだが、戻ったがんだと。

そしたら、婆さ、押しこかされて、そこバラバラと落ったども、そこらへつかえたってんがの。つかえて、そ

してあこ掴《つか》まえたり、ここへ掴まり、あこへ掴まり、ここへ掴まり。そして、ほんのガラガラと落とさいてあったの、血だら真っ赤になったり、ゴミがついたりして、なじょうか汚かったど。婆さ、やっと頂上《てっこう》まで上がって、そしたら暗くなったたってんがの。どうしようもねと思っていたら、向こうの方へ灯りが見えるんだんが、〈今晩、あこへ泊めてもらおうかな〉と思って、そうと夜中に行ってみたら、泥棒衆が、今日の分け前《め》を分けるところだってんがの。それ婆さ、〈ああ、こんだに銭もって分けるところだ〉なんて、塀《へい》の家だんが、ゴタンと戸が倒れたら、そしたら泥棒ども魂消《たまげ》て、

「ああ、鬼婆さが出た」。汚ね婆さが、血だら真っ赤になって、泥《べと》だらけになって。泥棒ども魂消て、銭なんみな置いて、逃げたってんがの。そして婆さ、その銭みんな貰って、朝日うちに、戻ったんがの。そしたら、豪儀に銭持っていって、

「婆さ、やっぱし極楽見てきたがんだ」。そう言って、嫁と倅《せがれ》とけれなくなって（うらやましくなって）、そして、「おらも極楽見てこう」てがんで、二人して出かけたてんがの。ほして、二人して飛び降りたと。飛び降りたまんま、上がってこんでしまったど。

いっちごさっけ申した、鍋の下ガラガラ。

7　ウグイスの一文銭

ざっと昔あったと。

爺《じ》さと婆《ば》さがあったてんが。息子が二人いて、冬になるし、仕事もなくなるんだんが、「おら出稼ぎに行く」って、倅《せがれ》は出稼ぎに行ったたってな。ほうしたら、峠まで行ったら、女の若いきれいな人が出てきて、

「おまえさん、どこへ行かっしゃる」

「おら、冬になったんだん、仕事がねえんだんが、出稼ぎに行こうと思って。向こうの町へ行こうと思ってきたがんだ（のだ）」って。そう言ったら、娘こが、

「そいじゃ、おらとこへ来てくんねかい。雪掘ってもらったり、道つけてもらったり、仕事あるんだんが、来《く》来んねかい」って、そう言ったんだ。

「おら、そら近くていい。按配《あんべい》はいいだが、じゃ、そうしようかな」。そのアンサは、そこの家へ仕事に行ったと。ほして、雪掘ったり、道つけたりして、いろいろ仕事して。果ては、

「春になるんが、おれも家へ戻んばならんねんだんが」。そう言ったら、その女の人、一文しか呉《く》んねかったてんがの。〈ひと冬稼いで、一文てばおかしいども、一文呉いたがんだんが（ので）、まあ、貰《もら》っておきましょう〉と思って、貰っていったと。家へ帰って、

「冬じゅう稼いで、こんけい（このくらい）貰ってきたって。一文ってこともねえやろ」って。家ん衆も魂消《たまげ》て、

あれして、庄屋さんに聞きにいったと。

「こらあ、値打ちのある一文銭だから、大事《だいじ》にしておかっしゃれ。町へ持って行って替えたんだら、いい銭になるんだから」って。そして、町へ持って行ったら、ほんにいい銭になったてんがの。親衆、魂消《たまげ》て喜んで。

ほして、次の年こった、

「おれも行って貰ってこうかな」って。オジ（弟）っこが出稼ぎに行って。また、峠まで行ったら、こんなめごげな（きれいな）女の人が出てきて、

「おまえさん、どこへ行く」

「おら、冬稼ぎ行こうと思って、出て来たがんだども」。ほしたらまた、

「おらとこで稼いでくんねえが」って、頼まいたども。

「そらいい按配《あんべい》だ。近くていい按配だ」って。また、その家で、雪掘ったり、道つけたりして、こんもに（まじめに）稼いだども、春になった。また戻ろうと思って、

「おら、春になったら戻らんばならんねだんが」。そう言ったら、また一文銭呉れたってがんの。〈また一文銭ばっか〉と思ったども、アニが貰ってきて喜んだもんだから、〈おら、まっと豪儀欲しいんが、座敷の方へ行って、あれしようかな〉と思って、

「豪儀欲しいんだんが」。言ってあれしたら、鳥になって一文も呉れないで逃げて行ったたって。それでオジは一文も貰わんで、家へ戻ったども、オジは何にも貰わんかったたって。

いっちごさっけ申した、鍋の下ガラガラ。

8　アジサイと桑いちご

ざっと昔あったと。

爺《じ》さと婆《ば》さが仲よく住んでいたど。爺さ毎日《めえにち》山へ行ってるんだんが、その年は入梅になっても、いっそ雨が降らんで、日照りの年で。そこへ夜さりになると、

「今晩は」って。水もらいに来る男の人がいて。ほして、

「まあ、水だらやるべ」って。水やると、ゴックン〳〵〳〵〳〵〳〵っと、喜んでみんな飲んで行って。また次の日、晩方になる。婆さが飯《まんま》しようと、水場《みんじゃ》行くと、また男が来て、ゴックン〳〵〳〵〳〵〳〵っと、水もらって飲んで。三日も四日も五日も、水もらって飲みに来て。ほして、やっと雨が降り始めたてんがな。ほしたら来なくなった。

〈はあて、あの人来なくなったぞや〉なんて思っていたら。こった秋になってしまって、婆さが風邪ひいたってんがの。風邪ひいて、だんだん元気がなくなって、爺さ心配して、

「お粥でも煮《に》ろかな、どうしようかな」

「お粥も何にも要《い》らんども、山の桑いちごが食いたいども」。そう言うんだんが。

「山の桑いちごな、今頃あるわけねえやろ」って。そうしたら、男の人が、

「ここん人、おら山へ行って、山ん桑いちご採ってきたが。ここの婆さん、山の桑いちご食いていい、食いていい言

ったんが聞いたんだんが。おれが持ってきたが、食ってくらっしゃれ」って、そう言うんだんが、

「お前さん、どこの人だい」ったら、

「おら、夏清水もらって、ご馳走《つつお》になったアジサイだ。畑の畔《くろ》にあるアジサイだ」って、そう言って。婆さは水やったおかげで、桑いちごごちそうになって、元気になったと。

いっちごさっけ申した、鍋の下ガラガラ。

9 おタバの話

ざっと昔あったと。

身上のいい家のアンサがあったてんがの。町の方へ、用事があったんだんが。行こうと思って出ていたら、「一目《ひとめ》千両」って掛《かか》っているんだんが、〈一目千両っては、何だろかな〉と思ったども。その時、千両持ってねえんだんが、家へ戻って。次の日、蔵《くら》へ行って、千両箱持って出たてんがの。ほして、

「ここんちのとこへ、一目千両ってあるども、何見せてくれられるがんだろかの（くれるのだろうかな）」って、千両出して。ほして、千両出したら、めごげな（きれいな）アネサがいい着物《きもん》着て、サラ〳〵〳〵と出てきて。頭、その人の前でチョコンと下げて、引っ込んでいたてんがの。〈あ〜あ、きれいな人であったずや〉と思って。アンサはまた、その次の日も見たくなったんだんが。また蔵へ行って、一目千両だってんだんが、千両箱抱えて、

「また、見せてもらいてえんだんが来たが（来たよ）」って、千両箱出して。また、サラ〳〵〳〵といい着物着て出てきて、頭チョコンと下げて、中へ入るがんだって。〈ああ、これが一目千両ってがんだな〉と思ったども。毎日《めえにち》行ったたてんがの。

　ほしたら、そこの衆が、

「お前さん、そっけに千両箱持ってきて見たたって、大事《おおご》ったんが。こった（こんど）描いてやるんだんが。それ見ていればいいや」って。そう言って、扇子に、ほんとにきれいな、そっくりのアネサを描いたってんがの。描いてその扇子もらって。そして、家へ戻って、朝げ、昼飯、晩方と、箪笥《たんす》の中から出して見ちゃ、笑ったり、喜んだりしているんだんが。また昼飯になっても、夜さりになっても、仕事に行ってきちゃ、箪笥の前行って、喜んでいるんだんが。〈まあ、なんだろかな、おら人ばっかりだ（見るだけだ）〉と思って、〈おれも箪笥の引き出しあけて、何があるか、見てみようかな〉と思ったら。扇子があって、ほんにきれいな人が、〈ああ、これ見て喜んでいたがんな〉と思って。なんか針仕事したの、頭へ針こういうふうにしてあるの。その針を首へチョコンと刺したてんがの。ほしたら、ヘタ〳〵〳〵って、つぼんでしまったてんがの、その扇子の絵が。そしたら、アンサ戻ってきて見たら、ショボ〳〵〳〵と縮んでしまったの。〈はあて、どういうことだろ〉って思って。次の日また、千両箱持って、

「一目千両見せてくれ」って言ったら、

「はあて、申し訳ねども、昨日《きんな》のお昼のころ、飯にしようか言って、サラ〳〵〳〵と出てきたども、廊下のとこで、ショボ〳〵〳〵って死んでしまったし。見らんね」って、そう言ったんだんが。そして葬礼《そうらい》出してもらって、

その墓の埋めたとこへ、なじょうに（なんとも）いい葉っぱのでっこいんが、芽が出てたんがの。そいで、この葉っぱは、また見事なもんだんが、〈なんだろうね〉って、みんなが嗅《か》いでみたりあれしてみたら、なじょうにいい匂いがするんだんが。

「はあて、こらいい葉っぱだ」って、男衆が喜んで。ほしてタバコにしてみたら、なじょうにいい匂いして、がして、旨《うま》いってんだんが、そいでおタバが、タバコになったがった。

いっちごさっけ申した、鍋の下ガラガラ。

10　サバ売り

ざっと昔あったと。

正月が来るんだんが、いい正月にしなんばならんと、サバ売りがいっぺいカゴの中へ入れて、背負《しょ》って行ったら。雪が降るし、途中で暗くなってしまったんだんが。〈はあて、困ったぞや。こっけんとこで暗くなってしまったんが、どうしてくるめいしょうかな〉と思っていたら、向こうの方に灯りが見えるんだんが。〈ああ、あっこん家へ泊めてもらおうかな〉と思って行って。

「ここん衆ここん衆。今晩ひと晩、泊めてもらわんねかろ」ったら、顔も見ねであいしたら、

「こっけんとこでよかったら、泊まれ」って、そう言ったな。

「ああ、よかった」と思ってみたら、恐《おっか》ねえでっこい口の婆《ば》さだけど。ほして、サバ売りは魂消《たまげ》たども、逃げようにも逃げらんねんだんが。隅っこにかだまって（縮こまって）、いい子になっていたと。ほして、

「サバ売りサバ売り。こっちへ来てあたれ」って、そう言うんだんが、恐《おっか》ねども火の端へいってあたって。そのうち、

「サバ売りサバ売り。サバ一刺《いっさし》よこせ」って、言ったてんがな。だんだん恐ねえだんが、

「はい」ってやったら、焼もしねし洗いもしねで、ムシャ〳〵〳〵と食ったてんがの、鬼婆さが。〈ああ、恐《おっか》ね〉ど思っているうちに、また一刺《いっさし》よこせ、また一刺《いっさし》よこせって言うんだんが、そのうちみんなやってしまったてんがの。〈はあて困った。これやれば、こっとおれが食われるが〉と思って、そして、サバ売りが、

「ホーイきた」って、小さいんが投げつけて、逃げて行ったが。この婆さ、

「サバ売りサバ売り、逃がさんぞ」と言って。サバ売り、でっこい松の木に隠れていたと。婆さ、

「こっけんとこへ隠れていたって、承知しねから」ってんがで、バシャバシャバシャと水かましたら、そのこまに（間に）二階に上がって隠れていたら、そしたら婆さが、

「う～う、寒《さぶ》、寒《さぶ》。どらどら、甘酒でも沸かして呑もうかな」。そう言って、みんじゃ（水屋）から甘酒持ってきて沸かして、

「沸くまで、どらどら、ちょっと寝ようかな」って、ゴト〳〵〳〵と寝てたがんど。そのこまに、サバ売りてっこう（天井）から、ヨシンボ（葦）で、ツーとみな吸ってしまった。

「どらどら、甘酒沸いたか、起きてみようかな」と思ったら、空っぽだってんがの。

「やはいやはい（いや参った）、火の神様が、みんな呑んでしまった。どらどら、こんど辛酒《からさけ》でも沸かして呑もうかな」ったら、またゴト〳〵、沸くまで寝たと。ほしたら、またツーツーと、サバ売りが二階から、ヨシンボでみんな吸ってしまった。

「やはいやはい、またあれして。どらどら、あんま寒《さぶ》かったんが、こった餅でも焼いて食おうかな」ってて、こった餅焼き始めた。また、

「焼くまで、寝ろうかな」って、ゴト〳〵〳〵と寝て。そのこまに、ヨシンボでチョッキンと突ついて、みなサバ売り食ってしまったてんがの。

「やはいやはい、みんな火の神様が、おめらって（食べられて）しまった。どらどら、しょうがねえんが寝ようかな」ってて、

「木のカラトに寝ようか、石のカラトに寝ようかな」って、そう言ったてんがの。そしたら、

「チューチュー、木のカラト、木のカラト」って、ネズミが、サバ売りが、木のカラトに寝れってがんで（言う）。ほしたらまた、ゴトゴトゴトって寝たんだんが。こった石持ってきて、重てえんだんが、石載せて、キリキリキリキリと穴開けて、

「チューチューネズミ、やかましくしんな」って、そう言ったんが、

「チュウチュウネズミじゃねえ」って。そうしたらこった、湯沸かして、その穴からつぎ込んだってが、サバ売りが。

「チューチューネズミ、熱《あっつ》い小便《しょんべん》するな」たって、

「チュウチュウネズミじゃねえ、サバ売りだ」

「サバ売り、サバ売り。座敷の角《かど》には銭があるし、ミンジャの角には酒があるし、ニワの角には餅がある。みんなサバ売りにやるから、助けてくれ」って。そう言ったども、サバ売りはみんなそれもらって、婆さ死んで、いい正月したと。

いっちごさっけ申した、鍋の下ガラガラ。

11　蛙の嫁

ざっと昔あったと。

働きもんの一人者《もん》がいて。ほして一生懸命百姓している、いいアンサであったども、嫁がなくていたがんだと。そしたら、晩方ころ、きれいなアネサが、

「今晩、泊めてもらわんねろか」って来たども、

「おら、一人者だんだんが、泊めらんね」。そう言ったら、

「だども、泊めてくれ」って、言うんだんが、

「おれ、一人者で、何にもねえども。それでよかったら泊まってくれ」って、そう言ったんだと。そしたら、その人喜んで、泊まって。

そしたら、あいだってんがの、一生懸命で稼いで、風呂沸かしたり、飯《まんま》焚いたり、掃除したり、アンサが仕事へ行くってば、弁当こしゃってくれて、大事にしてくれたくれったてんがの。そしてある日、実家から、法事があるから来いって、そう言われたんだんが。

「法事に行ってきていんだんが、いいろか」って、そう言ったてんがの。

「おお、法事だば行がんばならねんだんが。何持っていくや、線香持ったり、ローソク持ったり。そして米でも持ったりして、行ってくれや」って、そう言ったてんがの。

「おらどこは、米もローソクもいらんとこ。おればっか行がんだんし（行くだけだ）」。そう言ったんだって。

「そいじゃ、しょうがねえんが。一人で行ってこいや」ってがんで。(1)小晩方《こばんかた》になったら、出て行ったてんがの。

そしたら、その晩に、なじょうにカエルが、ギャグ〱〱〱って。

「はあ、カエルがギャグ〱〱〱と、いつもよりもバカげに鳴いて、寝られんね」ってんがんの、アンサが。また、ギャグ〱、〱〱〱って鳴いて。

「あんまり今日は、寝られんが」。そのやかましいとこへ、火のついたボクト（薪）投げたってんがの。そしたら、パチッと、ギャグギャグが止《や》まったたてんがの。

「はあ、よかった〱。こいで寝られる」って、アンサは寝たんだと。

そしたら朝げ、アネサが戻ってきてだんだんが、アンサが、

「いい法事できたかや」って、そう言ったと。

「いい法事だと思っていたら、そのちょうど真ん中へんに、熱《あっつ》いボクトが投げられてきて、さっぱり駄目であっ

たんし」って、アネサそう言ったと。だんだんが、

「そいじゃ、おまえカエルであんか」

「ああ」って。そう言って、田んぼんの中へ潜りこんで、カエルであったと。

いっちごさっけ申した、鍋の下ガラガラ。

（1）宵の口

12 嘘つき名人（一）

ざっと昔あったと。

嘘つく上手で、嘘ばっかついてる爺さがいて。みんなが、

「あの人の嘘はひっかからんしょう」って、言ってるけど。ある日、天気のいい時、爺さ忙しげにして、男衆が、田っぽん（田圃《たんぼ》）に入ってたんども。みんなが一服していたんど、五、六人して。

「爺さ爺さ、おまえも一服していかんか。ここでみなが、休んでいるから、一服していけ」

「おら、そっけんことしていらいね。隣村に早く行ってこんばなんねんだが、そっけんことしていらいね」って言って。ほして、

「まあ、何がそっけ忙しがんだい」って聞いたら、

「んん、庄屋さんの旦那さんが死んだだんが、早く行ってこんばなんねんだ」って聞いたら、

「そうか、庄屋さんが死んだってことなれば、おらも、こっけいんしていらいねんが」。はや着替えて、庄屋さんとこへ行ったと。

いっちごさっけ申した、鍋の下ガラガラ。

13 嘘つき名人 (二)

ざっと昔あったと。

嘘つきの爺さがあったと。いいかげん嘘ばっかついているんども、爺さ難儀になったてんがの。難儀になったんだど。みんなが、

「また嘘ついて、難儀になったふりしてがんだろうから、かまわんでおこうぞい」って言って、そしてみんなで、かまわんでいたども。どうもほんとに難儀になっただけだんが。みんなが行ってみたら、爺さほんとに、はあ、死にそうになっていたけって。

「爺さ、ほんとに、死にそうになっていたけ」って。おら爺さ、めじょげがって（気の毒がって）んだんが、いろいろ手当てしてやったども。そしたら、爺さしめいに（仕舞いに）何言うかと思っていたら、

「おら、嘘をついたども、こったばっか、嘘をつかねんだんが、聞いてくれ」って、そう言うんだ。なんだかと

思ってあれしたら、

「おれが寝床の下に、縁の下に甕《かめ》がある。その甕の中に、死に金がためてある。おれが死んだら、そこ開いて、甕のぞいてくれ」。そう言うんだんが。ほして、爺さ死んだんだんが。死に金貯《た》めだったてんが。

「開けてみようかい」って、開けてみたら。みんなして開けてみたら、銭がいっそうなく、紙が一枚入ってたがんの（いただけだ）。紙が一枚入っていて、それに何かが書かってたかと思ったら、これがおれの最後の嘘だって。これが最後の嘘だから、って言うから、

「ああ、ほんに最後まで嘘つかいて、騙《だま》かさいた、騙かさいた」って。だども、みじょげらんだから、葬礼出してやったと。

いっちごさっけ申した、鍋の下ガラガラ。

14　お杉とお玉

ざっと昔あったと。

仲のいい夫婦があって。ほして、お杉って女の子がいて、めごがって二人して育てたども、母《かっか》が早や死んでしまったてんがの。ほして、あんまり切なくて、まだ子どもが小《ち》っこだし、

「ああ、切なくて、大事《おおご》った、大事った」。とっつぁ（父）はあれしていたら、ちょうど後後家《あとごけ》さん見《め》っけたんだ

んが。

「ああ、よかった。これでよかった」って。旦那喜んだども、その人にこった後家さんに、また子どもができて、女っ子ができたてんがの。ほして、お玉って名前にして、お杉とお玉って喜んで、二人してめじょがって（かわいがって）いた。だんだんそれが大きくなって、でっこくなるにしたがって、後家さんがお杉が憎くなって、お玉はめごくてどうしようもね。そいで、

「ねらは（おまえたち）、今日は天気もいいし、あれだから栗拾ってこい」って言って、そういって出したら。そしてあれしたら、お杉に穴の開いた袋をあずけて、

「お玉、お杉の後にくっついて行け」って、そう言って母親教えて。お玉は、お杉が拾ったがんが（のに）、みんな穴が開いているんだんが、落としていくんだんが、それ拾いそれ拾いしたら、早く一杯になってしまったてんがの。

「おらは、一杯（いっぺい）になったんだんが、戻るぞ」って。そう言ったら、

「おら、まだいっそたまらねんだんが、おら、戻らんね」って。そう言って、お杉は後に残ってあれしたら、そのうちに暗くなってしまった。〈ああ、暗くなってしまったども、栗がいっそたまらんねだんが、大事《おおご》ったども〉と言ったら、向こうの方に灯りが見えるだんが、〈ああ、あこへ泊めてもらおうかな〉と思って、あれしたと。

「泊めてくんねかね、暗くなったんだんが」ったら、

「なじょうも、おら一人で相手もいねえから、泊まってくれいや」って、言うんだんが、泊めてもらって。そして、旨《うめ》んもん食わしてもらって、栗煮てもらったり、アケビもいでもらったりして、いっぺい食わしてもらって

寝ようと思っていたら、どこに寝ようかと思っていたら、

「おれが膝へ、枕にして寝れいや」って。そう言ったんだんが、膝枕にしてもらって、

「明日、ここへ玉手箱置くから、それもって戻れや」って、膝枕にして寝たってんがの。ほしたら、朝げ明るくなったんだんが、目覚ましたら膝枕でなんね、かぶつ（切り株）枕にして、寝てたけてんが。〈あれ、膝枕が木株になったろか〉と思って。そしたらそこに玉手箱があるんだんが。〈これ玉手箱置くから、持っていけって言ったがんだんが、持って戻ろうかな〉と思って。戻るっても、まだ栗が入っていねんだんが、玉手箱に頼んで、

「栗、出れ」って言ったら、栗がいっぺい出たてんがの。それを袋の中へ入れて、〈ああ、よかった。栗いっぺい拾ったんだんが、戻れる〉って、お杉は家へ戻って。そしたら、家へ行ったら、親だって母親だって、

「お玉が早く来たてっがんに、なんでお杉はそっけに手間とって、次の日までかがったが」って、そう怒らいで、あれだったども。

　ほして、村芝居があるんだんが、

「おい（おれ）とお玉、芝居見にいってくるから」、ごっつおこしゃって、お玉と母親と出て行ったたって。いっぺいお杉に言い付けて、風呂たいたり、夕飯したりしておくし、ここへ石臼《いすす》があるから、石臼引いてあれしておけって。いっぱい仕事言いつけたんだんが。〈困ったなあ、おれも行きたいどもっと思ったども、仕事がいいつかったんだんが、しょうがねえ〉と思って。そしたら、

「お杉、芝居見に行こうや」って、（子どもが）迎えに来たども、

「おら、行がんねやい。いっぱい仕事があって」。そしたら、その子どもがとうどになって（力を合わせて）くれて、

早く終わらしたてんがの。それで、芝居見に行がれるようになったども、いい着物がねえんだんが。玉手箱から頼んで、着物出してもらったり、帯出してもらったり、下駄出してもらったりして、いい格好してしていったら、母親とお玉と、

「お杉が来てた」って。

「来てるわげね。あっけ豪儀に仕事あるんだんが、来てるわげねこってや（ないことだ）」

「あれは、お杉だ」って、そう言って。〈はあて、飯《まんま》しておかんばならん。早く戻ろうかな〉と思って、お杉は急いで戻ろうと思って、あれしたら下駄片方、脱げたがんだと、気をもんで（慌て）戻って、家で飯して待ってたがんに。お玉が、

「お杉、おまえも芝居見に来たろ」って。

「行ったこと行った」って。そう言って、あれして。

ほしたら次の日、それこそ庄屋どんの倅が、

「お杉があんまりきれいであったんが、嫁にもらいてえ」って、来たど。〈お杉な、行くわけね〉って、母親は。ほして、お玉に嫁にしようと思って、下駄はかせててみたら、あんまりお玉はでっこい足だんだんが、入らねって、いま一人いるてがんだがら（いるので）、ほしたらちょうどよくはまったてがんの、その下駄が。そして、庄屋どんとこへ、お杉は嫁になって、一生懸命つとめして、いい嫁になって、いい暮らしをしたと。

いっちごさっけ申した、鍋の下ガラガラ。

15 鼠浄土

ざっと昔あったと。

爺さ、柴刈りに行ったら、おにぎりを転がしたしまったんだんが。サア〱〱と追っかけたら、穴の中へストンと落ちたんだんが。そしたら、その穴へ入って行ったら、地蔵さまがいて、

「ああ、おれが今日、おにぎりごちそうなったって」って、言ったんだんが。

「ああ、おまえが食ったがんなら、いいぞ」って、あれしたら、

「今日は、金儲けさしてやるから。(1)竹箕被《たかみかぶ》って、おれが後ろに隠れてれ」って、そう言ったら、夜さりになったら、鬼どもが来て、そこで博打《ばくち》始めた。あんまり早く、朝げ来たようなこといっちゃ駄目だから、三時ごろになったら、コケコッコーって鳴いたら、

「ああ、朝げが来たっがんに」。鬼ども魂消て、その銭みんな置いて逃げていった。それを地蔵さまが、

「みんな持ってけ」って、貰って喜んでたら。隣の婆さが来て、

「おら人は寝てばかり、ひっくり返ってばかりいるから、明日やらんばならん」って言って。そして、おにぎりを転ばして、

「ほら転べ、ほら転べ」って。こういうふうにしてあれしたども、転ばねけども転ばしていったら、そこへ行ったんだんが、ほしたら地蔵さまに、

「食え」って言うども、地蔵さまは、

「いらん、いらん」って言ったけど。

「おら、今日、隣の地蔵さんにここへ隠れて、竹箕かぶって隠れてるんだんが」

「戻れ」って言ったども、戻らんでそこに隠れて。ほしたら、鬼どももまた来たら、

「人間臭い、人間臭い」ってそう言うども、

「人間いないんだから、人間いないんだから」。地蔵さまそう言って、騙《だま》かしたけども、爺さ気がもめて（慌てて）、早くその銭が欲しくて、鬼どもが来たら、銭が欲しいんだんが、十二時ごろ、コケコッコーって鳴いただんが、

「ああ、こっけ早く朝げになるわけがねえ」てがんで、鬼が家探《やさが》ししたら、爺さがいたんだんが。爺さいじめられて、銭もらわんで、泣き泣き家へ戻って、婆に怒られたってんが。

　いっちごさっけ申した、鍋の下ガラガラ。

（1）竹で作った箕

Ⅲ　佐藤敏治の昔話

佐藤敏治さん

1　坊《ぼん》さまとぼた餅

ざっと昔あったと。

爺《じ》さ屋敷掃《は》く、婆《ば》さ土間《にわ》掃くして。爺さでっこい稲の穂《ほ》一つ拾う。婆さ豆一つ拾う。

「これまあ、どうして食おうね」と爺さと婆さと相談したら、そしたら、爺さ、

「これを粉にしてぼた餅にする」。婆さ、

「豆を炒って黄粉《きなこ》にして、ぼた餅にしようかね」って相談になって。爺さ、稲臼で搗いて、皮剥いて粉にする。

婆さ、豆炒って黄粉こしらえて、

「夜さり、これして食おうやないかね」としていたとこへ、坊《ぼん》さまが、

「今夜一晩泊めてくれ」って来たんだんが。

「そいじゃ、何にもないんだんが、泊まってくらっしゃい」って、坊さま泊めることにした。坊さまに食《か》せると、おらが食ったりできねんだんが、爺さと婆さと相談して、

「そいじゃ夕飯のお粥でも食って、坊さま寝せて、夜食に」って、爺さと婆さと相談したども。爺さと婆さと耳が遠かったんだんが、坊さまに隠して相談したつもりだども、坊さまがみんなそれ、聞いてしまっていたわけだね。坊さまと手前《てめえ》たちお粥して食って。坊さま座敷の方へ寝せて。爺さ、ぼた餅ができれば起こすって、足へ綱《つな》つけて。爺さ寝たがんだども、ぼた餅してって、坊さま聞いたがったんたが、そいじゃ結いつけた綱をそっと知らんよにほどいて、てめえの足に結いつけてあったと、寝てあったと。

そして婆さ、ぼた餅ができて、キツッと引っぱったら、坊さまがあわてて、〈ぼた餅ができたか、そいじゃ起きよう〉って起きて。ほして坊さま起きていったら、婆さ耳も悪かったし、目も悪かったんだんが、暗いから爺さであるか、坊さんであるかわからんで。坊さまに食わして、坊さままた寝てたら。寝たら爺さ、

「婆さ婆さ、はあ、ぼた餅ができたころでねろか」って起きてきたら、

「いっか（まあ）、そんた（あなた）たったいま、ぼた餅食って寝たことた」。爺さ、

「いっか、おら起きて食いなしなかったんが。坊さまに食われたろか。しゃねんが、そいじゃ坊さまどっかいったやろんか。どっかいるかね、捜しにいこうかね」って。ちょっと遠くの方まで、捜しにいったら。坊さま、腹がへったんだんが、

「婆さ婆さ、坊さまちょこっと見えねし。オベスサマ（恵比寿さま）へあげたぼた餅でもねえかね」たら、上がっていたんが、「そいじゃこれ食ってでやれ」って。婆さそのぼた餅、爺さに食わすつもりであったので、

「食って出やれ」って。坊さまがそうやってきたんだんが、坊さま、また食って、門へ出てしまったと。

「おら、ちっと捜しに出てくるぞえ」って、出てくるって出る。そしたら、また爺さ、

「オベスサマに上げた、ぼた餅ねっかねや」って、来たんだんが。

「いっか、そんたさっき、そのぼた餅食った」

「そいじゃまた、坊さまに食われたか」。そしてまた、爺さ出てしまう。

そしてまたひとしきり経つと、坊さまが、

「婆さ婆さ、仏さまにあげたぼた餅でもねえかな。いっそ腹がへったんが。いっか、おら食ってなんね」って。

坊さまが来て、仏さまの食わしてやった。仏さまにあげたんのも、また坊さまに食われて、爺さいっそ食われんねでしまったたって。

坊さまこった、爺さの大事の横槌、縦井戸の中にズボーンと投げたら、ボチャーンって音がしたんだんが。爺さと婆さ、坊さまが井戸へ飛びこんだんがって、そこへ蓋《ふた》して、二人しててっちょ（蓋の上に）上がって、朝げまでそしてろやって、井戸のてっちょに蓋して、その上に二人していたども。朝げ明るくなったんだんが、井戸の中覗いてみたら、坊さまなんぞ入ってねで、爺さ藁仕事する、藁叩く横槌が、ポチャンコ〳〵浮いてあったと。

いっちごさっけ申した、鍋の下ガラガラ。

2　山伏狐

ざっと昔あったと。

坊《ぼ》んさまが隣村へ、托鉢に行こうと思って。山伏なんだんが、法螺《ほら》の貝背負《けしょ》って、隣村へ出かけて行ったら、山の麓へ、こう狐があんまりよく寝ていたんだんが。〈一つ騙《だま》かしてくりょうか〉と思って、法螺の貝背中からおろして、狐の耳元でブーッって吹いたら、狐がたまげてキョロンと、ほして坊《ぼ》んさまの面《つら》よく見でいて、シャンシャンと山の方へ飛んでって、逃げてしまった。ほして坊んさま、〈よく狐が、よいあんべにたまげて行った。おかしかったな〉と思って。峠へ向かったら、峠の向こうの前で暗くなった。〈まだ暗くなる頃じゃね〉といるがんに暗くなってきて。〈はあて、うったぞや（困った）〉と思って、そしてまっ暗になって、向こうの方へ、灯りがポカンポカンと見えるんだんが、〈そこへ行って泊めてもらおう〉と思って、そこへ、

「今晩は、今晩は」。あれしたら、そこの衆は、ばかに大勢ガヤガヤしていて、出てきた人が、

「ここん衆は、ちょうど死に事が起きて、人が死んだんだんが、みんな寄って、葬式出さんばなんねだんが」、言《ゆ》ってるどごだんだんが、

「大勢あれだんだんが、泊めてもらえてども。この向こうの山の麓の方へ、あこに一軒、家があるんだんが。人の家じゃねども、死に道具など、置くどごだども、泊めてもらえばいいことだし、誰も泊まっちゃいねども、そこへ泊めてもらっしゃれ」って、そこを教えてもらったんだんが。〈それじゃ、しょうがねから、そこへ行って泊まろうかな〉と思って行ったら、なるほど地蔵さま立ってって、そこへ葬式だす道具入れて置くところがあって。〈そういうとこへ泊めてもらおう〉と思って。そこへ入って寒《さぶ》いようだども、泊めてもらっていたどごろ、ひとしきり経つと、馬鹿に遠くの方で、賑やかな音すると思ってたら、そこの家の前にきて、ドサッと死んだ人の、そこで取り置きなんがするどこで。どうすると思っていたら、死んだ人の棺箱《がんばこ》置いて、

「どうもご苦労でございました」なんて言って、置いてそのまま戻るんだが。〈こりゃ、恐《おっか》ねよで、嫌だな〉なんて居たら、そうしてこうしてのぞいて見たら、棺箱がポカンと口が開いて、ボワーと死んだ人が幽霊みてえになって、立ち上がってドアの方へ来て。うっすらと見えるがんが、こうちっと開けて、

「坊《ぼう》～ん、居たか」。そう言うんだんが、

「居ね〳〵」って、後ろに下がり、まだ、

「坊～ん、居たか」って、言うんだんが、

「居ね〳〵〳〵」って、後ろに下がり下がりして、しまいに後ろの口から飛び出してしまって。そいでもまた、

「坊～ん、居たか」って、また追っ掛け、追っ掛けするんだんが、

「居ね〳〵〳〵〳〵」って、あれしたども。こった逃げ場がいっそわかねだんが、ちょうどタラの木があるんだんが、タラの木にしがみついて、てっちょ（木の上に）上がり始めて、

「坊～ん、居たか」

「居ね〳〵〳〵〳〵」って、

「坊～ん、居たか」

「居ね〳〵〳〵〳〵」って、タラの木にしがみついて上がる。てっちょへだんだん上ってたら、そのうちに朝げになったんでやろ。村の若い衆が、朝草刈りに出たんでやら、来るんだんが、

「ああ、あっけに居ね〳〵〳〵ってちゃ、木に上り上りするんがいる。行ってみろや」って来たら、みんなして来て見たら、坊んさまがタラの木につかまって、棘《とげ》が生《お》いてるんだんが、その木につかまって、

「居ね〳〵〳〵〳〵」って、血だら真っ赤になっているんだんが。どこにあっけんタラの木に上って、血だら真っ赤になってる。見てみたら、狐がヒョンコ〳〵〳〵逃げて、どこかへ行ったたって。若い衆が行って、坊んさんが目が覚めて、〈はあて、こりゃ狐を騙かしたんが、狐に仕返ししられたかって〉と思って、こっけんごとしちゃならんぞやって。

　いっちごさっけ申した、鍋の下ガラガラ。

Ⅳ　浅井八郎の昔話

浅井八郎さん

浅井セツさん

1　うさぎどんとひきどん

　秋も深くなって、寒《さぶ》くなって、うきぎどんは、

「食べる草も無くなったし、はて、大変だぜや。また、冬が来るが」なんと思って、ひきどんも、

「はてえ そのうちに、まちのはぽに穴掘って、冬ごもりするだな」

うさぎは、ひきどんの家《うち》へ行って、

「おい、ひきどん、寒くてかなわんし、餅《もち》の出し合いしょねか」

「いいぐれねえ、なじよもそうしよ」

　ほうして、二人でごぉつぉ出し合いして、餅つきんなって、うさぎはでっけもんだんなんが、ドタンとつき、ひきどんはペタン。

「ドタン、ペタン」

で、餅ができて、ほうして、煮て食おうってったら、うさぎは、

「おい、ただ煮て食ったって面白《おもし》くねんなんが、俺が、山んてっちよう（頂上）へ背負《しょ》い上げるんなんが、そっから、転がして、先に拾ったほうが勝ちんしょういや」

「そんつぁん馬鹿しねぇで、仲良く食ぉうんし」

うさぎはでっけもんだから、はぁ、聞かんで臼《うす》背負って、山んてっちょうへ上がってしまって、ほうして、

「こらぁ、ひきどん、転ぼすぞぉ。よけてろぉ、危ねぇぞぉ」

なんて言って、

「ガランガランガラン」

と臼転がして、ほうして、その臼がい案配《やんべ》に転がって、ころの向こうの方の長新田の清次郎の田まで行って、はて、うさぎは足が速《は》いぇんなんが、臼ん負げねで走ってったら、中空っぽ、何でもねぇんなんが、ほうして、

「大変だ、どっかへ落ぢてしまった」

急いでまた戻ってくと、ひきどんが拾って、はぁ、煮て食い始めてしまった。ほうして、茶碗に盛って食ってしまって、

「こっち、あっ、左」

「ひきんがんな、ひきが好きだろね」

と、うさぎにはいいてくんねし、一人で取ろうとしたわけだからうさぎは、しょうよがねんなんが、桐ん皮や椿っ葉食つてんばねんなったし、ひきどんは山の穴へ入って春まで冬ごもり。こらまあ、楽だども、うさぎはあんまり欲かき過ぎたんなんが、仕方なくあきらめたと。

　いちがさけ申した。

2　狐どんとかわうそどん

大栃山《おおつちやま》のまちのはばという所に、かわうそどんが住んでいました。もう一方、山の手の境沢《さかいぞう》には狐（これをご老人に見立てました）が住んでいまして、平素仲良く行ったり来たりしていました。

　ところが、狐どんばっか、かわうそのところへ行ってごっつぉんなって、魚ごっつぉんなって、

「はて、俺ばっか、ごっつぉんなって申し訳ないな」と思って、

「今度《こった》、俺がごっつぉするんなんが、お前《めえ》呼ばれてきてくらっしゃれ」

と、かわうそにそう言ったと。

「そりゃ有難いこった。お前のごっつぉはあんまり食ったことがねえんなんが、なじょも喜んで呼はれていく」

「それじゃ、明日の晩に俺がごっつぉしておくんなんが、呼ばれてきてくらっしゃれ」

「はいはい。こら珍しいこった」

　ほうして、ご老人が家に帰って考えて、

「はぁて、何ごっつぉしよう。山の兎は今うんまくねし、捕《と》るのも面倒《めんどう》だし。そうだな、すうべの家に兎がいっぺいたったんなんが、あれを一匹貰ってきてごっつぉんしようかな」

そういうことんなって、兎を一匹貰って料理したと。そうしたら、あんまりいい香《か》がして、昼間から晩にならんうち、はぁ、一人で食って、あんまりいい香がして、一切れ食ったら我慢《がまん》がならんで、また食いまた食い、みんな食ってしまった。

「さあ、大変だ。晩にかわうそどんが呼はれてくるがんだが、どうしましよ」

困ってしまったご老人は、

「そうだ、病気になろう。天空守り《てんこうまぶ》という病気がいいな」

そういうことになって、火の端《はた》へちゃんと座り込んで、上ばっかり向いている。そうして、かわうそが呼はれてきて、

「ご老人、呼ばれてきたじゃ」

何の返事もねぇ。中覗《なかのぞ》いて見たら、上みて知らん振りして。

「ご老人さん、どうしたて、呼ぼれてきたて」

と言ってもだめだし、目を覚まそうともしねぇし、

「やだねぁ、この人、どういうがっだろね」

なんてって、しょうがねんなんが、家へ戻って寝たと。
二、三日経って、またご老人がかわうそのとこへ行って、
「はあて、こないだ悪かったぜや。俺が思いつけもなく、天空守りって病気にふっつかれてそう、お前が来たのがわかるっけども、返事もしゃんねかったいや。申し訳なかったいや、本当に。明日ん晩にまた来てくらしゃい」

ご老人は、

「今度は鶏《にわとり》ごっつおにしようかな、山鳥にしようかな」

と、隠居の家に鶏がコッコ、コッコといっぺいるんなんが、それを一羽貰っていって料理したと。また、この前

と同じこって、ばかいい香がして、一切れぐらいいいやと思って味見して、一切れじゃ我慢できなくて、二切れ三切れと、またみんな食ってしまった。

「さて、大変だ。今晩かわうそどんが呼ばれてくるがどうしようかな。しょうがねんが、また病気んなろうかな」

今度、地守《まぶ》りって病気こしゃって、火の端に座って下ばっか向いている。

かわうそどんが呼ぼれていったども、何の音もねぇ。

「ご老人さん、呼ばれてきたぜ」

返事もねぇ。覗いてみたら下ばっか向いて、何の気配もねぇ。

「やはい、やはい。また騙《だま》かされたかな」

そう言って、家へ戻ってってたと。ご老人は二、三日経って、

「いやはや、また、病気にくっつかれてしまって申し訳なかった」

なんてってたと。はあ、かわうそは嘘だとわかるんなんが、

「ほっか、ほっか」

なんてってたと。

そのうち、秋んなつたし、寒《さぶ》くなって、

「お前、魚採《と》る、ばか上手だふだが、俺に教《おせ》えてくんねか」

と、ご老人がかわうそに聞いたと。かわうそどんは、

「まだ早いども、春、川の側ぶちが雪でもっていっぺんなって、凍《し》み渡りできるようんなって、夜は誠に寒くて、

川が隅っこに氷が張るよんなったら教えるこてや」

　ほして、三月になって、凍み渡りできるようんなって、夜は誠に寒くて、川が隅っこに氷が張るようになって、
そん時、かわうそどんが、

「狐どん、今日はいいろ。川ねっこへ行って、氷割って、そのねっこへ尾っぽ下げてんねんし、魚がばかいっぺくっついてくるんなんが」

「そら、いい事聞いた。それじゃぁ、そうしよう」

そして、夜の夜中に行って、氷割って、尾っぽ下げてジーっと寒いがんに我慢してたと。

　薄ら明るくなって、

「はて、いっぺくっついていたろやねえ」

と思って、尾っぽを上げようとしたら、凍み付いてしまって上がらね。

「さあ、大変」

ほうしているうちに、いいて抜けねぇし、穴沢《あなざう》の川向こうの子どもが凍み渡りしてきて、「おお、ねら、狐がいたいや。あっけんとこに狐が動かんでいるいや、叩《はた》こいや」

なんて言って、棒切れなんか持ってきて、叩き始めた。

「さぁ、大変、尾っぽは抜けたってしょうがねんが逃げましょ」

と思って、尻尾をグッグツと引っ張って、尻尾が抜けたどもしょうがねぇ。かわうそどんに文句言ったども、

「そら、しょうがねぇいや。お前、俺んこと騙かしたんが」

それから、狐どんはあんまり人騙かさんで、いい子になったと。

いちがさけ申した、なべの底ガリガリ。

3　狐とかわうそ

ざっと昔があったと。

大栃山《おおつちやま》の山ん手の境沢《さかいざう》にご老人狐が住んでいて、まちの端揚《はば》にはかわうそがいて、二人は大体仲良く行ったり来たりして、付き合っていたんだどもに、狐が、

「かわうそさんの家《うち》へ行ってごっつおになるばっかで申し訳ないから、今度《こんだ》俺がごっつぉする」

と、そういぅ話でありまして、

「明日の晩、おら方へ呼ばれてこいや。きてくらっしゃれ」

そういうことで、ご老人は家へ戻って考えて、

「はて、何ごっつおがいいろう。まあ、山のごっつぉてば、兎か山鳥だども、山鳥捕《と》るなんてば、面倒くせぇから、隠居《いんきょ》の家へ鶏がいたっけが、あれを一羽もらってこうかな」

ということんなって、朝げ、早く起きて、人が寝ているうちに行って、鶏一羽取ってきたと。

ほうして、毛をむしって料理して、晩方、煮たらあんまりいい香がして我慢ならんで、一切れ食ってみた。

「はぁて、こらぁうんめぇ」

もう一切れ食ってみて、二切れ、三切れとみんな食ってしまった。

「さて困った。今夜かわうそさんが来てくれるがんだが、全部食べてしまった。はて、大変だ。どうしてくれよう」

そういうことんなって、どうしょうもねぇんなんが、

「病気になろう。天空守り《てんこうまぶ》という病気になろう」

てって、上向いて知らーん顔していたどこへ、かわうそさんが来たと。

「ご老人さん、呼ばれてきたぜ」

返事も無《ね》ぇ。

「どういうこったろねぁ。ご老人さん、ごっつぉはできったけぇ」

音もしねぇ。それで、戸を開けて入ってみたら、てっちょぱっか向いて知らーん顔してる。

「おかしいこったねぇ」

と思ったども、それこそ、動きもしねぇし、返事もしねぇんだんが、しょうよが無ぇ、家へ戻って寝てしまった。

ほして、二、三日経って、ご老人がかわうそんどこへ行って、

「はぁて、こないだ悪《わり》かったぜや、申し訳なかったぜやぁ。俺がちょうど病気にかかってしまって、お前《めぇ》が来てくれたのがわかるっけども、返事もしゃんねぇんがのんし。申し訳なかった。今度《こった》またいつか、ごっつぉするんなんが、来てくらっしゃい」

「なじょうも、呼はれていぐが」

「来てくらっしゃい」

ほして、またちっと経ってから、

「明日ん晩はなじだい。お前さんの都合は」

とそう言って、ご老人がかわうそさんに聞いたと。

「ばか、いやんべだ。明日の晩はちょうど暇だし、なじょうも呼ばれていぐから」

そういうことんなって、また家へ戻って考えて、

「こないだは鶏であったども、今度兎《こった》だども、これも山へ行って捕ってくるなんて面倒くせぇんが、すうべの家へ何匹もいたっけんが、あれ、一匹もらってこう」

ほうして、すうべの家へ行って、兎一匹取ってきたと。朝げ早く行って。

また、それを料理して、

「今晩こそ、かわうそ君が来てくれたら、ごっつぉしょう」

と思って、うんまく煮えたと。だども、また同《おんな》じことでいい香がして、とっても我慢がならんで、また一切れ食ってしまった。一切れ食いば二切れも三切れも同じことで、全部食べてしまった。

「はぁて、困った。またみんな食ってしまった。今度ごまかすも何もならんども、まぁ、また病気だな」

そう言って、今度、地守り《じまぶ》てがんがあって下ばっか向いてる。火ん中の灰ばっか見つめて知らーんふり。

また、かわうそさんが呼ばれてきたども、何の音も無ぇし、それでまた、地守りっていう病気だんなんが、どうしょうもねぇ。ごっつぉなんて、はあ、無ぇてっだし、返事もしねぇし、

「また、この人はいねぇんなって病気になってしまったが、これはじょうや（きっと）嘘んがんだぜや。偽《にせ》病気だぜや」

かわうそさんもやっとわかって、そうして、肝焼いて家へ戻って、

「今度、仇討《かたきう》ちしてくんねんばなん」

そういうことになって、

「どうしたらよかろう」

と、考えたったと。

ご老人さんも、ひとしきり（しばらく）かわうそさんのどこへ行がんなかったども、寒《さぶ》くなってから、ソーと行ってみたら、かわうそさんは、川に入って魚捕りして、いつも魚ごっつおして食ってる。ご老人さんは魚捕らんねぇし。ほして、かわうそさんが、

「ご老人さん、お前にも魚捕りの方法教《おせ》ようか」

「なじょうも、教えてくれ」

「寒い晩、雪が降ってまちがはばの淵《ふち》にゼェ（氷）が張ったころ、お前、そのゼエを割って尻尾《しっぽ》下げておけば、本当にいっぺぇ魚がくっつくから、そうしてみらっしゃい」

「そらぁ、いいこと聞いた。なじょうもそうしょう」

ほうして、寒くなって、雪ははぁ、降り止んでしまってゼェが張るころ、凍《し》みるころんなって、

「今晩ならゼェが張る」

と思って、夜中に行ってみたら、ほん、ゼェが張って凍《こお》っているんなんが、そこへ穴を開けて尻尾下げったと。

「今度、いっぺぇ魚が捕れる」

と思って喜んで、尻尾下げて我慢しったと。

本当に寒かったどもに、

「魚捕るためだんが、我慢しよう」

と思って、一生懸命我慢しったと。

　ほして、朝げんなって明るくなったんだんが、

「こってぇいっぺぇくっついたろうが、尻尾上げてみよう」

と思うども、いぇてぇ尻尾が取れねぇ。凍み付いてしまってるんなんが取れる訳ねぇ。

　そこへ今度、穴沢《あなぞう》の子どもが凍み渡りしてきて、棒なん持ってたっけが、

「あっけんどこへ狐がいたいや。あれひとつ叩《はだ》いて捕ろういや」

「はぁて、大変だ。叩かれちゃかなわん」

と思って、力任せに尻尾引っ張って、

「毛なん抜けたってしょうよがねぇんなんが」

てって逃げたと。

　それから、狐は人を騙《だま》かさんで、いい子になったてがんだども。

　えちごさっけ申した、なべん中ガーリガリ。

解説　雪国の女語り（解説の内容は、次の通りです）

Ⅰ　ミヨキ媼の経歴――昔話のためのライフヒストリー――

浅井家・穴沢家

生い立ち

結婚と子育て

水沢謙一との出会い

Ⅱ　昔話の環境――地域性と独自性――

長生橋の呉服商

ミヨキ媼の昔話の特質

昔話三分類の概念

ミヨキ、セツの女語り

「ミヨキ昔話」の独自性

Ⅲ　昔話の記憶――語りの場と空間化――

昔話の修得

昔話の記憶と繰り返し

昔話の記憶と空間化

Ⅳ　昔話の継承――次世代への伝承――
昔話伝承研究の変化
昔話の成長
昔話の受容
昔話の継承

I　ミヨキ媼の経歴――昔話のためのライフヒストリー――

浅井家・穴沢家

佐藤ミヨキ媼は浅井嘉助・セツの七人兄弟（男二人、女五人）の第一子の長女として、明治43年4月21日に入広瀬村（現、魚沼市）大栃山に生まれる。父の嘉助は、浅井嘉吉の次男として明治21年に生まれ、一つ年下の穴沢セツと明治42年に結婚し、六年後の大正3年に実家と同じ地域の大栃山に分家する。ミヨキ五歳の時である。浅井家はこの地域では中の上クラスの農家であったが、大正13年の只見線の一部開通に伴い、「入広瀬駅」敷設のために、家の近くにあった田畑が買い上げられ富裕であったこともあり、嘉助の兄の源吉は村長をしていた時期があるという。

母のセツは入広瀬村穴沢の穴沢徳之助・ヨリの長女として明治22年に生まれる。穴沢家はこの地では資産のある方の家で、ゴゼンボウ（瞽女）や行商の人などを泊める余裕があったという。父の徳之助の代に、親戚が多額

佐藤ミヨキ略年譜

1884（明治21）		父、浅井嘉助、入広瀬村大栃山に生れる
1885（明治22）		母、浅井セツ、入広瀬村穴沢に生れる
1910（明治43）	0歳	ミヨキ嫗、入広瀬村大栃山に生れる
1914（大正３）	4	浅井嘉助、浅井嘉吉家から分家する
1926（大正15）	16	守門村大倉の佐藤勘一郎と結婚する
1927（昭和２）	17	長男、敏治生れる
1930（昭和５）	20	長女、ますみ生れる
1933（昭和８）	23	次女、テイ生れる
1938（昭和13）	28	三女、レツ生れる
1940（昭和15）	30	四女、フミイ生れる
1942（昭和17）	32	次男、晋二生れる
1945（昭和20）	35	戦争終わる
1945（昭和20）	35	五女、イツ生れる
1948（昭和23）	38	三男、省三生れる
1954（昭和29）	44	長男、敏治、ミヨシと結婚する
1979（昭和54）	69	水沢謙一、ミヨキから昔話を聞く
2000（平成12）	90	夫、勘一郎（92）亡くなる
2005（平成17）	95	ミヨキ嫗から昔話を聞き始める
2014（平成26）	103	現在

の借金を背負った時、倅に家督を譲り、山の方にある開拓集落の上の原に隠居することで、おおかたの財産を守ったとされる。セツが嫁いだ後のことであるという。セツの母のヨリは、守門村（現、魚沼市）大倉の佐藤家から穴沢家に嫁いでくるが、その大倉の佐藤家に、四十年後の大正15年にミヨキ嫗が嫁ぐことになる。偶然の一致ではない。後に結婚することになる夫の勘一郎の姉のハツエが、大栃山の元右衛門（屋号）に嫁いでいて、実家にミヨキをどうしても入れたかったからという。

一方、浅井家の方では、浅井家の親類とミヨキの縁談話も持ち上がったというが、母のセツが断って守門村大倉の佐藤家に嫁がせたのだという。セツからすれば母の実家の方が安心でもあったし、当時の佐藤家はそれなりの資産もあったとされる。家の格柄が優先された時代の結婚であったといえる。

生い立ち

ミヨキ嫗の生まれた分家の浅井家は、田畑五、六反の当時でいえば普通の農家で、結婚前のミヨキさんは田んぼの仕事はほとんどせず、多くは養蚕や畑の手伝いをしたという。当時、山間地は養蚕が盛んであり、主な収入源になっていた時代でもある。ミヨキさんは、母が手籠《てご》で桑を背負ってきて縁側に腰掛けて休んでいる時に、背中から上がる汗のにおいが好きで、小学校を出てからもよく嗅いだという。若い母と養蚕にまつわる逸話といえるが、蚕を生活の糧としてきた当時の暮らしの一端がうかがえる。蚕の話は他にもある。六月一日の衣脱朔日《きぬぬぎついたち》に、焼いた鏡餅を食べないで桑畑へ行くと、蛇が皮を脱いでいるのに遭うからといって食べたという。また山から花を採ってきても、ツツジやフジの花以外は、ボコさま（蚕）が嫌いだから、家の中に入れてはいけないという。蚕が脱皮するとしわしわできれいになり、桑の葉をサワーサワーと音を立てて食べているのは、見飽きないと話す。虫を偏愛する「虫めづる姫君」（堤中納言物語）にも似た執心である。そのためか、いつかテレビで繭を利用して何かを作る様子を見た時はとても嫌だったという。繭を遊びのように扱われることに強い抵抗感を持っていたのであろう。

母のセツは漢字がよく読めなかったと言うのは内孫の浅井勝さんで、よく新聞の連載小説を読んで聞かせたことがあると述べる。小学生のミヨキさんは、国語が得意で本を読むのがたいそう好きで、学校の成績も常にクラス（四十人弱）で一、二番だったという。下校時の遊びは禁止であったが、三、四年の頃、夏の暑い日にはカバンを地蔵さまのところに置き、破間川《あぶるま》に降りていって、素っ裸で水浴びしたという。髪を乾かすまじないとして、柳の枝で「川原の柳、露とってなしゃーれ」と唱えながら濡れた髪をなでたという無邪気な少女時代であった。

小学校を出て、家事手伝いを三年ほどしてから、嫁入り前の習い事として裁縫や機織りを学び、数えで十七の年、昭和になる一週間ほど前に佐藤勘一郎のもとに嫁いでくる。婚家先が特に嫌ではなかったが、盆などに実家に帰るのは楽しみであったと言い、坂を登った池ノ峠から実家がよく見える場所があって、そこでしばらく眺めてから大倉に帰ってきたという。

結婚と子育て

佐藤家は大倉では地主クラスの家であったが、戦後の農地解放で多く土地を手放したとされる。昭和25年から40年にかけて山に隧道を掘って、地下水を確保するという事業の主導的役割を果たし、その結果、森林を水田化することになり、大倉の農業のために尽力したという。その佐藤家には田植えや収穫時に村の衆が常に三、四人が手伝いにきていたとされる。勘一郎は平成12年に九十二歳で亡くなるが、物事を苦にしない鷹揚な性格で、「いい人であった」とミヨキ媼は言う。

ミヨキ媼は夫勘一郎との間に三男五女の子どもを儲ける。嫁いでから出産、子育てと多忙な時期を迎えるが、特に戦争中に子どもの乳が十分出ずに、米を炒って飴にして与えたという苦労話をしてくれた。また、戦争中はこういう小さな集落でも、愛国婦人会が組織され、さまざまな会合や竹槍による訓練があったりして、あまり好きではなかったと振り返る。アケビ蔓を飛行機の燃料にするために取ってくるなんておかしなことだと話す。乳飲み子を抱えた一人の母親として、国策になじめなかったと思われる。佐藤家は戦後、家のそばの一町歩だけを残して、後は農地解放で取られてしまう。その時はあまりいい気はしなかったが、今になるとあれはいい政策であったと、ミヨキ媼は語る。

戦後になり、生活環境が大きく変化する過程の中で、こんな話をミヨキ媼が話していた。それまで夜に子どもたちに昔話を聞かせてきたが、ラジオが夜の団欒に入ってくるようになり、五番目の晋二が新しいラジオが付いたのを喜んで踊っていたのを見てから、あまり積極的に語らなくなったという。実際に語らなくなったのでないことは、一番末の23年生まれの省三も聞いているから間違いないが、ただ生活の中における昔話の意味づけが変わったことを、鋭敏に感じ取ったのであろう。いわゆる戦後の「新生活運動」やラジオ・テレビの普及が自然に昔話をそれまでの位置から押しやることになってしまったのである。

ミヨキ媼の子どもたちによる母親像は、総合していうと芯の強い、しつけに厳しい人ということになる。ミヨキ媼自身も、母のセツさんは「気持ちのやわっこい人であった」と言うが、自分はそうではないと笑って振り返る。反面、高齢になっても新聞を欠かさずに読み、社会問題にも関心の深い知的好奇心の強い人であるという評価は、子どもたちにも共有されている。それは九十を過ぎてからでも、あちこち呼ばれて昔話を語ったりする姿にも表れている。子育ての間に子どもたちに昔話を語ったりはしているが、それが語り手として自覚していくことになるのは、水沢謙一との出会いが大きかっただろうと想像される。母親の昔話が社会的に注目されるようになるにつれ、ミヨキ媼の子どもたちも母への敬意を深くしていく。

水沢謙一との出会い

ミヨキ媼は水沢謙一と同年である。初めて会うのは、水沢謙一が入広瀬村から頼まれて『いりひろせ物語』(平成元年)を編集するために、大倉に嫁いでいるミヨキ媼を昭和54年に訪ねてきたことによる。六十九歳の時である。編まれた本には、ミヨキ媼の昔話六話(「瓜姫」「三枚の札」「ウサギとフクガエル」「イタチとネズミ」「サルむこ(一本橋)」「山伏とキツネ」)が収載されている。ミヨキ媼の昔話が活字になったものとして始めてかもしれないが、わたしが訪ねて行った時にも水沢謙一のことがたびたび話題になった。水沢謙一は新潟県では昔話の採集家としてはつとに有名な方であり、その意味では大変に嬉しかったのであろう。

水沢謙一との出会いは、一人の家庭の母が昔話の語り手として社会的に自分を自覚していくには十分な出来事であったろう。その後、ミヨキ媼のもとをいろいろな人が昔話を聞きに訪ねてくる。わたしが学生と一緒にこの地の昔話調査に出かけた平成17年8月7日にも、東京から来た児童文学者と一緒に昔話を聞いた。ミヨキ媼九十五歳の年である。それ以前から地域の文化活動や観光の一助として呼ばれて語ったり、あるいは行政がミヨキ媼の昔話の保存のためにビデオ撮影したり、またテレビに出演するなどの活動がある。大栃山の実家で聞き記憶にとどめてきた昔話が、いよいよ開花を始めたのである。

ミヨキ媼の昔話をうかがった帰りに、媼は必ず「今日は話を聞いてくれて有難う」というお礼の言葉を口にする。礼儀正しい明治生まれの人だと思っていたが、どうもそれだけではないような気がしている。それは媼の昔話全体に触れなければ、簡単に説明するのが難しいので後に述べることにする。

Ⅱ　昔話の環境――地域性と独自性――

長生橋の呉服商

佐藤ミヨキ媼の昔話は、そのほとんどが母セツから聞いたものだという。その母は長岡の長生橋のたもとにあった店から来る呉服商に聞いたとミヨキ媼は話すが、その長生橋の呉服商のことは何もわからない。長生橋の呉服商からセツ、そしてミヨキ媼へと続く昔話の継承を考えて見なければならないが材料に欠ける。

明治31年刊行の『日本全国商工人名録』によると、長岡の商工業者が一九五人挙げられていて、そのうち呉服太物商は三十四人いたとされ、「呉服太物商や古着太物商は、柳原町・表町・裏町に集中し、さながら繊維街をつくっていたという」（『決定版　長岡ふるさと大百科』平成17年）。また別の記録では、明治の頃の長岡の呉服・太物・古着屋は九十店近くあった（『長岡商工人百年の奇跡』平成23年）といわれる。どちらが正確であるのかの確認は難しいが、いずれにしても商業都市長岡の一面を示すものとして変わりはない。

昭和7年刊の長岡女子師範学校付属小学校郷土教育研究部・長岡市小学校教育研究会編『長岡郷土読本』の「長岡の商人」の項で、昭和初期の実情を次のように伝えている。「これは市内のことですが、よく朝早い五時何分かの汽車に乗ると、大きな風呂敷包を擔いだ、徴兵検査前後の若い店員が大勢乗込みます。これはみんな懸下各地の町村へ、卸に出かけるのです。事実古志・三島・魚沼三郡をはじめ、南蒲原から遠く岩船あたりまで、殆ど全部は長岡の商圏内にあるのです」と、活気に満ちた長岡の状況が記されている。

ところで、太物とは木綿織物や麻織物をいい、絹織物を扱う呉服商とは区別されていたというが、長岡では江戸時代から太物商がしだいに少なくなり、呉服商が太物も扱うようになっていったという（『決定版　長岡ふるさと大百科』）。こうした呉服商の中には織物商を営む「加島屋の伝左衛門」などがいて、明治初めには機業にも手を出していたという（『長岡商工人百年の奇跡』）。穴沢セツが実家で昔話を聞いた呉服商も、呉服を売りにきただけでなく繭の仲買にも関わっていたと想像される。分家した浅井嘉助が養蚕で生計を立てていたことも、そうした時代を考えれば十分説明がつく。翻って、ミヨキ媼が桑や繭に特別の思い入れを持つのも、その点からすれば納得のいくことである。嫁いだ大倉は稲作が主であったが、ミヨキ媼は家族の衣服用に機織りをしていたという。数キロしか離れていない距離に嫁ぎながらも生業的には大きな違いがあり、大栃山の実家の養蚕が忘れられなかったのであろう。そうした社会経済の状況や地域環境を視野に置きながら昔話をとらえていく必要がある。

ミヨキ媼の昔話の特質

次に、佐藤ミヨキ媼の昔話採集の聞き書き日程を示す。

佐藤ミヨキ聞書き　一覧

H17・8・7
1 ウサギどんとフキどん
2 勝々山
3 地蔵浄土
4 蓬と菖蒲
5 田螺《つぶ》の親子
6 蝸牛《だいろ》の伊勢《いせ》参《まい》り
7 神の申し子
8 産神問答
9 古屋の漏《も》り

H17・8・9
10 魚を助けた人
11 けちんぼ長者
12 三人仲間
13 紫陽花の話
蛇婿入（苧環型）
猿聟入
味噌買橋

H18・3・28
14 機地蔵
15 大師ぼっこの跡隠し
16 瓜こ姫

H18・3・30
17 絵姿女房
18 八化け頭巾
19 鼠経
20 サバ売り

H18・5・1
21 時鳥と兄弟
22 大歳の客
23 猿の生肝
24 恐《おっか》ながり屋の爺さ
25 炭焼長者（初婚型）
26 蛙報恩（姥皮型）
27 蛇聟入（苧環型）
28 蛇女房

H18・5・2
29 蛇女房
30 天人女房

31　蛇聟入（苧環型）
32　猿聟入
33　味噌買橋
34　鼻高扇
（聴耳）
H18・5・18
35　エンちゃんドンちゃん
36　浦島太郎
（塩吹臼）
（猿地蔵）
（金の鉈）
H18・6・29
37　絵猫と鼠
（鼠経）
38　塩吹臼
39　猿地蔵
40　金の鉈
41　樫の木の話
42　極楽を見た婆さ
43　姥捨山
44　お杉とお玉
（時鳥と兄弟）

45　弥三郎婆さ
（瓜姫）
46　お杉とお玉（お銀小銀）
47　化物退治
48　おタバの話
49　蛸と猿
50　昔は語らん
51　果てなし話（胡桃の木）
（紫陽花の話）
H18・8・9
52　化物寺
（樫の木の話）
53　尻尾の釣り
（話千両）
54　猿蟹合戦
（蛸と猿）
（果てなし話（胡桃の木））
H18・8・10
55　舌切雀
56　狐の婚礼
57　山伏狐
58　蝉屋長者

蛙報恩（姥皮型）
H18・9・5
危ない危ない
隠れ里
（七福神）
二反の白
小僧田楽
一休の虎退治
（子育て幽霊）
H18・9・6
三枚のお札
親捨山（福運型）
親捨山
お銀小銀
H19・3・10
ライフヒストリー
H19・10・27
鼠浄土
狐の宝生の玉
蛇聟入（英雄型）
蛙女房
蓬と菖蒲

佐藤ミヨキ媼の語る昔話　採集一覧表（『日本昔話大成』による）

動物昔話

2　尻尾の釣り
27　猿蟹合戦
20　ウサギどんとヒキどん（大成名「蛙と兎の餅競走）
32　勝々山
33　古屋の漏り
35　蛸と猿
35　猿の生肝
46　時鳥と兄弟
82　おタバの話
紫陽花の話

本格昔話

101A　蛇聟入（苧環型）
101A　蛇聟入（英雄型）
103　猿聟入
104　蛙報恩（姥皮型）
110　蛇女房
111　蛙女房（蛙の法事）
118　天人女房
120　絵姿女房
129　蝉屋長者（大成名「播磨糸長」）
134　田螺の親子（大成名「田螺息子」）
蝸牛の伊勢参り
144　瓜こ姫
149　炭焼長者（初婚型）
160　味噌買橋
163　恐ながりやの爺さ（大成名「おぶさりたい」）
167　塩吹臼
184　地蔵浄土
185　鼠浄土
187　産神問答
191　舌切雀
195　猿地蔵
199　大歳の客
203　機地蔵（大成名「笠地蔵」）
207　お杉とお玉
207　お銀小銀
213　お杉とお玉（大成名「継子の栗拾い」）
224　浦島太郎
226　金の鉈
232　絵猫と鼠
240　三枚のお札
243　サバ売り（大成名「牛方山姥」）
244　蓮と菖蒲（大成名「喰わず女房」）
244　食わず女房（五月菖蒲の話）
253　化物退治（大成「山姥の糸車」）
本格新12　神の申し子（大成名「若返りの水」）
補遺10　魚を助けた人
（けちんぼ長者）
（大師ぼっこの跡隠し）
（エンちゃんドンちゃん）
（樫の木の話）
273　狐の婚礼
275　山伏狐
283　八化け頭巾
284　狐の宝生の玉

笑話

359　化物寺
382　鼠経
469　鼻高扇
471　危ない危ない
485　二反の白
515　三人仲間（大成名「話千両」）
523A　姥捨山
523D　姥捨山（福運型）
523D　極楽を見た婆さ
533　小僧田楽（大成名「焼餅和尚」）
（一休の虎退治）
636　昔は語らん
642　果てなし話（胡桃の木）
（弥三郎婆さ）
（隠れ里）

（　）は大成外

これまでミヨキ媼に会ったのは都合十六回である。最初は大倉にある大塚山荘で、それから一度は風邪で入院していた時に小出病院を訪ねたことがあるが、それ以外はすべてお宅に伺って聞いた。訪問して聞いた昔話は二度聞いたものも含めて七十話を越える。その半数以上は、雑誌に四回に亘って掲載したが、本書にはすべてを掲載した。聞き取りの具体的な様子がわかるように、採集日、採集話名を載せた「佐藤ミヨキ媼の語る昔話 採集一覧表」を示す。初めてお会いした時に、すでに九十五歳を越えていたこともあって、長時間をかけて聞き取るのは遠慮して、大体一回につき二、三時間程度で、雑談をまじえながら聞いた。昔話は、「ざっとむかしあったと」で始まり、「いっちごさっけ申した、鍋ん下ガラガラ」で終わる。これまでに聞いた昔話を、大きく動物昔話・本格昔話・笑話とに分けてみると、次のようになる。

動物昔話 … 十話
本格昔話 … 四十三話
笑話 … 十一話
他 … 四話

話型数を比較してみると、本格昔話が七割を超える。一般に女性は男性に比して、本格昔話が多いとされるが、その意味では「女の語り」といえる。そのことを恣意的にならないように、客観的な比較を例に考えていきたい。昔話はすぐれて個人的な営みではあるが、同時に地域に限定されたものでもある。人の成長が成育環境に大きく左右されているのと同じように、昔話も聞いた環境に深く影響されていることは言うまでもない。ここでは佐藤ミヨキ媼の昔話を地域環境面から分析しながら、その特性を明らかにしていきたい。分析のための比較材料として、次の三つの昔話集を取り上げる。一つは、前に取り上げた『いりひろせ物語』(以下『いりひろせ』と略称)である。この昔話集は佐藤ミヨキ媼、浅井セツが生まれた地域の昔話集であると同時に、ここにミヨキ媼の昔話が六話掲載されているからである。次に昭和23年に刊行された水沢謙一編『とんと昔があったけど　第一集』(以下『とんと』と略称)で、明治元年に長岡市朝日に生まれ古志郡山古志村に嫁いできた、長島ツルの語る一二二話が収められている。明治生まれの旧家の語りを示すものである。三つ目は、昭和七年に刊行された『加無波良夜譚』(以下、『加無波良』と略称)で、南蒲原郡葛巻村(現、見附市)に住む明治以前の生まれの語り手である牧野悦の八十四話と、今井そよの十八話が収録されている。山古志も葛巻も、入広瀬村大栃山から直線距離にしておよそ二十キロ圏内に入る場所で、それほど遠くではない。『加無波良』は新潟県で初めて記録された昔話集であり、国内でも昔話記録の先駆けをなすものである。

以上の昔話集を、佐藤ミヨキ媼の『雪国の女語り』(以下『雪国』と略称)と比較するにあたって、『日本昔話大成』に登録されている話型名に従いながら、その異同を見ていくことにするが、あらかじめ確認しておかなければならないことがある。それは『いりひろせ』の昔話集は、水沢の昔話研究の方法を強く示したもので、昔話の総数は五十八話であるが、その中には同一話型が多く含まれている。水沢が関心を持っていた昔話で、たとえば「遊魂譚」は十六話、「三枚の札」四話、「シンデレラ譚」三話、「小さご譚(瓜姫)」二話である。地域の昔話の比較として、他の昔話集と話型の伝承傾向を比較するには、このままの数字では偏りがある。話型としては大差ない内容なので、ここでは「遊魂譚」を三話型三話に、他は一話型一話ずつとして扱って換算することにする。

そこで『雪国』との共通話型の対照を目的として作成した「共通話型一覧表」をもとに、周辺との伝承状況の

共通話型一覧表

	種類	佐藤ミヨキの昔話	いりひろせ物語	加無波良夜譚	とんと昔があったけど第一集
1	動物	尻尾の釣り	キツネとカワウソ	狐と獺	狐とかわそ
2		ウサギどんとフキどん	ウサギとフクガエル	猿と蟇の餅競争	猿とふく
3		猿蟹合戦	サルとカニ	猿と蟹	猿とかに
4		勝々山	ウサギとクマ	かちかち山	おっかんがりや
5		古屋の漏り	古やのもり	古屋の漏	古やのもり
6		猿の生肝	サルの生ぎも	——	くらげ骨なし
7		時鳥と兄弟	——	ほととぎす	ほととぎす
8	本格	蛇聟入	——	——	蛇聟
9		猿聟入	サルむこ(一本橋)＊	猿聟入	猿聟どん
10		蛙報恩	オッパの皮	蟇の皮	婆っ皮
11		蛙女房	蛙かか	——	蛙女房
12		天人女房	天人女房	——	天人女房
13		絵姿女房	——	絵姿女房	——
14		田螺の親子	——	田螺息子	——
15		蝸牛の伊勢参り	——	——	だいろ息子
16		瓜こ姫	瓜姫	あまんぎやく	瓜姫
17		恐ながりやの爺さ	——	——	おっかんがりや
18		塩吹臼	——	——	塩ひき臼
19		地蔵浄土	——	団子浄土	地蔵浄土
20		鼠浄土	ネズミ浄土	鼠の浄土	——
21		産神問答	——	炭焼長者	運定め話
22		猿地蔵	——	——	猿地蔵
23		大歳の客	——	——	大年の火
24		機地蔵	六地蔵さまとじさ	笠地蔵	——
25		お杉とお玉	あわぶく、こめぶく	お杉お玉	——
26		三枚のお札	三枚のお札	山姥	三枚の札
27		サバ売り	サバ売り	魚売	鯖売り
28		蓬と菖蒲	食わず女房	飯食わぬ女房	食わず女房
29		山伏狐	山伏とキツネ	山伏と狐	山伏と狐
30	笑話	鼠経	ネズミ経	念沸の當り	鼠経
31		鼻高扇	——	天狗の鼻扇	金銀のうちわ
32		危ない危ない	——	金甕の聲	——
33		二反の白	二反の四郎ただとり	——	——
34		三人仲間	——	——	話千両
35		姥捨山	——	姥捨山	——
36		弥三郎婆さ	——	彌三郎婆さん	——
同一話型数／総話型数			20／40	25／93	27/123

一致を見ていくことにする。この表は、ミヨキ媼の昔話と同一話型のあるものを載せた。『雪国』に載せたミヨキ媼の昔話の約半分は、周辺地域にも伝承されている。そのうち動物昔話の1～5番、そして「蛇聟入」「蛙報恩」「瓜子姫」、および26～30番は、すべての昔話集にも見られるもので、この地域に広範に浸透している話型といえる。逆にここにない昔話が『雪国』の独自性を示すことになるのであるが、それは後で話題にする。それぞれの昔話集との共通話型の比率、すなわち昔話集全体における一致の割合を見ていくと、『いりひろせ』は総数四十話に対し一致するのは二十話で五十パーセント、『とんと』は一〇二話（昔話以外は除く）に対し二十七話で二十六パーセント、『加無波良』は九三話に対し二十五話で二十七パーセントになる。『とんと』『加無波良』は一致が二十パーセント強に過ぎないが、『いりひろせ』は五十パーセントで、『雪国』との共通性が高いことがわかる。

浅井セツが長岡長生橋の呉服商から聞いた昔話とされるが、『雪国』には入広瀬の昔話が交じっていることを、この数字が示唆しているように思える。つまりセツの昔話には近親者などから聞いた入広瀬村の昔話の可能性も高いのではないかということである。長生橋の呉服商が長岡の人であるかどうかの確証もないので、憶測の域を超えないことは十分承知している。ただ昔話のストーリー上の展開も多く一致することを考えると蓋然性が高いのではないかと思われる。いずれにせよ『雪国』の昔話の遡及が、これ以上困難であるゆえ、こうした傍証事例も参考にせざるを得ないのではなかろうか。

続いて『雪国』の特性をとらえるために、各昔話集における昔話分類（動物昔話、本格昔話、笑話）の比率を見ていきたい。それを示したのが「三分類による割合表」である。ただし、三昔話集における昔話話型の認識には違

三分類による割合表

	佐藤ミヨキの昔話	いりひろせ物語	加無波良夜譚	とんと昔があったけど第一集
動物昔話	7話／12%	8話／20%	13話／16%	18話／7%
本格昔話	38話／63%	28話／70%	43話／54%	42話／41%
笑　話	15話／25%	4話／10%	24話／30%	44話／42%

いがあるので、これも『日本昔話大成』の話型登録に基づいての割合を数値化したが、そのため、いわゆる大成外や伝説に含まれるものを除いた上での比較であることを確認しておきたい。したがって、総話数を母数にしたものではなく、あくまでも大成に登録された昔話を基準にして母数を設定したものである。これによると、昔話全体における本格昔話の割合は『いりひろせ』七十パーセント、『雪国』が六十三パーセントであるが、『加無波良』『とんと』は五十パーセント前後である。逆に笑話は『とんと』においては四十二パーセントと高く、『加無波良』は三十パーセント、『雪国』は二十五パーセント、『いりひろせ』は十パーセントで、本格昔話と笑話との相関関係が見られる。動物昔話は『いりひろせ』が二十パーセントと高いが、他は十パーセント台で大差ない数値といえる。

こうした数値からすると、『雪国』は本格昔話の割合が多く、それが特徴となる。この項の最初に指摘したことが、客観的な数値によっても裏付けられたことになる。ただ、そのことが意味する結果を述べる前に、三分類の概念の相違についての検討が必要であろう。それは昔話の内実に深く関わっているからである。

昔話三分類の概念

日本における昔話三分類に基づく話群、話型の体系化は、アールネの分類や柳田分類等を参考にしながら構想した関敬吾『日本昔話集成』（角川書店）によって先鞭がつけられた。関は同書の解説で、動物昔話の内容は「擬人化された動物の世界であって、その行為に従って動物相互の葛藤、親和及び由来」（『日本昔話集成』第一部動物昔話）にあるとした。また、本格昔話に登場する「愚な動物」「人と狐」との違いに触れ、動物昔話は「動物自体が主人公であり、人間は寧ろ脇役として登場する。ここ（花部注「愚な動物」「人と狐」を指す）に列挙したものは、人間が主役であり、動物は脇役として行動する」（『日本昔話集成』第二部本格昔話3）と説いた。

また、本格昔話について「本格昔話の内容は、婚姻を目的とした彼岸の世界への旅行である。筋の運びは相互に関連を持つ現世と彼岸との間の緊張からなる」（『日本昔話集成』第二部本格昔話1）と述べた。さらに、笑話については「昔話は奇蹟や神の恩恵を求めようとするが、笑話の主人公はつねに自己の力に依存し、現実に即して行動し、平凡な人間性を強調して語る。あるいは人間の愚かさ、ばかばかしさを強調し、誇張から誇張へ限りなく進展するが、誇張もまた現実生活と結びつく」（『日本昔話集成』第三部笑話）と説明した。人間社会を中心に動物や異界、現実世界との関連を中心に、それぞれの相違を簡潔に述べた。

『日本昔話通観』二十八巻の「物語タイプ・インデックス」（同朋舎出版）は、関以後の昔話の分類やモチーフ、タイプの総合的な研究であり、稲田浩二の昔話理論の集大成を示すものといえる。稲田は本格昔話と笑話の違いについて、「むかし語りは、人間を主人公とし、その人生的生涯を語るタイプ群」と述べ、また「笑い話は、そのほとんどが人間を主人公とし、人生的舞台を設けることなく、その賢愚を示す行為に注目する」と、相違を簡潔に説明する。本格昔話は婚姻・誕生にはじまり富の獲得や葛藤などさまざまな人生的主題へと展開していくが、一方笑話は愚人や誇張、狡智、狡猾者といった笑いの性質によって話群構成しているという。同じ昔話とはいえ、本格昔話と笑話は、その依って立つ基盤にも大きな違いがある。

これらをもとに、動物昔話、本格昔話、笑話の概念の違いを概括すると、「動物昔話」は擬人化された動物を主人公とした動物社会の事件を述べたものであるが、もちろんそれは人間、および人間社会を風刺的に投影させている。「本格昔話」は婚姻を中心とした人生への関心を、異界との緊張関係のもとに人間的主題へと理想化し感性に訴えて語る。それに対し「笑話」は現実生活に立脚し、平凡な人間の愚かな行動を単純化し笑いにしてしまう。動物昔話は人間社会を戯画化して見せ、本格昔話は人間的テーマを情緒的に示し、笑話は現実を批判的、理知的に構成するものといえる。本格昔話を中心とした『雪国』の世界を、こうした昔話分類の枠組みの違いからそこに輪郭を与えることができる。

ミヨキ、セツの女語り

さらに踏みこんで、同じ女の語り手ながら『雪国』と『とんと』との差異を追究することで、その彩りの違いを見ていきたい。先述したように、『雪国』と『とんと』昔話とは、昔話分類において偏りが見られた。本格昔話を中心とした『雪国』に比して、笑話が半数に及ぶ『とんと』昔話とはその世界に大きな隔たりがある。これは昔話継承の問題でもある。つまり誰から聞いた昔話であるかという問題でもある。再三述べているように、ミヨキ媼は母セツから、そして母は長岡市の長生橋の呉服商から、そしてその先は不明である。

『とんと』の長島ツルさんは、幼い時に実家の孫爺さん、孫婆さんからたくさん昔話を聞いたという。原田家は武士の末裔の家柄の旧家である。ツルさんは「女に学問は不要」ということで就学できなかったが、「子供のころ、お婆さんの家で、正月から二月にかけて、「ヨミナライ」があって、村の若い衆のアンニャやオジが、「ヨミナライ」に来て机を並べていた」そばで、見よう見まねで文字を覚えたという。ツルさんから昔話を聞いた水沢謙一は、自分の調査経験を踏まえながら、その孫爺さま、孫婆さまの二人は共に新潟でいういわゆるカタリジサ、カタリバサと呼ばれる昔話の語り手であったとして、ツルさんの昔話を次のように述べている。

話の語り終りには、その昔話の主人公のように、だから親の言うことをきくもんだとか、よいことをすればこうなるとか、悪いことをすればこうなるとか、運のいい人間はこうなるとか、このように正直に世渡りするものだとかの、短言の落ちがついていたと言う。つまりは、昔話が、子供たちの楽しみであったと同時に、家庭教育、今の学校教育でもあった訳である。

この孫爺孫婆さんの語った昔話と、ツル婆さんの昔話と比較出来れば、昔話伝承の経路の上に、重要なヒントを知り得たであろうが、それはもう今となっては、とてもかなわぬことである。

ところで、ここで水沢のいう「短言の落ちがついていた」という指摘は、昔話が教訓的、教育的機能を帯びていたということと結びついて、長島ツルの昔話の特徴を示している。笑話における「賢愚を示す」方法が、笑話を越えて本格昔話にもその合理的思考が浸透しているからであろう。『とんと』の昔話世界はそうした特質を持ち、それは長島ツルさんの実家の昔話の特徴を示すものなのではないだろうか。

ところで、ツルさんは山古志村虫亀に嫁いでから夫や長男、また末っ子を相次いで亡くすなど不幸に襲われている。そしてそれを乗り越えるべく長く家長の役割を担い、家を守ることに専心してきたという。そうした逆境を生きる過程で、実家から携えてきた合理的、教訓的な昔話、批評的な傾向の強い笑話にいっそう磨きを掛けるなどの影響を与えないものかどうか。そうした観点から個人の中で生きつづける昔話の推移についても考える必要があろう。

一方で、ミヨキ媼の場合はどうであろうか。その昔話は母のセツそのもので、すなわち慕う母の昔話そのものを一心に受け入れて育んできた部分がある。母の昔話をどのように記憶・継承してきたのかの具体性については、次章で詳しく述べるつもりであるが、母の昔話を子どものミヨキ媼は着実に受け継いできたことだけは確かである。

もう一点、ミヨキ媼と長島ツルの昔話との比較で際立っているのは一話の長さの違いである。未来社版『とんと昔があったけど　第一集』は全三四二ページからなり、これを総話数の一二二で単純に割ると二、八となり、一話が二ページから三ページの計算になる。ページ当りの字数が六五六字の組みであるから千字から二千字で、四百字詰め原稿でいえば三、四枚である。ただしこれは平均であり、長い昔話では八枚になるものもあるが、総じて一話あたりが短いことに変わりがない。これはミヨキ媼の昔話と比べれば大きな違いである。笑話の多いことが大いに関係しているが、しかし本格昔話の長さについてもそれほど多くはない。

ちなみに「サバ売り」を例に上げて比較してみよう。長島ツルさんの「鯖売り」は千六百字程度（四ページ）であるのに対し、ミヨキ媼の「サバ売り」は五千字弱で約三倍近い長さである。どこが違うのか、まず出だしの部分で、ツルさんの場合は鯖売りが峠を越えて来たところに大家があり宿を求めるが、ミヨキ媼の場合はサバを担いで峠に来ると豪儀な雪に遭い、雪を掻きわけ掻きわけてようやくたどりつく。鬼の婆にサバを全部食べられるのは同じであるが、そのあとサバ売りは逃げ出すが、ツルさんの場合には鯖売りはすぐに戻って二階に隠れる。

ミヨキ媼の場合は、追いかけてくる婆を月下の池の木に上り、その姿が池に映るのを見て婆は池の中に入る、それを見てから木を下りて二階に隠れる。この池のシーンを含めて、長さに大きな差が出ている。

その後の展開でも、ツルさんは鬼ばばが餅と甘酒を食べようとするが、ミヨキ媼の場合はさらに辛酒も加わる。最後はツルさんが鬼の婆が言った金を掘り出し持ち帰ることで終わるのに対し、ミヨキ媼の場合は、出居には金、庭に餅、水場に辛酒・甘酒があり、それらを自宅に三回に分けて運び、めでたい正月を迎えるという結末になる。両者のストーリー展開は同様であるが、叙述に差異がある。ツルさんの鯖売りは淡々とした筋運びで合理的な印象があるのに対し、ミヨキ媼の方は、叙述やディテールの細やかさ、忠実な「三の繰り返し」やドラマチックな展開など物語性に富んでいる。「鯖売り」以外にも長島ツルさんの昔話は、処世知や教訓を含んだスピリットの効いた構成的な話に特徴が見られるのに対し、ミヨキ媼の昔話は情感的で冗長、きめ細かい生活の臭いがするところに特徴がある。語り手が昔話をどのように受け入れ、また表現するかは、語り手によって大きく異なる。

ただ、ミヨキ媼の昔話を、ミヨキ媼自身の資質の問題に求めるのは一面的である。そこには母セツの昔話と、母への思いが深く入り込んでいる。九十を超えた媼が若い母を追想する際の華やぎのような表情に不思議な感慨を覚えた記憶がある。『雪国』には母セツの昔話が色濃く滲み出ている。いうなら二人の女性が創り上げ醸成してきた昔話という印象が強い。「女語り」と呼ぶにふさわしい内容である。そのことは、「共通話型一覧表」にないミヨキ媼独自の昔話を検討することで、いっそう明らかになるであろう。次に「「共通話型一覧表」外の昔話一覧表」挙げる。

「共通話型一覧表」外の昔話一覧表

動物昔話
35　蛸と猿
82　おタバの話（タバコの由来）
　紫陽花（おもだか）の話
本格昔話
　蛇聟入り―英雄型―
110　蛇女房
129　蝉屋長者（大成名「播磨糸長」）
149　炭焼長者（初婚型）
160　味噌買橋
191　舌切雀
224　浦島太郎
226　金の鉈
232　絵猫と鼠
253　化物退治（大成「山姥の糸車」）
本格新12　神の申し子（大成名「若返りの水」）
補遺10　魚を助けた人
　けちんぼ長者
　大師ぼっこの跡隠し
　　エンちゃんドンちゃん
　　樫の木の話
273　狐の婚礼
283　八化け頭巾
284　キツネの宝生の玉
笑話
359　化物寺
523D　姥捨山（福運型）
523D　極楽を見た婆さ
533　小僧田楽
　　一休の虎退治
636　昔は語らん
642　果てなし話（胡桃の木）
　　隠れ里

「ミヨキ媼の昔話」の独自性

ミヨキ媼の昔話を特徴づけるのは、結婚をテーマとした昔話が多いことである。異類婚姻譚でいえば、蛇聟入（苧環型）、蛇聟入（英雄型）、猿聟入、蛙報恩、蛇女房、蛙女房、天人女房。難題聟譚では絵姿女房、蝉屋長者（播磨糸長）がある。『日本昔話大成』による婚姻の話群においては以上であるが、他にも「田螺息子」「蝸牛の伊勢参り」「炭焼長者」（初婚型）、「産神問答」などは、普通一般でいえば結婚がテーマとなっているといえる。また、わたしは聞いていないが「川鱒女房」の昔話があることをミヨキ媼の子どもの話で確認できる。さらに大成に話型登録されていない「魚を助けた話」も結婚がストーリー展開の中心になっている。都合十四話に及ぶ。これは媼自身の昔話の二十二パーセントに相当する。この数値は、日本の昔話話型全体にしめる結婚をテーマにした昔話の比率よりはるかに高いであろう。十分に「女語り」の一面を証拠づけるものである。ただ概して女は男より結婚に関心が深いからといえばそれまでであるが、もう少し探ってみる必要がある。嫗は結婚の昔話でも、蛇や蛙などの結婚は嫌いで語りたくないと言う。強いて語ってもらった「蛇聟入」「蛇女房」をみると、やはり内容も短く精彩に欠ける嫌いがある。好悪や正邪を曖昧にしないのがミヨキ流といえるのかもしれない。

反対に、好きな昔話は「蝉屋長者」だと明言する。そのことは、魚沼昔ばなしの会編『「囲炉裏端で昔ばなしを聞く会」十周年記念誌　記録集　あったてんがの』（平成22年）に、第一回・第二回の「囲炉裏端で昔ばなしを聞く会」で、続けて「蝉屋長者」を語っていることからもわかる。主催者から依頼を受けたというより、自ら進んで語ったものと思われる。どこに魅かれているのであろうか。「蝉屋長者」は伊勢参りに出た男女が意気投合し一時同棲するが、アネサは家族のことを心配して、歌の書置きを残して去る。アンサは歌の謎を解き蝉屋長者のもとに、乞食に身をやつして飯炊きに雇われる。病気になったアネサを最後の順番の飯炊きが見舞うと、アネサは布団から起きて再会を喜び、二人はめでたく結ばれて終わるのが一般の形である。しかし嫗の場合は、さらに結婚式を挙げた夜に神が現れ、お告げと祝福を与えるという、念の入った結びである。謎解きの興味より、見初めた二人が艱難を越えて結ばれるという展開が強調されるのが、嫗の「蝉屋長者」の特色である。恋愛の何であるかも知らず、娘になったばかりで親の言うまま稼いできたという空虚な思いが強く込められているのであろうか。

次に、ミヨキ嫗が保持する昔話の中で、全国的に報告事例の少ないものを挙げると、「おタバの話」「味噌買橋」「姥捨山（福運型）」「極楽を見た婆さ」などがある。「おタバの話」は一目千両で見た美しい娘が煙草に化成する内容で、報告事例は少ない。「味噌買橋」は、主人公が掘るはずの甕《かめ》を宿の主人が横取りしようとすると甕からカラスが飛び出てしまう。主人公が峠で会った坊さんを家に連れていくと、金甕に姿をかえるというもので、この展開も珍しい。「姥捨山（難題型）」は、その年作物が実らず口減らしのため老人遺棄のお触れが出るという現実に即した発端で、この発想の出所が興味深い。「姥捨山（福運型）」は嫁姑の争いを根底に持つ内容で、古くインドの「雑蔵宝経」という経典にある話であるが、国内の伝承世界では報告が限られている。また、「極楽を見た婆さ」は、前半部は『大和物語』の「姨捨山」に似ているが、山から突き落とされて九死に一生を得た婆が、息子夫婦に仕返しをする展開は手が込んでいる。こうした報告事例の少ないものがどうして『雪国の女語り』にあるのかは、今後の課題となる。

さらに、これまで話型登録されていないものもがある。最後にその問題にふれる。その一つは「樫の木の話」と題する昔話で、自分を伐らない約束で樫の木は兄弟の要求を次々と受け入れてやるが、最後に叶えてあげたのは、兄弟を熊にすることであった。このシニカルな結末が、果たして伝承的な昔話であるものかどうか。グリム童話に「漁師とその女房」という昔話がある。助けられた魚が、漁師の女房が要求する小さな家から始まり、石の城、領主、皇帝とエスカレートし、最後の神様を望んだところで、もとの貧乏に戻ってしまうという結末で終わる。「多くを望む者はすべてを失う」の教訓にされる「漁師とその女房」の、樫の木バージョンともいえる本話は、焚き物から米、銭と続き、次にそれらの財産管理を頼んで熊にされるという展開である。なお、管見によれば『雪国の夜語り―越後の昔ばなし―』に西蒲原郡吉田町の「カシの木」、『波多野ヨスミ女昔話集』に新発田市切梅の「欲ばり兄弟」、『陸前昔話集』に登米郡中田町の「熊になった兄弟」などの類話がある。中田町の事例は、楢の木という違いはあるが、焚き物、晴れ着、銭、財産管理を頼むといった構成は共通する。一見して、日本の伝承土壌になじまないような印象があり、書物を介した可能性も考えられる。

「エンちゃんドンちゃん」は、媼自身学校の先生から教えてもらったというから出自は明白である。子のない爺婆が、鎮守様に祈願すると最初は煙突みたいな子、次にドングリみたいな子を授かる。あまりに非対称なので月から銀の杵を借りて搗きまぜて等分の子にするという、理にかないすぎた内容の話で、個人の創作かもしれない。

ところでもう一つ、「魚を助けた人」がある。村が低地にあり、たびたび洪水の被害が出るので、村を出て行く人が多いが、貧しい親子は出ることもならず細々暮らしている。男が野菜を売ったわずかな金を、子どもに与え、魚を放流してやる。母が洗濯で足を踏み外して溺れ失神したのを、若い女の人が助けて家に連れて来る。そのまま倅の嫁となるが、女は夜になると縄をなう。縄ができあがると河原に張り、女は川に飛び込んで去ってしまう。まもなく大雨となり、その後晴れると川原にいい土地ができあがっているという内容である。流れる土を止めて土地を作るという合理的な発想にもとづく構成である。

これに近い話の「魚女房」（『ろばたのトントムカシ―小千谷の昔ばなし―』）は、助けられた魚が押し掛け女房となって立派な家を建てるが、身分を明かして去ってしまう。土地と家の違いはあるが恩返しは共通する。山形県上山市楢下の『佐藤家の昔話』の「鮭女房」は魚は異なるが共通話型である。助けられた鮭が女に姿を変えて女房となる。川原に土地を造るので部屋を覗かないでと言うが、男が覗くと鮭が縄をなっている。女は去るが、川原の石ころに張った縄に、雨が降り土を運んできて水田ができ上がる。報恩による魚女房系の話で、伝承に根ざしている部分もあり、前の二つに比べる日本的な昔話ではあるが、どのような経緯でできあがったものなのか、類話を集めるなどして今後の課題にしていくしかない。

周辺になくまた全国的に珍しい昔話や、あるいは話型登録されていないような話が、どのようにして媼の昔話となったのかの追究は、ミヨキ媼の昔話世界を解明するにあたっても、重要な問題であるが、残念ながら現在の段階で十分な見通しが立たない。類似資料の収集を含めて今後の課題とせざるを得ない。

Ⅲ　昔話の記憶——語りの場と空間化——

昔話の修得

昔話の語り手に早く注目したのは関敬吾である。関は「真の昔話は死物ではなく、それ自体一個の有機体として民衆の口と頭のなかで生きている」と述べ、動態としての昔話研究を提唱し、それを「昔話生態学」あるいは「昔話生物学」(「民話」同朋舎出版)と称し、日本における語り手研究の必要性を説いた。その頃、水沢謙一や野村純一、武田正、稲田浩二など、昔話採集の現場からの精力的な語り手研究が積み上げられてきた。

稲田は語り手の成長段階を昔話と語り手との関係から修得期、修練期、世間話競演期、管理期の四つに区分した(『昔話の時代』筑摩書房)。修得期、修練期は家庭で父母や祖父母から昔話を修得して、やがて語り手として活躍する基礎を培う時期である。この時期を五、六歳ころから十歳までとしたのは、多くの語り手の体験にもとづいたものであろう。これは日本だけでなく、長年子どもと昔話との心理を研究してきたベッテルハイムも四、五歳を「昔話適齢期」と称している。これについては発達心理学の立場からも、五歳児は物語能力の大きく発達する時期であるとの実証がある（内田伸子『ごっこからファンタジーへ　子どもの想像世界』）。

佐藤ミヨキ媼の昔話の収得時期も、この時期である。経歴からすると父の嘉助が大正3年に分家したのが、ミヨキ五歳になる年である。妹のナミは大正3年生まれであり、母からの昔話を独占して聞いたのであろう。ミヨキ媼は、夜ランプを消した暗闇の中のコタツで母から昔話を聞いたという。浅井セツの内孫である昭和28年生まれの浅井勝さんは、子どものころに二つ上の兄の昇と、祖父の嘉助か祖母のセツ、父の八郎の布団をそれぞれ分け合う形で寝床で話を聞いたという。祖父の話は小説や歴史物をもとにした話が多く、祖母の話は正当な昔話であったようだという。父の話には祖母の昔話が交じっていたと振り返る。真っ暗な中で話を聞きながら眠りにつくのだという。夕飯後はまもなく布団に入り、また朝に目が覚めてからも、暗い部屋の布団の中でよく話を聞いたという。四十五年前にミヨキ媼が母セツから昔話を聞いた昔話も、そうした環境であったと思われる。『大分昔話集』（岩崎美術社）編者であり、昔話の伝承者でもある後藤貞夫は大正三年に生まれ、「幼時は多く父の寝床に入って昔話を聞き、子守唄で眠った」と述べているのは、同様の環境であった思われる。

戦後の昭和40年代ごろから昔話調査が盛んに行われるが、その頃の調査報告では、囲炉裏端やコタツで昔話を聞いたとするのが多いが、それは大正以前に遡らない比較的新しい語りの場の姿なのかもしれない。庶民生活で暖房や電気が不自由なく利用されるのはそんなに古くからではないはずである。山形県酒田市の沖合にある飛島で、本間克子さんから、子どの頃、夜に兄弟がそろって布団に入ってから、幼い子が集落の各家の名前と屋号をセットにしたような「屋号数え歌」を独特の言い回しで暗唱するのを聞きながら、やがて兄弟とも眠りについたと聞いた。その一部を紹介すると、「ヘーソーヂェンタロ、オーサカサンヂン、イトーカンザブロー、サヌキサブレン、オダヂャトクゾー、アオシマヤンヂェ……」というものである。勝浦地区の場合、五十数軒、中村地区では四十数軒ある。村の端の家から順々に誦み上げてくるもので、これによって家の場所と屋号を確かなものとして把握することができる。これを毎夜行っていたのが本間さんの実家以外にあったかもしれないが、電気のない暗闇の中で眠る方法として実際に行われていたことを確認できる。翻って、ミヨキ媼が母の顔が見えない暗闇の中で、昔話の声にひたすら耳を傾けていたのも眠りがくるまでの作法のような意味合いがある。先に母が寝る事もあって、続きをせがんだことがあると話していた。灯りの乏しい時代、眠りにつく前の過ごし方を想像するのが難しくなってきてしまったことは確かであろう。

昔話の記憶と繰り返し

昔話がどのようにして記憶されるのか、昔話に関わるものにとっては大きな関心事である。ミヨキ媼の昔話を追究するために、四女のフミイさんに会って話を聞いていた時に、母の昔話を八つ下の弟の省三が聞いている傍で聞いて覚えたものがあると述べてくれた。すでに母から昔話を聞く年齢を遠く過ぎた十二、三歳頃のことである。ミヨキ媼も妹、弟たちに語るそばで聞いて覚えたという。同じようなことを奈良の語り手である松本智恵子さんの場合も、母の「イエが二人の弟達を寝かそうとして語るのを横で聞きながら、いつの間にか話を覚えた」（黄地百合子『九二歳の語り手・松本智恵子の昔話』）という。長男や長女であれば、弟妹と一緒に聞く機会はあるはずである。ただし昔話に強く興味を持っていればということになる。ミヨキ媼も、好きな母の昔話を妹たちと聞いたことは十分に考えられる。

昔話は一度聞いたらすべて頭に入ったという語り手はごく稀なことである。普通には語り手は、何度も聞く機会を持って覚えたという。いや聞くだけではなく、自ら語る場を設けて修得したともいう。稲田のいう「修練期」「世間話競演期」である。また子供同士で「カタリコト」をしたり、新潟では「暖《あった》め返し」などといって、繰り返し語り、聞いたりすることで、しだいに自分のものにしていくのだという。

もう一つ、ミヨキ媼の場合で言えば、実家を出てからも母の昔話を聞く機会があったといえる。母のセツはしばしば嫁ぎ先の大倉の佐藤家に遊びに来たという。そこが母ヨリの実家であり、また佐藤家の祖父母は早く亡くなって、ミヨキ媼が稼いできた時にはいなかったといい、行きやすい環境であった。フミイさんはセツ婆さんが、「昔話をいっぺい背負《しょっ》ってきたよ」と話していたという。母の昔話を孫が聞く傍で、ミヨキ媼自身も聞いたであろう。子ども自分に聞いた頃とは違った環境で、改めて母セツの昔話と再会したことになろう。ミヨキ媼の母セツからの昔話継承はそのように重層的に受け入れられたと理解すべきであろう。

昔話の記憶と空間化

長く新潟県の昔話の採集にかかわってきた水沢謙一は、多くの語り手に出会い、その昔話を記録してきた。自ら「百話クラスの語り手」と称する、多くの昔話を保有する語り手二十名を超えて発見してきた。それは発見という偶然性よりは、輩出してきたと言うべきかもしれない。「記憶の底に埋没している光ったムカシを、忘却の深層部に眠っているムカシを引き出してくる」産婆のような聞き手の役割がいて、百話クラスの語り手が生まれてくるからである。

ところで、語り手が昔話をどのように記憶し、また記憶の昔話を引き出してくるのかについて、水沢は次のように述べている。

昔話の語りは、その全体の逐語的暗誦でなく、とくに印象を深くし、記憶を助ける何かがあった。これら伝承者たちが昔話を思い出すさまから、どのようにして昔話を思い出すかを伝承者にたずねてみると、口調のいい言葉、印象的な場面、忘れがたい擬態語などから、それらを中心として昔話の全体が明らかになってくるようだった。（「百話クラスの伝承者たち」『新潟県の昔話と語り手』新潟県教育委員会編）

ここに記憶の秘密が提示されている。すなわち「口調のいい言葉、印象的な場面、忘れがたい擬態語」などである。ここで問題にしたいのは、印象的な場面についてである。「昔話のなかの印象的な場面場面が、一つ一つの絵になって忘れがたく心に焼きついている」のだという。そして、六百を超える数の昔話などを保有する新発田市の波多野ヨスミの「おら、昔話のなかの、そういう心に残る場面が、目に見えるように絵になっている」という言葉を紹介している。同じく波多野ヨスミの昔話の調査に関わり、大著『波多野ヨスミ女昔話集』を完成させた佐久間淳一は、ヨスミの昔話の記憶の仕方について、「ムガシを覚えるコツの一つは、自分のまわりの山や川の景色に結びつけることであった。たとえば桃太郎の桃の流れる川は、うちの前の小川だとか、花咲爺の咲かせた桜は往還のあの木だとか、話を聞くときに想像しながら聞いている。そうすると話の筋がきちんと整理されてくる。こんど自分が語るときは、風景を思い起すことで語りが生き生きと甦るという」（「昔話の語り手」『昔話の語り手』法政大学出版局）と述べている。昔話を絵のように風景に溶かし込む方法といえる。ミヨキ媼の場合はどうであろうか。

ミヨキ媼の「サバ売り」の昔話に出てくる恐ろしい婆さの家は峠の上にある。サバ売りはその峠で豪儀な雪に阻まれ一軒しかない婆さの家に避難する。媼の昔話に峠が登場する別の話もある。たとえば「機地蔵」では正月準備に町へ機を売りに行くと、峠のお堂で鼻水垂らして寒げにしている地蔵がおり、せっかくの機を巻いて戻ってくる。同じような場所設定である。また、「狐の婚礼」「山伏狐」「恐《おっか》ながりやの爺さ」では、人里離れた峠に狐や化け物らがいることになる。「味噌買橋」では、夢で見たという金甕が埋る隣村の身上のいい旦那の家に泊まり、朝に金甕からカラスが飛んで甕には何もなかったことを知らされる。帰る途中の峠で坊さまに逢い、話していると晩方になったので、家に連れて戻ってくる。これらの昔話のなかで峠の位置は空間的にも時間的にもほぼ共通している。

実はこの峠は、現実的には入広瀬村の大栃山から守門村に抜ける池ノ峠がイメージ化されているようである。現在、国道二五二号線が走っていて峠の付近には鏡ヶ池があり、池畔では土産物店が営業している。只見線はこの下がトンネルになって通っている。およそ大栃山から歩いて小一時間の距離であろうか。サバ売りが、夜が明けて婆さの家から金と餅と酒を三度にわたって運んでくるのは、峠から大栃山までの時間を考えればちょうど合う。

ミヨキ媼の昔話には、この池ノ峠や鏡ヶ池の名前は出てこないが、事件が起こる場所、恐いものがいる場所として設定されている。いうならば媼には、自宅を中心に現実や昔話世界が空間認識され、イメージ化されていることになる。それゆえに昔話の記憶が容易になり、また引き出されてくる仕掛けになっているともいえる。波多野ヨスミの場合と同様である。

こうした昔話と絵や空間化の議論は、研究者の間においてすでに行われてきた。松岡享子は、子どもは「絵でものを考えている」と言い、「子どもの時代は、ものごとを絵にして考えるとき、すでに絵になったものの助けを必要とする時代」（松岡享子『えほんのせかい こどものせかい』）だと述べている。絵にすることで理解や記憶が可能になり、記憶を引き出しやすくすることについては、昔話研究者の氏家千恵も、昔話の記憶は言葉ではなく「物語の各場面はある種の映像として語り手の頭の中にしまわれており、語り手はそれをことばによって表現し提示する」のだと述べる。ただしその映像が客観的にあるというより、それは「自ら納得し、理解しやすいような形で記憶」したものであり、これを氏家は〈解釈行為〉と呼び、昔話の語り手は「受容と創造をあわせもった存在」（「昔話の映像的表現」『説話の国際比較』）と指摘する。語りは単に受動的なものではなく、解釈も含めた積極的な行為であるといえる。

黄地百合子はこうした絵や映像をイメージに置き換えながら、そのイメージを視覚に限らず聴覚、臭覚、触覚までをも含めてとらえる。そして、「昔話の聞き手がつくり出す想像心像《イメージ》は、その聞き手にとって個人的で重要な意味を持つ時にこそ、記憶としての確かなイメージとなり脳裏に刻まれていく」ものであり、それは「聞き手の日常に根ざしたものでなければならない」とする。声による聞き手のイメージの記憶を、言葉によって再現することが語りであるが、この語りによって想起されるのは言葉を中心とした多様なイメージであり、「それらもろもろの、言わば語り手の「生」を取り巻いた風景すべての原点のようなイメージ、それが昔話の記憶を支えているのだ」（「記憶としての昔話」『日本の継子話の深層』）と説明する。同感であり、付け加える何もない。

ところで、それで思うことは、最初に触れておいたミヨキ媼の言う「今日は話を聞いてくれて有難う」の言葉の持つ意味である。礼儀の意味も当然あったかもしれないが、それより昔話をしたことの充足感であろう。それは二時間、三時間話をしたということではなく、母からの昔語りをすることで聞き手であった自分の幼い頃に戻っていたのであろう。黄地の言う「語り手の「生」を取り巻いた風景」に帰ることができたからにちがいない。九十五を超えたミヨキ媼にとって、かけがえのない幼い頃の母や大栃山で育った黄金時代のイメージに、語りが奇《く》しくも運んでくれていたのであろう。それは幼い頃を思い出そうとして手にすることのできないもので、語る行為でしか取り戻せない何かである。語りのもつ声の力と呼ぶしかないものといえようか。

Ⅳ　昔話の継承――次世代への伝承――

昔話伝承研究の変化

わたしが学生だった昭和40年代の後半の頃は、大学の学生の研究会による昔話調査が盛んだった時期で、春や夏と調査旅行へ出かけた。恩師の野村純一先生は、40年の初め頃から昔話の伝承に関する画期的な研究を精力的に発表していた。そうした昔話が熱かった時代から、伝承の語りが消えてしまった（?）現在になってしまうと、先生がまとめた『昔話伝承の研究』（同朋舎出版）は、あの時代だからできたのだという感慨を強くする。この書の大きなモチーフの一つは、囲炉裏の神聖な火のもとに家が管理継承してきた昔話や、結婚を媒介に他家に移る伝承、すなわち実家の昔話を嫁ぎ先に携え主婦権の移譲を持って開花する昔話、儀礼に近い秩序だった昔話など伝承の実態を追ったもので、いわゆる昔話の民俗性に関する研究である。そこで提示される昔話伝承の場は「ハレの日の、しかも夜に限って村内の大人たちが赫く燃え続ける火を中心にひと処に寄り集う。これによって、はじめて語りの場を形成する要因と絶対条件が満足されるのであった」という。

今、語り手の解説を手がけるにあたって改めて目にすると、ずいぶん堅苦しいなあという思いがする。この解説で記してきた分家の、寝床で聞いたという伝承状況はここにはない。ちなみに同書の巻末にある「事項索引」を見るとコタツの語はなく、また語りの場について述べた部分をめくっても寝床やコタツというのが出てこない。そうした伝承の場は、正統的な形の崩れたものと認識されていたのだろうか。と同時に、この後で話題とする人から人への伝承といった視点は見られず、もっぱら家の伝承に限られた嫌いがある。ある時代の語りの研究の到達点を示すものではあるが、同時に限界も見えてくるように思われる。

昔話の成長

さて、稲田のいう修得期、修練期を経て管理期に入った段階で、昔話伝承は安定するのであろうか。本書の資料編にはミヨキ媼の語った昔話で、ダブって聞いたものが四話ある。意図的にそうした調査を行ったわけでなく、十分な確認もせずに聞いたものを、テープから起こした結果である。一つは「食わず女房」で、これは最初に聞いた時から二年後の最後の時にも聞いている。他は「蛇聟入（苧環型）」「お銀小銀」「姥捨山（難題型）」で、いずれも間を三ヶ月置いて聞いたものである。結論を先に言えば、叙述上の表現にいくぶんの差はあるが、大きな内容の変化はない。あえて変化を指摘すると、たとえば「お銀小銀」で言えば、山中で泊った家で振る舞われるご馳走の中でリンゴがブドウに、そして貰った宝物が箱から打出の小槌に変化している。また継子を貰いに来るのが若旦那から若旦那の使いといった程度に変わっている。これを大きいと見るかどうかは個人によって違いがあるかもしれないが、一度聞いた人が二度目に聞いたとしても、その変化に気づかないのではないだろうか。その点からすれば、語り手の環境に大きな変化がなく、また聞き手が同じ場合なら大きく変化なしと判断してもいいのかもしれない。

しかし、タイムラグがあり過ぎたり、また聞き手が異なる場合は、そうはいかないことを次の事例から言える。わたしがミヨキ媼から聞く二十年前の昭和59年に、水沢謙一が聞いた昔話が『いりひろせ物語』に六話あり、そのうち『雪国の女語り』の資料と重なるのが五話ある。いまそれと比較してみると、変化の少ないものとしては、「三枚の札」（本書の「三枚のお札」）と「山伏と狐」（「山伏狐」）で分量的にも大差ない。ただ「山伏と狐」は山伏を呼ぶ言葉が「山伏いたか」であるに対し、本書では「坊〜ん居たか」になっている。この言葉についてはミヨキ媼の長男である佐藤敏治さんの場合も「坊〜ん居たか」と語っているし、他の子供もその言葉は知っている。また、甥の勝さんも祖母のセツから聞いて、その言葉だけは恐いという記憶を持っていて覚えていると話す。「坊〜ん居たか。居ね居ね居ね居ね」という言葉が特徴のある語り口として認識しているのであるが、なぜか水沢の採録では山伏となっている。

「サルむこ」（「猿聟入」）では、猿が草を取ってくれた後、『雪国』の方ではまだ取り残しが猿の尻の下にあると言って、笑いを強調する形に変化している。また、初めての嫁の実家への里帰りを「はつどまり」と称したのが、『雪国』では「嫁に一見ってことがあるんだんが」と説明する。また猿の歌の「流れるサルの命は」が、『雪国』では「流れる命は」と短く字数足らずになっている。分量でいえば、三割方『雪国』の方が増えている。

次に、「瓜姫」(「瓜こ姫」)の場合は内容的にも変化が大きい。たとえば、川から拾ってきた瓜が割れて誕生する部分までは同じだが、『いりひろせ』にはないが、『雪国』では糯米を炒って飴にして与えるという部分がある。この飴の話は、戦争中に母乳が出ない時の事として雑談で聞いたことがあるので、それと関係しているのかもしれない。また爺婆が出かける理由が、『いりひろせ』ではヤマイモ掘りなのに対し、『雪国』では寺参りになっている。そして帰って来ると機織りの音が異なるが下手になっている点では同じである。さらに『いりひろせ』では、ヤマイモをやると、毛も皮も剝かずに「毛は毛のくすり、皮は皮のくすり」だと言って食う。その部分は『雪国』にはない。続いて『いりひろせ』は長者の家に嫁ぐことになるが、『雪国』では寺参りに行くために車に乗る。そして、鳥が瓜姫の駕籠にあまんじゃくがと鳴いて正体がばれるが、『いりひろせ』では殺されてカヤの根に投げられ、今も血がついてカヤの根は赤いというのに対し、『雪国』では鳥の鳴き声で真相を知った爺は、家に帰り刀を用意してきてあまんじゃくを斬るとカヤに血が飛ぶ。家に帰って縁の下を見ると姫の骨があったという。

「瓜子姫」の昔話を比べてみると、『雪国』の方が『いりひろせ』に比べて載せた分量も倍近くあり、またディテールにこだわっている感じがする。両者の大きな違いは、山芋掘りと寺参りである。この事実をどのように解釈すればいいのか、難問である。一般に昔話は個人的な経験により、内容の彩りが変わってくると説明されるので、後年になって寺参りが身近になった証拠と解釈するのが隠当かもしれない。こうした変化を成長ととらえて、その法則を追究する必要があるが、現在の筆者の力を越えている。

ただ、ここではどう変わるかという問題はさておいて、変わるものであるという事実に注目しておきたい。忘却や錯誤も含めて、昔話が語り手の内部において変わり得るものであるということを確認すべきであろう。それは関敬吾がいうように、昔話は生物のように生きているという事実に帰趨する。当然ながら変わる根拠は、語り手自身の生き方と密接に関わっていることは言うまでもない。そうして、こうした個人の内部における変化は、他者への継承という過程でも必ず起こり得ることを次に考えていきたい。

昔話の受容

浅井セツから佐藤ミヨキ媼への昔話継承を直接に確認することはできないが、次世代への継承がどのように行われていくのかについて、一つ事例を挙げながら具体的に見ていきたい。ここに用意したのは、佐藤ミヨキ媼の語る「ウサギどんとフキどん」二話と、四女の佐藤フミイさん、媼の弟の浅井八郎さんの語る同じ昔話の対照表である。佐藤フミイさんからは直接に録音したものをテープ抜きしたものであるが、浅井八郎さんのものは、前にも取り上げた『「囲炉裏端で昔ばなしを聞く会」十周年記念誌　記録集　あったてんがの』の「第二回　囲炉裏端で昔ばなしを聞く会」に掲載されたものである。

まずは、ミヨキ媼における変化から見ていきたい。『雪国』に載る昔話は、二十年前に語った『いりひろせ』の倍以上の分量がある。これまでの見方から言えば、大きな成長を遂げたものといえる。ただ娘のフミイさんの昔話と比べれば大きく量は変わらず、単純に成長したとも言い切れない。八郎さんの分量も『いりひろせ』に近いところからすれば、母セツの昔話が、「いりひろせ」や八郎さんの昔話に近かったといった見方もできるからである。そうした場合、子どものフミイさんに語る場合と、水沢謙一に語る場合を使い分けていたという推測も成り立つ。

昔話「ウサギどんとフキどん」の対照表

佐藤ミヨキ（『いりひろせ物語』）
「ウサギとフキガエル」


　ざっと昔があったと。

　ウサギがフクガエル、山道で出会うて、
①「ダシアイをして、餅ついて食おうねかい」
「そうしょう」

　ほうして、二人で、モチゴメを出しあって、トントン、秋餅をついたと。ほうしたどこが、ウサギが、餅を、自分一人で食おうと思うて、

「フクどん、フクどん、この餅を、うすごと山の上から、下へころばして、とったんがちにしようねかい」

「そんげことしねえで、ついた餅を二人でわけて食えばいいねかい」

佐藤ミヨキ嫗の語る昔話（『雪国の女語り』）
ウサギどんとフキどん

　ざっとむかしあったと。

　あるとき、裏の山のウサギどんが、〈今日は何か、でがなくてさびしいんが、フキどんのところへ遊びにいってみようかな〉と思って、ヒョンコヒョンコヒョンコと、山から飛び降りて、フキどんの家《うち》へいって、

「フキどん〳〵、居たかい」

「ああ、居た居た、誰《だい》じゃい」

「裏の山のウサギ」

「ああ、よく来てくれた。火が燃えてて暖《あった》こいから、家《うち》へ入ってあたってくやれ」なんて言うんだんが、ウサギ、戸を開けてみたら、どんどんと火が燃えて、暖《あった》かげだんが、ウサギどんも喜んで、

佐藤フミイの語る
ウサギどんとフキどん

　ざっと昔あったと。

　ウサギどんとフキどんといて、

「ああ、さぶいさぶい。さぶいだんが、あんまさぶいだんが、
①餅の出し合いでもしようじゃないか」って。
「ああ、おれ米な持ってこねども、後で持って来るんだんが、じゃフキどん米出してくんねか」って。そして、出し合いして、フキどんのかか嬶《かっか》あに糯米研がしたり、餅の準備させたりして、ほして、

「搗けるようになったから、搗いてくだされ」ったら、

「ようしてがんな」って、ウサギどんはドンと搗く、フキどん

浅井八郎の昔話
うさぎどんとひきどん

　秋も深くなって、寒《さぶ》くなって、うさぎどんは、

「食べる草も無くなったし、はて、大変だぜや。また、冬が来るが」なんと思って、ひきどんも、

「はてえ　そのうちに、まちのはぽに穴掘って、冬ごもりするだな」

　うさぎは、ひきどんの家《うち》へ行って、
①「おい、ひきどん、寒くてかなわんし、餅《もち》の出し合いしょねか」
「いいぐれねえ、なじよもそうしよ」

　ほうして、二人でごぉつぉ出し合いして、餅つきんなって、

というども、ウサギがどうしてもそうしょうといって、山の上からころばすことになった。

ほうして、山のてっちょうから、餅の入ったうすを、コロンコロンところばした。

ウサギは、ヒョンコラ、ヒョンコラとんで、ころがっていくうすについて、下までいった。

フクガエルは、パッタラ、パッタラと、おくれて、うすのころがった方へいった。

ほうしたら、とちゅうで木のかぶつ（株）に、うすの中の餅が出て、ひっかっていた。フクガエルは喜んで、その餅を食ていた。

下までとんでいったウサギが、うすの中なかを見たれば、餅がなかった。

「こら、とちゅうで、餅が落ちた」

と思うて、大急ぎで、ヒョンコ、ヒョンコ、とんでもどったれば、

「あ〜あ、暖《あった》こくて、いい案配だ」なんて、二人がいろいろな話しているうちに、なんだかこう、でがねようになって、ウサギどんがフキどんに、

「フキどん〳〵、あの、何にも面《おも》白《し》ぇことがねえんが、①二人で餅《もち》を出し合いしようじゃないか」

「ああ、よかれ、よか」

「でも、おれ糯《もち》の米なんか、持ってこねんだんが、ここの衆、貸してくれ」

「よしよし」って、フキどんが二人分、糯《もち》の米出して。ほとばして、蒸《ふ》かしたと。

「おめがた蒸《ふ》かしたべ」なんて、フキどんの嬶《かか》が言って、ああ、そいじゃウサギどんの力があるんだんが、臼の仕度全部して、そして、蒸《ふ》けた糯の米を開けて、ウサギどんがズドンと搗く、フキどんがペチャンと、ウサギどんがズドンと搗く、フキどんがペチャン、ズドンペチャン、ズドンはペチャンと搗く。ドン、ペチャン、ドン、ペチャンと餅搗けたんが、

「やれ、よかった。食おう」ってことにしただんども、ウサギどんは手前《てめ》でもって、いっぺえあれして、嬶あにも食《か》してんだんが、そして手前ばっか食っちゃつまんねから、

「山へ背負《しょ》っていって、転ばして早い）者《もん》勝（が）ちにしようじゃないか」。相談して、

「いん、そうじゃこうじゃ」って、フキドンが言うにも、ほして、

「おれがこれ、山へ背負って上がるから、早く拾った人たちが勝ちにしよう、貰ったことにしよう」。そういう相談して。あれ、②フキどんは遅いだんが、臼に水掛けておいて、それ知らねで、ウサギドンが背負いあげて、フキドンがてっこう（頂上）へ行かんうちに、

うさぎ

はでっけもんだんなんが、ドタンとつき、ひきどんはペタン。

「ドタン、ペタン」

で、餅ができて、ほうして、煮て食おうってったら、うさぎは、

「おい、ただ煮て食ったって面《おも》白《し》くねんなんが、俺が、山んてっちょう（頂上）へ背負《しょ》い上げるんなんが、そっから、転がして、先に拾ったほうが勝ちんしようや」

「そんつぁん馬鹿しねぇで、仲良く食ぉうんし」

ようへ上がってしまって、ほうして、

「こらぁ、ひきどん、転ぼすぞぉ。よけてろぉ、危ねぇぞぉ」

なんて言って、

「ガランガランガラン」

と臼転がして、ほうして、その臼がい案配《やんべ》に転がって、ころの向こうの方の長新田の清次郎の田まで行

餅は木のかぶつにひっかかっていて、フクガエルが、うまげに食ていた。

　しかも、餅がたれさがって、落ちそうになっているんだんが、ウサギは、

「フクどん、フクどん、さがった方から食いやれも」

というたれば、フクガエルは、

「さがった方から食おうげれ、あがった方から食おうげれ、フクがもんはフクがすきすき」

というと、知らん顔していた。
③ウサギは、フクが餅を食べているのが、けなりくなって、木の皮をガリガリかじっていた。それで、今も、ウサギは冬になると、木の皮をかじっているのだと。
　いちごさかえ申した。


ドンペチャンと餅搗いて、そのうちおこもちが(餅)搗けたんが、

「ほらほら、ねら（お前たち）、餅が搗けたから、おつけ鍋(汁鍋)出して」。そして、ウサギどんが、

「フキどんフキどん、ここでただ食《く》ったって、面白《おもしえ》くねんが、拾った者の勝ちにしよう」って。

「まあ」て言うて、

「この寒《さぶ》いに、ここでいいにんして暖《あった》こ暖《あった》こと食わんし」。

ほして、ウサギどんが、

「まあ、何がただ食ったたって面《おも》白《しえ》くもねんが、拾ったのが勝ちにしよう」と、フキどんが承知もしないうちに、フキどんの家の玄関の辺りへ行って、荷縄《になわ》見《め》つけたり、背なっこり見《め》つけたりして、担《かつ》いで、〈あぁ～あ〉なんて、フキどんが言っているうちに、その臼背負《しょ》って、どんどん、どんどんと、山の方へ上がってしまって、

「まあまあ、待ってくやれ、ウ

「いいか、転ばすぞ。早い者勝ちだぞ」って、転ばしてしまったてんがの。〈さあて、困った〉と思ってたから、ウサギどんは、〈臼さえ追っかけていけば、餅は入ってる〉と思って。だども、フキどんは遅いんだんが、水つけてだんが、途中で餅が落ちて、椿の株《かぶっ》へ引っかかっていたってんがの。てっこうまで行かんうちに。

「やれ、よかった、よかった。こげんとこに餅が、落っちていた。おれが、みんな貰った」って、フキどんは喜んで。そこでパックン、パックン食って。ウサギどん下まで行ったども、餅が無えだんが、〈さあ、大変。フキどんに拾わんねうちに、上行って拾わんばならんと〉思って、ぽっくり返して、戻ったじ。ほしたら、フキどんはパクラ、パクラって、餅食ってたてんがの。

「フキどんフキどん、垂れた方

って、はて、うさぎは足が速《は》いえんなんが、臼ん負げねで走ってったら、中空っぽ、何でもねえんなんが、ほうして、

「大変だ、どっかへ落ぢてしまった」

急いでまた戻ってでくと、ひきどんが拾って、はぁ、煮て食い始めてしまった。ほうして、茶碗に盛って食ってしまって、

「こっち、あっ、左」

「ひきんがんな、ひきが好きだろね」

と、うさぎにはいいてくんねし、一人で取ろうとしたわけだから
③うさぎは、しょうよがねんなんが、桐ん皮や椿っ葉食ってんばねんなったし、ひきどんは山の穴へ入って春まで冬ごもり。こらまあ、楽だども、うさぎはあんまり欲かき過ぎたんなんが，仕方なくあきらめたと。
　いちがさけ申した。

サギどん」なんてフキどんが言うども、

「なにこく(言う)」、どんどんの上がって、フキどんが歩くの遅いだんが、ペッタンペッタンとひたむきにあさから上がっているうちに、兎どんは山の上まで上がってしまって、

「いいかいフキどん、あの、臼転《ころ》ばすじゃ」

「まあまあ、待ってくやれ。おれまたここ、真ん中にいるから」

「まあ、いいことも転ばすや」なんて言って、ウサギどんがそこから降ろして、ズドン〳〵〳〵、 臼転ばしたってて、

「やへ、やへ」なんて思って、フキどんがいた。

　ウサギどんが〈ああ、臼にくっついて行けば〉、と思って、臼の後ピョンコ〳〵〳〵と、臼追っかけて、臼の止まるところまで行って、止まったのを見たら、中空《なかから》っぽ。〈ああ、こりゃから食いなされ。フキどんフキどん、垂れた方から食いなされ」って、ウサギどんが心配したら、

「フキがんな、フキが好き。どっちから食おうが、好きだがな」。そして、家持って行って、嬶あに食わしたりして、喜んでいたども。

　そして、ウサギどんは家に戻って、どうも面白しぇくねんだんがの。次の日、フキどんの嬶あ、

「おら、この衆と、昨日《きんな》出し合いしてあいだんだんが、糯米貰いに来たんが、糯米よこしてくんねか」。フキどんの嬶あ、ウサギどんの家へ行ったてんがの。

「この嬶あめ、おれな一つもくんねで、フキどんみんな、手前で食ったくせに、いっそ糯米やらいねから」って、そして肝焼いて、フキどんの家へ行ったと。

「その、ボロ背中出せ!」って、

まあ、空《から》っぽで大事《おおごと》（大変）だが、フキどんに拾わんねうちに、早く行ってみよう〉なんて思っているうちに、フキどんがペッタンペッタンとまた、降りてくるうちに、見ていたら、ちょうどあのてっけがふ、椿の木に餅がペタンと被《かぶ》さってた。

「ああ、これはまあ、よかった〳〵」。フキどんの頭がいいんだんが、ウサギどんが荷縄《になわ》やなんか探しているうちに、餅をこうして手でこなして、中にプヨプヨと臼にくっつかれ②んように、下に水浸《つ》けたって。それをウサギどんが知らんで、臼を追っかけていった途中で、臼の中滑《すべ》っこいんだんが転び出した。そいで、フキどんがよかった〳〵なんて思って、〈なにせ一口食ってやろかな〉なんと思って言いしまに（言いながら）、パッコン〳〵と餅食っていた。

ほして、ウサギどんが、〈早くそう言ったども、

「出し合いは出し合いで、フキどんが先取っんが」。そして、フキどんの嬶あ、糯米貰いにいったども、糯米なんて、あるはずないんがな。

「じゃ、なんでもいいから、くれてくんねかい」

ここに一つあるども、それでよかったら、持ってくらっしゃれ」って、そう言うたんだ。そいて、ぶっこれ鍋でいいんだんが、貰ってきて。

ほして、フキどんが、ウサギどんが怒ってきて、おっかなくて、大事だんが、

「テットウどん、呼んで来い」って、嬶あに。テットウどんが居るがんじゃねども、テットウどんてば、ウサギどんがおっかねがっただんて、鉄砲持った人だろし。そして、

「いいじゃ、いいじゃ、おいど

フキどんに見《め》っけられねうちに、〈飛んでいこう〉と思って飛んできたがに、そのうちに、はあ、フキどんが見《め》っけて、パッコンパッコンと食ってるんだんが、

「ああ、フキどんフキどん、よかったども、そんた拾って」

「あ～あ、俺がここにきたら、ちょうど落ちていたが、拾ったいや」なんて言ってて、パックンパックンと、ウサギどんに食えとも言わね。

そして、ウサギどんがピョンコピョンコと、家《うち》に戻って、

「ああ、面白《おもしえ》くね」っていた。

ウサギどんの嬶《かっか》が、

「まあ、お前《めえ》みたいな者ねんだ。子どもが腹減らしてんが、何の餌《えさ》も無《ね》んがに、どっかへ行ってしまって、どういうこったい」

「んな何《なに》こく。③これから山へ行って、木の皮剥《は》いでくるさ。子どもに煮てくれれ」なんて言って、ウサギどんが肝焼《きもや》いて、山

きさまの仲だから、いいじゃ、いいじゃ」って、ウサギどん戻ったと。ウサギどんの嬶あ、

「おまえばっかじゃ。ほんに餅の出し合いなんしたって、米も無えがんに、そんがことしたたって、どうしようがんね」

③「おら、木の皮でも剥いでくるがら、煮てくれ」って、そう言うたって、

「まあ、おまえのように、煮る鍋、フキどんの嬶あ、持ち帰っていってしまったがんに、煮られもしねがね」って、そう言って怒って。

いっちごさっけ申した、鍋の下ガラガラ。

へ木の皮剥《は》ぎに行った。

　ほうすっとフキどんがこった、〈餅拾ったんだが、早く家《うち》へ持ってて食おう〉って、家へ持ってきて、

「ねらねら、餅拾ってきたぞ。早く煮て食え」なんてって喜んで来たんだんが、フキどんの嬶《かっか》喜んで、鍋掛けて、そん中に餅入れて煮て、みんなして、

「ああ、美味《うめ》え美味《うめ》え」なんてって、熱い餅喜んで食って。

　そして、ウサギどんは木の皮剥《は》いで、

「ああ、ねらねら、いっぱい剥いできたぞ。煮て食え」

「まあ、おまえ。煮て食えだんて言ったって、フキどんの嬶《かっか》来て、鍋持って行ってしまったよ。糯《もち》の米催促に来て、鍋でもいいって、持って行ってしまったよ。煮てくれらんねこと」

「なに、フキの嬶来て鍋持って行った。俺に餅一口も食わせも

しないで、何言ってる」って怒って、フキどんの家《うち》に行って、ガランと開けて、

「俺に餅一口も食わせもしないで、糯の米催促も無《ね》んだ。人を馬鹿にして」って怒って。フキどんの家《うち》みんなして餅食って、ウサギどんに一口も食えなんて言わんで、手前《てめえ》たちばっかり食って。

「フキ、あのぼろの背中出せ。ぼっぽしょって（背中をへし折って）くれっから」なんって。そして、フキどんが恐《おっか》なくてどうしようもねえんだんが、フキどんが嬶《かっか》、おぺたって名前で、

「おぺた〳〵。ウサギどんが怒ったから、なああの、裏の山のテンゾウどん頼んで来い」って、

「はい」って。おぺた、ペッタン〳〵と出たんだんが、

「テンゾウどんが、居たかい」

「ああ、この裏の山にテンゾウどんが居た」。ウサギどんはテン

ゾウどんてば一番恐《おっか》ね、見《め》っけられれば獲《と》って食われるんだ。「おお、いいともいいとも、俺とそんたの仲だ。糯の米、そのうち、どうでもいいちゃ」って言いしまに、家へトンコトンコ、トンコトンコと戻っていったと。

いっちごさっけ申した、鍋ん下ガラガラ。

そこで分量のことはおいて、両者の内容で何が違っているかを見ると、家や家族の扱いである。『いりひろせ』と八郎さんの昔話は、舞台の中心が野外であり、そこで事件がウサギとフキガエルの二人で進行していくのに対し、『雪国』とフミイさんの場合は、ウサギとフキの家族が登場し、その家同士が行き来する関係になっている。嫗が自分の子どもに語る場合に、家や家族が流露してくるが、水沢に語る場合にはそのような家内のことが伏せられ、なぜに動物昔話性を強く主張するものであろうか。このことは聞き手である水沢の存在が大きいのかもしれない。水沢が語りの内容を勝手に改竄《かいざん》したのでなければ、嫗がそのようにセーブしたものか、あるいは水沢との語りの場がこうした展開を創ったのかもしれない。相手に応じて語りを変えることは、昔話の柔軟性の問題として考えるべきであろう。あるいは、フミイさんが成人してから七十を超えた母からこの昔話を聞いて覚えたとも考えられるが、可能性は薄いであろう。ただこうした議論は仮定の議論でもあるゆえ、進展性に乏しく、深入りしない方が安全である。

次に、男女の差の問題を考えて見たい。八郎さんの昔話は、最初に冬ごもりの話から始まり、最後も冬ごもりで終わる。蛙の冬眠を背後においた展開であり、同様にウサギは冬場に木の皮や葉を食用にするという生態を持ち出している（波線部③）。いわば自然観察の知識とマッチさせた昔話構成といえる。それが母セツの語りそのものであったのかどうかの判断は難しい。水沢が媼から聞いた話も、最後はウサギが冬に木の皮をかじるという動物の習性につなげている。

ところで、『雪国』、フミイさんの昔話では、ウサギの木の皮はボロ鍋をフキに代償として与えることとセットに出てくる。つまり調理にかかわって問題とされるのである。これを家の外と内という男女の領分の違いとすれば説明はつく。そのことは、餅が落ちやすくするために、あらかじめ臼に水を付けて濡らしておくこととも関係しよう（波線部②）。『雪国』フミイさんの語りには、臼での餅搗きの経験にもとづく知識が生かされている。昔話をどのように受け入れるかは、男女差や性分など、その個人の存在が大きく関わっていると判断できるからである。そのことは、八郎さんの昔話の最後が「うさぎはあんまり欲かき過ぎたんなん」と教訓で収めていることとも関わるであろう。

さらに大きな違いは、出し合いで両方が出したのか、片方なのかによって後半に差異が出てくる。『いりひろせ』、浅井八郎さんの場合は共に出し、フキが餅を独占して終わるが、『雪国』、フミイさんの場合は、立て替えた糯米の返済の請求へと展開しウサギの媼の登場につながる（波線部①）。物語興味としては後者が上である。『いりひろせ』はなぜこの部分がないのか、水沢謙一の昔話記録の問題なのか、杳としてわからない。

そこで今度は、女同士の問題を考えてみたい。『雪国』の昔話の導入では、ウサギが「でがなくさびしいんが」から始まり、フキの家に遊びに来て、しばらくは火に暖まりながら話をしてから、「でがねようになって」から餅の出しあいの話題になる。フミイさんのは、いきなり寒いので餅の出しあいになる。『雪国』の始まりは落語のマクラのような働きをしている。これはウサギが臼を背負うのに荷縄を探したり、フキどんの独り言のような心話体が生き生きとした展開を作っていることも関係しよう。さらにはフキが餅を家に持ってきて子どもも交えて食べたり、ウサギの嬶が子どもの餌がないことで夫を責めるなど、昔話世界が生活的で立体的な構造をなしている。これはフミイさんの昔話との比較の問題ではなく、嫗が語りを練り上げ熟成させていることを意味するものである。その根底には生活者として、家庭の主婦としての立場が総体となって昔話を作りあげていることを示している。

ところで余談になるが、フミイさんの話を聞き終わってから、「テットウどん、呼んで来い」のテットウの意味が話題になった。一緒に聞いていた弟の省三さんをも交え、それは鉄砲打ちのことだろうという意見になった。ただ、わたしは動物昔話に人間が登場して、どちらかの動物に加担することはないと思っていたし、最初にこの話を嫗から聞いたときの調査ノートに「テンゾウどん」に「貂」と記しているから、嫗の昔話ではそれが正しいといえる。ただ、子どもの世代になって、昔話が継承される時点での時代や環境の変化によって変化していくことは十分にあると思って、その会話を聞いていた。死物のように博物館の標本として昔話があるのではなく、時代の変化の中で新たに意味づけが変わっていくから、昔話は生きているのである。

そのことは嫗の長男の敏治さんから聞いた話についてもいえる。「山伏狐」は悪戯に狐を驚かし、逆に狐から仕返しをされる内容であるが、敏治さんの話では山伏が宿泊を許される家は、村の葬礼の道具を保管する小屋になっていて、そこにお棺が持ち込まれることになる。媼の話では「お薬師さまのお堂」になっていて、そのお堂は大栃山にはあるが、大倉にはない。子どもの頃にお薬師さまと聞いていたのかもしれないが、いつしか自分の生活圏の中にある葬礼用の保管小屋に変わっている。そのことを敏治さんは意識していたものかどうか。このようにして生まれ育ってきた環境の中で育んできた昔話がその地を離れて、新たな土地の環境でたくましく生きていくことになる。時代や男女差、語り手の性格を超えて、昔話は生き続けていくのである。

昔話の継承

佐藤ミヨキ媼の昔話を追究する上で、その昔話が子どもたちにどのように継承されているかの関心を、媼から昔話を聞くことが困難になった段階から考えていた。平成二十三年に大倉を訪れた際、カゼで入院しているが間もなく退院するだろうと言うので、小出病院に見舞いに出かけた。そこに同じく四女のフミイさんが来ていた。媼の昔話のことを知りたくて、後日にフミイさん宅を四回訪ねた。そこで、聞いたフミイさんの昔話十五話を本書にも載せた。フミイさんは、母の昔話に興味を持ち、子どものころに聞いた以外に、近年になって母が招かれたりして語る場にも出かけて聞いたりしている。母から聞いた昔話を孫に一、二度語ったことはあるけど、熱心に聞いてくれないので、それっきりだという。だから、わたしに始めて語るようなものである。

フミイさんの昔話十五話のうちわたしがミヨキ媼から聞いてない話が五話あった。長男の敏治さんから聞いた「坊さまとぼたもち」も媼からは聞いていないし、他に「川鱒女房」もあったというから、まだまだ媼の昔話は無尽蔵なのだと思われる。

ところで、昔話継承の点からフミイさんの語った昔話とミヨキ媼の昔話とを次に比較してみる。同じ話型のうち内容および分量面において変わらないものと、大きく変わっているものとに分けてみると、前者に属するものは「鼠経」「五月人形」（二反の白）「アジサイと桑いちご」（紫陽花の話）「蛙の嫁」「お杉とお玉」であり、後者には「極楽を見た婆さ」「サバ売り」「地蔵浄土」があり、「フキどんとウサギどん」「おたばの話」は、その両者の中間ぐらいといえよう。

両者の違いを見ると、前者の変わらないもののグループは、物語展開が単純であっさりしており、後者は展開が多少複雑で込み入った内容といえるかもしれない。別の見方をすると、前者は枠のきっちりとした単一モチーフの内容で、後者は複合モチーフといえる。しかし、こうした比較は表面的、恣意的である。そこで、変わらないものより、大きく変わっているもののどこが違っているのかに焦点を当ててみたい。そこで「極楽を見た婆さ」を具体的に分析材料に取り上げて検討してみたい。フミイさんとミヨキ媼のストーリーは一緒だが、分量は三倍の違いがある。

倅が嫁を貰い、しばらく三人仲良く暮らすが、嫁が姑を嫌がり、一緒に暮らしたくないと苦情を訴える回数がフミイさんは二回、媼は三回で、なおかつ叶わなければ実家に帰ると媼の嫁は言い出す。そこで婆を畚で山へ連れ出すことになるが、媼の場合は道普請のところから借りてきて用意するが、フミイさんの場合は家にあるものを用いる。さて、山の頂上に着くと、フミイさんはすぐに突き落とすが、媼の場合は極楽が見えたか見えないかの気を許した会話があり、そのあといい息子夫婦だと心中で思っていると、嫁が背中を突く。運よく崖の窪みに落ちて一命を拾い、崖を這い上がってくる描写はフミイさんの場合は二行で済むが、媼の場合は七行かかる。そのあと、泥棒の家に行き、血やゴミに汚れた婆さを泥棒どもは鬼婆さと思って逃げるとと述べるフミイさんに対し、媼は空腹の婆さは泥棒どもの残したご馳走を腹一杯食べてから峰伝いに重い荷物を背負って帰ってくるが、フミイさんはすぐに家に着いてしまう。泥棒どもの金を息子夫婦に見せると、フミイさんの嫁はすぐに欲しくなって、嫁夫婦はすぐに出かけて山から飛び降りて戻ってこない。媼の場合は、二人に極楽の様子を語ると、嫁は夫を連れて行こうとするが、夫は嫌だと拒否する。しかし嫁がむりやりうながして出かけるのは、隣の爺型の隣の婆の行動と同じである。そして、山に登ってから嫌がる夫の腕を引っ張って飛び降りることになる。

このように比較してみると、ストーリーを説明しているのと、聞き手に語りを聞かせているのとの違いがある。そこで、フミイさんの昔話はまだ未熟である、と結論づけてしまうだけであれば、大事な点を見落とすことになろう。両者の昔話を比較して見えてくることは、ミヨキ媼の昔話は、語り手が物語を統括していることである。すなわち、登場人物を動かし、演技させ、生活の彩りや心の陰翳まで表現し作品を完成させているのである。これを熟成した語りといっていいであろう。

翻って、ここに至る媼の道筋をたどるなら、若いミヨキさんが母セツから聞いた昔話を子どもたちに語る場合に、聞いた通りに語ることはないであろう。その時のミヨキさんは、母の昔話のストーリーを話していたと見るべきである。いまフミイさんが話す「極楽を見た婆さ」と同じように話していたにちがいない。媼が人生を積み重ねてきた生活経験が、それに血や肉を与えてストーリーを語りへと昇華させてきたのだといえる。つまり媼の生活経験を語りに反映させてきたからであろう。

単純化して言えば、ミヨキ媼は母セツの昔話を忠実に伝えてきたのではなく、セツから聞いたストーリーを自分の人生経験を積むことで、母セツの語りに近づけてきたのだといえる。それにちなんでいえば、もし語り手としてはまだ若いフミイさんも母から聞いたストーリーを、やがてミヨキ媼の昔話に近づけて語る日が必ず来るであろう。ただし、そばによい聞き手がいるならばという条件が、どうやら必要らしいが。

佐藤ミヨキ昔話　話型対照表

番号	話名	大成名	大成番号	通観番号	AT番号	ページ
1	ウサギどんとフキどん	猿蟹餅競争	20	527	9C	11
2	勝々山	勝々山	32	531		16
3	地蔵浄土	地蔵浄土	184	81	480	25
4	蓬と菖蒲（一）	食わず女房	244	356	1458	31
5	田螺の親子	田螺息子	134	139	433B	34
6	蝸牛の伊勢参り					43
7	神の申し子	若返り水	本格新12	29	551	46
8	産神問答	産神問答	151	147	934	48
9	古屋の漏り	古屋の漏り	33	583	177	51
10	魚を助けた人	金の魚	補遺10	366	555	53
11	けちんぼ長者					59
12	三人仲間	話千両	515	434	910・910A	61
13	紫陽花の話					66
14	機地蔵	笠地蔵	203	42		68
15	大師ぼっこの跡隠し					71
16	瓜こ姫	瓜子織姫	144A	128		71
17	絵姿女房	絵姿女房	120	214	465	75
18	八化け頭巾		283		1002	77
19	鼠経	鼠経	382	901A		80
20	サバ売り	牛方山姥	243	352	1121	82
21	時鳥と兄弟	時鳥と兄弟	46	442		89
22	大歳の客	大年の客	199	14A	750A	90
23	猿の生肝	猿の生肝	35	577	91	92

番号	話名	大成名	大成番号	通観番号	AT番号	ページ
24	恐ながり屋の爺さ	取付く引付く	163	104		94
25	炭焼長者（初婚型）	炭焼長者	149	145	822	97
26	蛙報恩（姥皮型）（一）	蛙報恩	104		433A・554	100
27	蛇聟入（苧環型）（一）	蛇聟入（苧環型）	101A	205	425A・433A	103
28	蛇女房	蛇女房	110	224		104
29	天人女房	天人女房	118	221	400	107
30	蛇聟入（苧環型）（二）	蛇聟入（苧環型）	101A	205	425A・433A	111
31	猿聟入	猿聟入	103	210	433A	112
32	味噌買橋	味噌買橋	160	94	1645	117
33	鼻高扇	鼻高扇	469	113	566	121
34	エンちゃんドンちゃん					123
35	浦島太郎	浦島太郎	224	74	470・471	125
36	絵猫と鼠	絵猫と鼠	232	292	160	128
37	塩吹臼	塩吹臼	167	110	565	129
38	猿地蔵	猿地蔵	195	103	480	131
39	金の鉈	黄金の斧	226	52	729	134
40	樫の木の話					137
41	極楽を見た婆さ	親棄山	523D	410		141
42	姥捨山（一）	親棄山	523A	410	981	147
43	お杉とお玉	栗拾い	212	172	480	151
44	弥三郎婆さ			38		154
45	お杉とお玉（お銀小銀）（一）	お銀小銀	207	188	327	159
46	化物退治	猫と釜蓋	253	283	304	164
47	おタバの話	煙草の起源	82	476		165
48	蛸と猿	猿の生肝	35	577	91	168

番号	話名	大成名	大成番号	通観番号	AT番号	ページ
49	昔は語らん	昔刀	636B	1202		169
50	果てなし話（胡桃の木）	果てなし話・第二類・池の端の木の実	642B	1181	2300	169
51	化物寺	化物寺	259	296	812	170
52	尻尾の釣り	尻尾の釣り	2	535	2	171
53	猿蟹合戦	蟹の仇討	27	522	9B・210	178
54	舌切雀	舌切雀	191	85	480	185
55	狐の婚礼	狐の婚礼	273			190
56	山伏狐	山伏狐	275	1007		193
57	蝉屋長者	播磨糸長	129	242		195
58	蛙報恩（姥皮型）（二）	蛙報恩	104A		433A・554	203
59	危ない危ない	何が怖い	471	661	566・1002	207
60	隠れ里					209
61	二反の白	二反の白	485	802	1861A	211
62	小僧田楽	焼餅和尚	533	599		213
63	一休の虎退治					214
64	三枚のお札	三枚の護符	240	347	313	215
65	姥捨山（福運型）	姥捨山（福運型）	523D	410		218
66	姥捨山（二）	姥捨山	523A	410	981	222
67	お銀小銀（二）	お銀小銀	207	188	327	225
68	鼠浄土	鼠浄土	185	82	480	230
69	狐の宝生の玉	隠れ頭巾	284		1002	234
70	蛇聟入（英雄型）					237
71	蛙女房（蛙の法事）	蛙女房	111	228		238
72	蓬と菖蒲（二）	食わず女房	244	356	1458	240

あとがき

佐藤ミヨキ媼に逢ったのは今から十年近く前である。國學院大學の学生と一緒に、当時の守門村、広神村の口承文芸の調査に訪れた時からである。それから十数回にわたる大倉通いが始まった。いつも奥の座敷に通され、テーブルを向かい合わせに、媼はいつも端座している。しばらく四方山話をしているうちに、それじゃ一つ語ってみようかなと言って、お茶を一口飲んでから、「ざっと昔あったと」と語りだす。うつむくような姿勢で淡々と語っていく。三十分ほどの静謐な時間が流れる。淀みない語りがどこから来るのか、脳裏の中を主人公が生き生きと行動している。わたしはとても不思議な気持ちで聞いている。「それで一生安楽に暮らしてあったと。いっちごさっけ申した、鍋ん下ガラガラ」で終わる。わたしのまわりを至福の時間が流れている。

わたしが昔話調査をするようになったのは、今から四十年も前の学生時代、恩師の野村純一先生の指導の下、あちこち調査に出かけて行ったことに始まる。その頃はまだ昔話が聞けたが、近年はほとんど聞くことができなくなった。晩年の野村先生から、フィールド調査だけは続けろと言われ、今も学生と一緒に出かけるが、昔話は聞けず、それ以外の口承文芸を聞くことが多い。そうした状況であるから、ミヨキ媼を訪ねて昔話を専一に聞けたのは幸福な時間であった。それにしても十年もの間、一人の語り手に通い続けたのは、わたしにとっては初めてでもあり、感慨深いものがある。

媼の昔話は完成された内容で、また他では聞けない珍しい話も多い。初めの頃は、そうした一つ一つの昔話に対する興味が強かったが、しだいに語り手のミヨキ媼に対する関心が深まっていった。どのようにして昔話を覚えているのか、叙述の表現はどこからくるのか。それは聞いている時も、テープ抜きをしている時もである。テープ抜きをしていて気がついたのは、「一生懸命に」という言葉が何度も出てくることである。主人公が行動する場合は、いつも一生懸命に打ち込むのである。これは媼の行動指針なのであろう。また、登場人物は「いいアンサ」「いいアネサ」である。理想とする人物像なのかもしれない。「わたしの人生は平凡であったよ」と言って笑う媼の姿は、いいアネサの年老いた姿のように思えてくる。

どうやら母セツから聞いた昔話は、すでに媼そのものの昔話になっているのではないだろうか。母の年齢を遙か過ぎた今も、若い母のことを口にする時の嬉しそうな表情に、不思議な気がしたことを覚えている。母への思いが媼の昔話には深い。母のこと、大栃山の実家が媼の昔話の大きな核になっているような気がしてならない。昔話とは何であろうか、という思いを強くする。語り手にとって、昔話はそれを聞いた幼児の頃を強く印象づけるもののようである。

佐藤家を訪問すると、いつも息子の敏治さんの奥さんであるミヨシさんが、お茶や手作りの料理で接待してくれる。少しばかり話をして部屋を出て行く。しばらくするとまたお茶を運んでくる。家の傍で仕事している敏治さんに声を掛けると気軽に応じて話してくれる。ここの家族はみんな親切でおっとりしている。四女のフミイさんの大倉の家の評価も同じである。そういえば初めて訪れた時に、小学三、四年生であった曾孫が話を聞いている傍に来たことがあった。その二人が習字で賞を貰った時の嬉しさを、涙ぐむようにして媼は話してくれた。その二人の子の母にもよくしてもらった。佐藤家にはずいぶんお世話になった。

媼が入院から戻り、もう昔話は語れないと言われてから、媼の昔話を追究するためにお子さんたちに話を聞いた。佐藤フミイさんと敏治さんから聞いた昔話を本書に載せることができた。ご迷惑とは思ったが、他にも子どもの晋二さん、省三さんにも逢って、母の話を伺った。フミイさんのご主人にも何度もお宅を訪問して迷惑を掛けてしまった。媼の末弟の浅井八郎さんの昔話を本書に載せたのも、媼の昔話を追究するためであった。また八郎さんの息子さんの勝さんには、戸籍謄本を見せてもらい、また祖母と八郎さんの写真も頂戴した。何より、浅井家のこと、セツさんの貴重な話を聞くことができたのは大きな収穫であった。大倉を訪ねた際に定宿としている「浦新」さんの女将さん、旦那さんにもずいぶんお世話になった。考えるとたくさんの人々のお陰で、この仕事ができあがっていることに気づき、あらためて感謝の思いを深くする。そして最後に、語り手の佐藤ミヨキさんに深くお礼を述べなければならない。物好きな研究に真摯に応えてくれたことに深く感謝申し上げます。

なお出版に際し、國學院大學から「平成二十五年度國學院大學出版助成金（乙）」を頂戴したことをご報告いたします。もしこの制度がなかったら誕生できなかった書物かもしれないと思うと誠に有難く、深くお礼申し上げます。長い懸案の問題が解決できて心より安堵している。

また、編集に関して、三弥井書店の吉田智恵さん、小堀光夫さんに面倒な注文をつけてばかりでご迷惑をかけてしまった。限られた時間の中をよき羅針盤となり、座礁するかもしれないような混迷する船を安全に港に導いてくれた。おかげさまで無事に刊行できたこと、いい本になったことに深く感謝申し上げます。

平成二十六年二月六日

花部英雄

編著者略歴

花部　英雄（はなべ　ひでお）

1950年、青森県生まれ

1975年、國學院大學文学部卒業

2004年、博士（文学）を國學院大學から受ける

現在、國學院大學文学部教授

専攻、伝承文学、口承文芸

〔主要編著書〕

『西行伝承の世界』（岩田書院、1996）

『呪歌と説話―歌・呪い・憑き物の世界―』（三弥井書店、1998）

『いまに語りつぐ日本民話集』全45巻（小堀光夫共編、作品社、2001―2003）

『漂泊する神と人』（三弥井書店、2004）

『昔話と呪歌』（三弥井書店、2005）

『昔話への誘い』（共編、三弥井書店、2009）

『昔話の声とことば』（共編、三弥井書店、2012）

『まじないの文化誌』（三弥井書店、2014）

雪国の女語り

佐藤ミヨキの昔話世界

平成26年２月25日　初版発行

定価はカバーに表示してあります。

発行者　吉田栄治

発行所　株式会社 三弥井書店

〒108-0073 東京都港区三田3-2-39

電話 03-3452-8069

振替 0019-8-21125

ISBN978-4-8382-3258-1 C3039　製版・印刷エーヴィスシステムズ